高职交通运输与土建类专业系列教材·城市轨道交通类

城市轨道交通工程施工

Urban Rail Transit Engineering Construction

杜晓波　姚前伟　主　编
姜浩文　副主编
尹成虎　主　审

人民交通出版社

北京

内 容 提 要

本书主要介绍城市轨道交通工程地下车站、区间隧道的结构构造及相关施工方法,主要以明挖法、盖挖法、浅埋暗挖法、盾构法、TBM施工方法、地下结构防水等为主要内容进行编写,同时配套开发了动画、视频、课件等相关资源,内容通俗易懂,注重实践性,旨在培养城市轨道交通工程施工技术人员。

本书适合作为高等职业院校城市轨道交通工程技术、铁道工程技术、地下与隧道工程技术专业的教材,也可作为从事地铁施工的技术人员的参考资料和职业技能培训教材。

图书在版编目(CIP)数据

城市轨道交通工程施工 / 杜晓波,姚前伟主编. —北京:人民交通出版社股份有限公司,2024.7

ISBN 978-7-114-19004-9

Ⅰ.①城… Ⅱ.①杜… ②姚… Ⅲ.①城市铁路—铁路施工—高等职业教育—教材 Ⅳ.①U239.5

中国国家版本馆 CIP 数据核字(2023)第 181813 号

Chengshi Guidao Jiaotong Gongcheng Shigong

书　　　名:	城市轨道交通工程施工
著 作 者:	杜晓波　姚前伟
责任编辑:	李　娜
责任校对:	赵媛媛　卢　弦
责任印制:	刘高彤
出版发行:	人民交通出版社
地　　　址:	(100011)北京市朝阳区安定门外外馆斜街3号
网　　　址:	http://www.ccpcl.com.cn
销售电话:	(010)59757973
总 经 销:	人民交通出版社发行部
经　　　销:	各地新华书店
印　　　刷:	北京印匠彩色印刷有限公司
开　　　本:	787×1092　1/16
印　　　张:	19
字　　　数:	462 千
版　　　次:	2024 年 7 月　第 1 版
印　　　次:	2024 年 7 月　第 1 次印刷
书　　　号:	ISBN 978-7-114-19004-9
定　　　价:	55.00 元

(有印刷、装订质量问题的图书,由本社负责调换)

前言 Preface

  本书是根据高职专科城市轨道交通工程技术专业人才培养方案的要求,结合"城市轨道交通工程施工"课程标准进行编写。重点对城市轨道交通工程地下车站施工、区间隧道施工的方法进行描述,注重实践性。全书的相关知识点配套动画、视频、课件、习题等数字资源,能够有效地辅助教学。同时,配套线上课程与教材对应,资源丰富。读者可以在"学银在线"平台搜索本课程名称并加入学习。

  本书由哈尔滨铁道职业技术学院杜晓波、哈尔滨地铁集团有限公司姚前伟担任主编,哈尔滨铁道职业技术学院姜浩文担任副主编,参与编写的人员还有哈尔滨铁道职业技术学院蔡英利老师。全书由河北雄安轨道快线有限责任公司正高级工程师尹成虎担任主审。

  全书共包括7个单元,具体编写分工如下:哈尔滨铁道职业技术学院杜晓波编写单元1和单元7,哈尔滨地铁集团有限公司姚前伟编写单元3和单元4,哈尔滨铁道职业技术学院姜浩文编写单元2和单元6,哈尔滨铁道职业技术学院蔡英利编写单元5。全书由杜晓波负责统稿。

  本书在编写的过程中,得到了相关专家、学者的指导与帮助,在此表示感谢!

  由于编者水平有限,书中难免有疏漏和不足之处,敬请广大读者批评、指正,我们会进一步改进。

编 者
2024 年 3 月

目录 Contents

单元 1　概述 1

　1.1　地铁施工方法概述 1
　1.2　围岩分级 7
　复习题 9

单元 2　地铁设计基础知识 10

　2.1　地铁限界 10
　2.2　地铁线路设计 13
　2.3　地下铁道构造设计 18
　2.4　地下铁道结构设计 28
　复习题 32

单元 3　地铁车站施工 33

　3.1　车站施工总体顺序 33
　3.2　管线改移 33
　3.3　施工场地平整及平面布置 33
　3.4　车站施工主要方法 34
　3.5　车站围护结构施工 43
　3.6　加固工程 83
　3.7　基坑降水与排水 93
　3.8　车站主体结构施工 99
　复习题 125

单元 4　新奥法施工 **126**

　4.1　围岩分类及岩土开挖分类 127
　4.2　隧道施工顺序及开挖方法 127
　4.3　超前支护 155
　4.4　初期支护 159
　4.5　全断面注浆加固 166

  4.6 防水层施工 …… 172
  4.7 衬砌施工 …… 177
  4.8 附属结构施工 …… 183
  4.9 地质预报 …… 189
  复习题 …… 193

单元5 盾构法施工 …… **194**
  5.1 盾构机分类 …… 194
  5.2 盾构机的构造 …… 196
  5.3 盾构隧道端头加固施工 …… 203
  5.4 盾构机组装 …… 207
  5.5 盾构机始发 …… 216
  5.6 盾构机掘进技术 …… 221
  5.7 盾构机到达 …… 229
  5.8 工程案例 …… 232
  复习题 …… 238

单元6 TBM 施工 …… **239**
  6.1 TBM 基础知识 …… 239
  6.2 TBM 施工 …… 268
  复习题 …… 282

单元7 地铁工程防排水 …… **284**
  7.1 城市地铁防排水总体要求 …… 284
  7.2 地铁工程防水的具体要求 …… 285
  7.3 盾构隧道防水处理案例 …… 291
  复习题 …… 294

参考文献 …… **295**

单元 1 概 述

1.1 地铁施工方法概述

1.1.1 地铁区间隧道施工方法

1)明挖施工法

通常在地面条件允许的情况下,地铁区间隧道宜采用明挖法,但对社会环境影响很大,仅适合在无人、无交通、管线较少之地应用,该方法现较少采用。

明挖法是指挖开地面,由上向下开挖土石方至设计高程后,自基底由下向上顺作施工,完成隧道主体结构,最后回填基坑或恢复地面的施工方法。

明挖法是各国地下铁道施工的首选方法,在地面交通和环境允许的地方通常采用明挖法施工。浅埋地铁车站和区间隧道经常采用明挖法,明挖法施工属于深基坑工程技术。由于地铁工程一般位于建筑物密集的城区,因此深基坑工程的主要技术难点在于保护基坑周围原状土,防止地表沉降,减少对既有建筑物的影响。明挖法的优点是施工技术简单、快速、经济,常被选作首选方案。但其缺点也不容忽视,如阻断交通时间较长、噪声与震动等对环境的负面影响。

2)盖挖施工法

埋深较浅、场地狭窄及地面交通不允许长期占道的施工情况宜采用盖挖法施工。盖挖施工法依据主体结构施工顺序分为盖挖顺作法、盖挖逆作法、盖挖半逆作法。该方法是在既有道路上先完成周边围护挡土结构及设置在挡土结构上代替原地表路面的纵横梁和路面板,在此遮盖下由上而下分层开挖基坑至设计高程,再依序由下而上施工结构物,最后覆土恢复为盖挖顺作法;反之,先行构筑顶板并恢复交通,再由上而下施工结构物为盖挖逆作法。

3)暗挖施工法

暗挖法是在特定条件下,不挖开地面,全部在地下进行开挖和修筑衬砌结构的隧道施工方法。暗挖法主要包括钻爆法、盾构法、掘进机法、浅埋暗挖法、顶管法、新奥法等。其中尤以盾构法和浅埋暗挖法应用较为广泛。

(1)钻爆法

我国地域广大、地质类型多样,重庆、青岛等城市处于坚硬岩石地层中,广州地铁也有部分区段处于坚硬岩石地层中,这种地质条件下修建地铁通常采用钻爆法开挖、喷锚支护(与通常的山岭隧道相当)。

钻爆法施工的全过程可以概括为：钻爆、装运出渣、喷锚支护、灌注衬砌，再辅以通风、排水、供电等措施。在通过不良地质地段时，常采用注浆、钢架、管棚等一系列初期支护手段。根据隧道工程地质水文条件和断面尺寸，钻爆法施工可采用各种不同的开挖方法，例如：上导坑先拱后墙法、下导坑先墙后拱法、正台阶法、反台阶法、全断面开挖法、半断面开挖法、侧壁导坑法、中隔壁法（CD法）、交叉中隔壁法（CRD法）等。爆破技术有光面爆破、预裂爆破等。隧道初期支护方法有锚杆、喷混凝土、挂网、钢架、管棚等。及时的测量和信息反馈常用来监测施工安全并验证岩石支护措施是否合理。防水基本采用截、堵、排等几种方法，其中在喷射混凝土内表面张挂聚乙烯或聚氯乙烯板，然后再灌注二次混凝土衬砌被认为是一种效果良好的防渗漏措施。

(2) 盾构法

我国应用盾构法修建隧道始于20世纪50~60年代的上海。最初是用于修建城市地下排水隧道，采用的是比较老式的盾构机（如网格式、压气式、插板式等），20世纪80年代末、90年代初开始采用土压式、泥水式等现代盾构修筑地铁区间隧道。盾构法具有安全、可靠、快速、环保等优点。目前，该方法已经在我国的地铁建设中得到了迅速的发展。

盾构法施工是以盾构这种施工机械在地面以下暗挖隧道的一种施工方法。盾构（shield）是一个既可以支承地层压力又可以在地层中推进的活动钢筒结构。钢筒的前端设置有支撑和开挖土体的装置，钢筒的中段安装有顶进所需的千斤顶，钢筒的尾部可以拼装预制或现浇隧道衬砌环。盾构每推进一环距离，就在盾尾支护下拼装（或现浇）一环衬砌，并向衬砌环外围的空隙中压注水泥砂浆，以防止隧道及地面下沉。盾构推进的反力由衬砌环承担。盾构施工前应先修建一竖井，在竖井内安装盾构，盾构开挖出的土体由竖井通道送出地面。

按盾构切削断面形状不同可将盾构分为圆形、拱形、矩形、马蹄形4种。圆形盾构抵抗地层中的土压力和水压力较好，衬砌拼装简便，可采用通用构件，易于更换，因而应用较为广泛；按开挖方式不同可将盾构分为手工挖掘式、半机械挖掘式和机械挖掘式3种；按盾构前部构造不同可将盾构分为敞胸式和闭胸式2种；按排除地下水与稳定开挖面的方式不同可将盾构分为人工井点降水、泥水加压、土压平衡式、局部气压盾构、全气压盾构等。

盾构法的主要优点：除竖井施工外，施工作业均在地下进行，既不影响地面交通，又可减少对附近居民的噪声和振动影响；盾构推进、出土、拼装衬砌等主要工序循环进行，施工易于管理，施工人员也比较少；土方量少；穿越河道时不影响航运；施工不受风雨等气候条件的影响；在地质条件差、地下水位高的地方建设埋深较大的隧道，有较高的技术经济优越性。

(3) 掘进机法

在埋深较浅，但场地狭窄和地面交通环境不允许爆破振动扰动，又不适合盾构法的松软破碎岩层情况下采用掘进机法。该方法主要采用臂式掘进机开挖，受地质条件影响大。

(4) 浅埋暗挖法

浅埋暗挖法又称为矿山法，起源于1986年北京地铁复兴门折返线工程，是中国人自己创造的适合中国国情的一种隧道修建方法。该方法是在借鉴新奥法的某些理论基础上,针对中国的具体工程条件开发出来的一整套完善的地铁隧道修建理论和操作方法。与新奥法的不同之处在于,它是适合于城市地区松散土介质围岩条件下,隧道埋深小于或等于隧道直径,以很小的地表沉降修筑隧道的技术方法。它的突出优势在于不影响城市交通、无污染、无噪声,而且适合于各种尺寸与断面形式的隧道洞室。

顾名思义,浅埋暗挖法是一项边开挖边浇筑的施工技术。其原理是:利用土层在开挖过程中短时间的自稳能力,采取适当的支护措施,使围岩或土层表面形成密贴型薄壁支护结构的不开槽施工方法,主要适用于黏性土层、砂层、砂卵层等地质。由于浅埋暗挖法省去了许多报批、拆迁、掘路等程序,现被施工单位普遍采用。

浅埋暗挖法的核心技术被概括为18字方针:管超前、严注浆、短开挖、强支护、快封闭、勤量测。其主要的技术特点为:动态设计、动态施工的信息化施工方法,建立了一整套变位、应力监测系统;强调小导管超前支护在稳定工作面中的作用;研究、创新了劈裂注浆方法加固地层;发展了复合式衬砌技术,并开创性地设计应用了钢筋网构拱架支护。

由于该工法在含水地层中的广泛应用,及国内劳动力资源丰富,故在北京、广州、深圳、南京等地的地铁区间隧道修建中得到推广,已成功建成许多各具特点的地铁区间隧道,而且在大跨度车站的修筑中有较多应用。此外,该方法也广泛应用于地下车库、过街人行道和城市道路隧道等工程的修筑。

(5)顶管法

顶管法是直接在松软土层或富水松软地层中敷设中小型管道的一种施工方法,适用于富水松软地层等特殊地和地表环境中中小型管道工程的施工,主要由顶进设备、工具管、中继环、工程管、吸泥设备等组成。

(6)新奥法(NATM)

新奥法是充分利用围岩的自承能力和开挖面的空间约束作用,采用锚杆和喷射混凝土为主要支护手段,对围岩进行加固,约束围岩的松弛和变形,并通过对围岩和支护的量测、监控,指导地下工程的设计施工。

新奥法是新奥地利隧道施工方法的简称,在我国常把新奥法称为"锚喷构筑法"。用该方法修建地下隧道时,对地面干扰小,工程投资也相对较小,积累了比较成熟的施工经验,工程质量也可以得到较好的保证。使用此方法进行施工时,对于岩石地层,可采用分步或全断面一次开挖,锚喷支护和锚喷支护复合衬砌,必要时可施作二次衬砌;对于土质地层,一般需对地层进行加固后再开挖支护、衬砌,在有地下水的条件下必须降水后方可施工。新奥法广泛应用于山岭隧道、城市地铁、地下储库、地下厂房、矿山巷道等地下工程。

当前,世界范围内应用新奥法设计与施工城市地铁工程取得了相当大的发展。如智利的圣地亚哥新地铁线采用新奥法施工地铁车站,车站位于城市道路下7～9m,开挖面积230m²,相当于17m(宽)×14m(高)。我国根据新奥法的基本原理,采用"群洞"方案修建了广州地铁2号线越秀公园站及南京地铁一期工程南京火车站,断面复杂多变的折返线工程、联络线工程也多采用新奥法。

在我国利用新奥法原理修建地铁已成为一种主要施工方法,尤其在施工场地受限制、地层条件复杂多变、地下工程结构形式复杂等情况下,用新奥法施工尤为重要。

(7)沉管法

沉管法是将隧道管段分段预制,分段两端设临时止水头部,然后浮运至隧道轴线处,沉放在预先挖好的地槽内,完成管段间的水下连接,移去临时止水头部,回填基槽保护沉管,铺设隧道内部设施,从而形成一个完整的水下通道。

沉管隧道对地基要求较低,特别适用于软土地基、河床或海岸较浅,易于水上疏浚设施进行基槽开挖的工程。由于其埋深小,包括连接段在内的隧道线路总长较采用暗挖法和盾构法修建的隧道明显缩短。沉管断面形状可圆可方,选择灵活。基槽开挖、管段预制、浮运沉放和内部铺装等各工序可平行作业,彼此干扰相对较少,并且管段预制质量容易控制。基于上述优点,在大江、大河等宽阔水域下构筑隧道,沉管法为最经济的水下穿越方案。

按照管身材料,沉管隧道可分为两类:钢壳沉管隧道(又可分为单层钢壳隧道和双层钢壳隧道)和钢筋混凝土沉管隧道。钢壳沉管隧道在北美采用得较多,而钢筋混凝土沉管隧道则在欧洲和亚洲采用较多。

沉管隧道施工主要工序:管节预制→基槽开挖→管段浮运和沉放→对接作业→内部装饰。

4)混合施工法

根据地铁隧道的实际情况,在施工过程中同时采用以上2种或2种以上的方法,称其为混合施工法。

1.1.2 地铁地下车站施工方法

车站既是地铁工程的一个亮点,更是一个难点。车站的施工方法,主要有明挖法、盖挖顺作法、盖挖逆作法、盖挖半逆作法、明暗挖混合法、浅埋暗挖法。原则上优先采用明挖法;其次是盖挖法,盖挖法中应优选盖挖逆作法、盖挖半逆作法;最后则是浅埋暗挖法,因为该方法适用于交通要道、管线太多、不易开挖的繁华市区。

1)明挖施工法

明挖法是目前我国地铁车站采用最多的一种修建方法,主要有放坡明挖和围护结构内的明挖(即基坑开挖)两种方法。明挖顺作法技术上的进步主要反映在基坑的开挖方法和围护结构上,适应于不同的土层,基坑的围护结构主要有地下连续墙、人工挖孔桩、钻孔灌注桩、劲性水泥土搅拌桩(SMW)工法桩、工字钢桩、咬合桩等。

在基坑开挖方面,有代表性的是时空效应理论。上海地铁总结出一套在软弱地层中开挖、支撑和结构施工的方法。首先采用大口井进行基坑降水,以提高基地被动土的强度;然后,对基坑实施分段开挖,随挖随支撑,控制坑底暴露时间(或对底板地层进行预加固),适时浇筑底板结构,同时对基坑、周边管线和建筑进行严密监测,发现问题及时采取措施。

在基坑围护方面,主要有3种施工技术:

(1)地下连续墙。该结构适合于饱水沙层、饱和淤泥土层等饱水软弱地层,既可以控制土压力,又可以有效阻隔地下水,同时还可以作为车站结构的一部分。

(2)人工挖孔桩和钻孔灌注桩。这两种施工方法均是采用排桩桩墙来挡土和防水,实现基坑的围护。其中，人工挖孔桩适合于地下水位较深或无水的地层，要求地层强度较高，其断面形式不受施工机具的限制，可以做成圆形和方形，而且其施工质量和强度要高于普通的钻孔灌注桩，但是，钻孔灌注桩具有较广的适用范围，二者不能相互替代。

（3）SMW工法桩。该方法是在水泥土搅拌桩内插入H型钢或其他种类的劲性材料，以增强水泥土搅拌桩抗弯、抗剪能力。用这种方法做成的基坑支护结构具有较好的防水功能，在6～10m的基坑中具备较强的技术优势，与地下连续墙相比，具有施工速度快、占地少、无污染、防水效果好和造价低廉等优点。

明挖法施工程序一般为：围护结构施工→内部土方开挖→工程结构施工→管线恢复及覆土。

2）盖挖施工法

盖挖法是由地面向下开挖至一定深度后，将顶部封闭，其余的下部工程在封闭的顶盖下进行施工，主体结构可以顺作，也可以逆作。

在城市繁忙地带修建地铁车站往往占用道路，影响交通。当修建的地铁车站设在主干道上，交通不能中断，且需要满足一定交通流量要求时，可选用盖挖法。

（1）盖挖顺作法

盖挖顺作法是在地表作业完成挡土结构后，以定型的预制标准覆盖结构（包括纵、横梁和路面板）置于挡土结构上维持交通，往下反复进行开挖和加设横撑，直至设计高程；依序由下而上，施工主体结构和防水措施，回填土并恢复管线路或埋设新的管线路；最后，视需要拆除挡土结构外露部分并恢复道路。

在道路交通不能长期中断的情况下修建车站主体时，可考虑采用盖挖顺作法。

（2）盖挖逆作法

盖挖逆作法同样适用于地铁车站的修筑，与明挖法相比，其优势在于减少交通封堵时间，减轻施工对于环境的干扰，其区别在于主体结构的施工顺序上。

该方法的主要施工技术措施为：①支撑桩采用以H型钢为柱芯的钢管或钻孔灌注桩，满足了沉降的控制要求；②采用地下连续墙低注浆的方法，增强基底持力层的刚性，使地下连续墙与临时支撑柱共同承受上部荷载，以减小差异沉降；③盖挖逆作法开挖支撑施工工艺中，利用混凝土板对地下连续墙的变形起约束作用，在暗挖过程中采用一撑两用的合理方法，大大减少了工程量，加快了工程进度，控制了墙体位移。

盖挖逆作法是先在地表面向下做基坑的围护结构和中间桩柱，和盖挖顺作法一样，基坑围护结构多采用地下连续墙或帷幕桩，中间支撑多利用主体结构本身的中间立柱，以降低工程造价。随后即可开挖表层土体至主体结构顶板地面高程，利用未开挖的土体作为土模浇筑顶板。顶板可以作为一道强有力的横撑，以防止围护结构向基坑内变形，待回填土后将道路复原，恢复交通。以后的工作都是在顶板覆盖下进行，即自上而下逐层开挖并建造主体结构直至底板。

如果开挖面积较大、覆土较浅、周围沿线建筑物过于靠近，为尽量防止因开挖基坑而引起邻近建筑物的沉陷，或需及早恢复路面交通，但又缺乏定型覆盖结构，常采用盖挖逆作法施工。

（3）盖挖半逆作法

盖挖半逆作法与逆作法的区别仅在于顶板完成及恢复路面后，向下挖土至设计高程后先浇筑底板,再依次向上逐层浇筑侧墙、楼板。在半逆作法施工中,一般都必须设置横撑并施加预应力。

3) 暗挖施工法

(1) 钻爆法

我国重庆、青岛、广州等城市修建地铁通常采用钻爆法开挖。重庆轻轨地下部分的区间和车站基本采用隧道形式,最大开挖断面面积超过 $420m^2$,采用微震控制爆破、分步开挖、喷混凝土和锚杆支护、现浇混凝土衬砌,已成功建成了临江门车站隧道等。已建成的青岛地铁试验段轻纺医院站,开挖断面面积已超过 $300m^2$,也采用钻爆法施工;广州地铁1、2、3号线的某些区段、某些区间或车站下部的坚硬岩石地层也采用了微震控制爆破来辅助开挖。南京地铁一期 TA1 标段处于岩石地层中的 3 座隧道,均采用钻爆法施工。

(2) 盾构法

近年来,我国也在研究采用盾构法修建地铁车站的技术,主要集中在两种方法上,一是采用多圆断面盾构一次建成地铁车站,另一种是采用区间盾构修建地铁车站。它的优势在于可以充分、有效利用盾构设备,提高地铁工程的建设质量、缩短建设周期,达到总体上降低工程造价的目的。

(3) 浅埋(超浅埋)暗挖法

浅埋暗挖法即松散地层的新奥法施工。浅埋暗挖法是针对埋置深度较浅、松散不稳定的土层和软弱破碎岩层施工而提出来的,如深圳地铁区间隧道,大部分采用了浅埋暗挖法施工。

浅埋暗挖法的施工技术特点:围岩变形波及地表;要求刚性支护或地层改良;通过试验段来指导设计和施工。

浅埋暗挖法施工隧道时,应根据工程特点、围岩情况、环境要求以及施工单位的自身条件等,选择适宜的开挖方法及掘进方式。施工中区间隧道常用的开挖方法是台阶法、CRD 工法、眼镜工法等;城市地铁车站、地下停车场等多跨隧道多采用柱洞法、侧洞法或中洞法等工法施工。

地下铁道是在城市区域内施工,对地表沉降的控制要求比较严格,所以更要强调地层的预支护和预加固,所采用的施工方法有超前小导管预注浆、开挖面深孔注浆、管棚超前支护。

(4) 混合施工法

根据地铁车站的实际情况,在施工过程中同时采用以上 2 种或 2 种以上的方法,称其为混合施工法。

1.1.3 地铁施工中的辅助工法

城市地铁施工中,辅助工法是一项必不可少的重要技术,有时甚至影响工程的成败。采用辅助工法的主要目的是为工程主体顺利施工创造条件,考虑工程安全以及保护建(构)筑物等。

目前采用的辅助工法主要有:

(1) 降水(和回灌)。降水有井管降水、真空降水、电渗降水等。北京及北方地区多采用基坑外地面深井降水和回灌,也有采用洞内轻型井点降水;上海及南方地区则多采用基坑内井管降水,也有采用真空或电渗降水。

动画:轻型井点降水

动画:管井井点降水

动画:喷射井点降水

动画:电渗井点降水

(2)注浆。注浆主要用于止水或加固地层,以防塌陷或结构治水。注浆方式主要有软土分层注浆、小导管注浆、TSS 管注浆、帷幕注浆等,注浆材料有普通水泥、超细水泥、水泥水玻璃、改性水玻璃、化学浆等。

(3)高压旋喷或搅拌加固。主要用于地层加固,如采用浅埋暗挖法或矿山法施工的隧道,局部特别软弱的地层或有重要建(构)筑物需要特殊保护时采用,盾构法隧道的始发和到达端头常用高压旋喷或搅拌加固,联络通道也常用此方法加固地层。近年来也开发了隧道内施作的水平旋喷或搅拌加固技术。

(4)钢管棚。用于暗挖隧道的超前加固,布置于隧道的拱部周边,常用的规格主要有:42mm 直径、4~6m 长;108/159mm、20~40m。前者采用风镐顶进,后者则用钻机施作。近几年来也有采用 300~600mm 直径的钢管棚,采用定向钻或夯锤施作。管棚一般都要进行注浆,以获得更好的地层加固效果。

(5)锚索或土钉。预应力锚索主要用于基坑围护结构的稳定,以便提供较大的基坑内作业空间。

(6)冷冻法。冷冻法主要用于止水和加固地层,多用于盾构隧道出发、到达端头、联络通道和区间隧道局部具流塑或流沙地层的止水与加固。

动画:地铁隧道冷冻法施工

1.2 围岩分级

1.2.1 围岩分级的基本因素

1)岩石坚硬程度

根据单轴饱和极限抗压强度 R_c,将岩石的坚硬程度分为 5 级,即极硬岩、硬岩、较软岩、软岩、极软岩,见表 1-1。

岩石坚硬程度划分　　　　　表 1-1

岩石类别		单轴饱和抗压强度 R_c(MPa)	代表性岩石
硬质岩	极硬岩	>60	花岗岩、闪长岩、玄武岩等岩浆岩,硅质、钙质胶结的砾岩及砂岩、石灰岩、白云岩等沉积岩,片麻岩、石英岩、大理岩、板岩、片岩等变质岩
	硬岩	30~60	
软质岩	较软岩	15~30	凝灰岩等喷出岩,砂砾岩、泥质砂岩、泥质页岩、灰质页岩、泥灰岩、泥岩、煤等沉积岩,云母片岩或千枚岩等变质岩
	软岩	5~15	
	极软岩	<5	

2) 岩体的完整程度

岩体的完整程度主要是指围岩被各种结构面切割成单元体的特征及其被切割后的块度大小。它是评价围岩稳定程度最直接、最重要的指标。按照软弱面的产状、贯通性以及充填物的情况,可将岩体的完整程度分为完整、较完整、较破碎、破碎、极破碎,见表1-2。

岩体完整程度划分　　　　　　表1-2

完整程度	结构面状态	结构类型	岩体完整性指数
完整	结构面1~2组,以构造型节理或层面为主,密闭性	巨块状整体结构	>0.75
较完整	结构面2~3组,以构造型节理或层面为主,裂隙多呈密闭型、部分为轻微型,少有充填物	块状结构	0.55~0.75
较破碎	结构面一般为3组,以节理及风化裂隙为主,在断层附近受构造作用影响较大,裂隙以微张性及张开型为主,多有充填物	层状结构、块石碎石结构	0.35~0.55
破碎	结构面大于3组,多以风化型裂隙为主,在断层附近受构造作用影响大,裂隙宽度以张开型为主,多有充填物	碎石角砾状结构	0.15~0.35
极破碎	结构面杂乱无序,在断层附近受断层作用影响大,宽张裂隙全为泥质或泥夹岩屑充填,充填物厚度大	散体状结构	≤0.15

1.2.2 围岩的基本分级及其修正

《城市轨道交通岩土工程勘察规范》(GB 50307—2012)规定了隧道围岩的分级,见表1-3。

隧道围岩分级　　　　　　表1-3

围岩级别	围岩主要工程地质条件		围岩开挖后的稳定状态(单线)	围岩弹性纵波速度 V_p(km/s)
	主要工程地质特征	结构特征和完整状态		
Ⅰ	坚硬岩(单轴饱和抗压强度 f_r >60MPa);受地质构造影响轻微,节理不发育,无软弱面(或夹层);层状岩层为巨厚层或厚层,层间结合良好,岩体完整	呈巨块状整体结构	围岩稳定,无坍塌,可能产生岩爆	>4.5
Ⅱ	坚硬岩(f_r >60MPa);受地质构造影响较重,节理较发育,有少量软弱面(或夹层)和贯通微张节理,但其产状及组合关系不致产生滑动;层状岩层为中层或厚层,层间结合一般,很少有分离现象或为硬质岩偶夹软质岩石;岩体较完整	呈大块状砌体结构	暴露时间长,可能会出现局部小坍塌,侧壁稳定,层间结合差的平缓岩层顶板易塌落	3.5~4.5
	较硬岩(30MPa< f_r ≤60MPa)受地质构造影响轻微,节理不发育;层状岩层为厚层,层间结合良好,岩体完整	呈巨块状整体结构		
Ⅲ	坚硬岩和较硬岩;受地质构造影响较重,节理较发育,有层状软弱面(或夹层),但其产状组合关系尚不致产生滑动;层状岩层为薄层或中层,层间结合差,多有分离现象,为硬、软质岩石互层	呈块石状镶嵌结构	拱部无支护时可能产生局部小坍塌,侧壁基本稳定,爆破振动过大易坍塌	2.5~4.0
	较软岩(15MPa< f_r ≤30MPa)和软岩(5MPa< f_r ≤15MPa);受地质构造影响严重,节理较发育;层状岩层为薄层、中厚层或厚层,层间结合一般	呈大块状砌体结构		

续上表

围岩级别	围岩主要工程地质条件		围岩开挖后的稳定状态（单线）	围岩弹性纵波速度 V_p（km/s）
	主要工程地质特征	结构特征和完整状态		
Ⅳ	坚硬岩和较硬岩：受地质构造影响极严重，节理较发育；层状软弱面（或夹层）已基本破坏	呈碎石状压碎结构	拱部无支护时可产生较大的坍塌，侧壁有时失去稳定	1.5～3.0
	较软岩和软岩：受地质构造影响严重，节理较发育	呈块石、碎石状镶嵌结构		
	土体： （1）具压密成岩作用的黏性土、粉土及碎石土； （2）黄土（Q1、Q2）； （3）一般钙质或铁质胶结的碎石土、卵石土、粗角砾土、粗圆砾土、大块石土	土体（1）、（2）显大块状压密结构，土体（3）呈巨块状整体结构		
Ⅴ	软岩受地质构造影响严重，裂隙杂乱，呈石夹土或土夹石状，极软岩（$f_r \leq 5\text{MPa}$）	呈角砾、碎石状松散结构	围岩易坍塌，处理不当会出现大坍塌，侧壁经常小坍塌，浅埋时易出现地表下沉（陷）或坍塌至地表	1.0～2.0
	土体：一般第四系坚硬，硬塑的黏性土，稍密及以上、稍湿或潮湿的碎石土、卵石土、圆砾土、角砾土、粉土及黄土（Q3、Q4）	非黏性土呈松散结构，黏性土及黄土呈松软状结构		
Ⅵ	岩体：受地质构造影响严重，呈碎石、角砾及粉末、泥土状	呈松软状	围岩极易坍塌变形，有水时土砂常与水一齐涌出，浅埋时易塌至地表	<1.0（饱和状态的土<1.5）
	土体：可塑、软塑状黏性土、饱和的粉土和砂类土等	黏性土呈易蠕动的松软结构，砂性土呈潮湿松散结构		

注：1. 表中"围岩级别"和"围岩主要工程地质条件"栏，不包括膨胀性围岩、多年冻土等特殊岩土。
2. Ⅲ、Ⅳ、Ⅴ级围岩遇有地下水时，可根据具体情况和施工条件适当降低围岩级别。

复习题

1. 地铁区间隧道的施工方法有哪些？
2. 地铁地下车站的施工方法有哪些？
3. 地铁施工中的辅助工法有哪些？
4. 隧道围岩如何进行分级？

单元 2　地铁设计基础知识

2.1　地铁限界

地铁限界是一种规定的轮廓线，其内部空间是确保地铁列车安全运行所必需的空间。这个限界明确了地铁车辆的最大尺寸，包括高度、宽度和长度。由于地铁隧道和站台的尺寸有限，为了确保地铁运行的安全和顺畅，车辆必须在限界范围内。限界的设定考虑了多个因素。首先，它要保证列车能够顺利通过隧道和站台，避免与障碍物发生碰撞或卡住。其次，限界也要考虑乘客的舒适度和安全性，车辆的宽度和高度需要满足乘客的空间需求。此外，限界的大小还直接影响工程量和工程投资，因此需要在确保安全的前提下寻求经济、合理的断面。

地铁限界是为了确保地铁能够安全、顺畅地运行而制定的车辆尺寸限制。它不仅考虑了列车通过的安全性，还考虑了乘客的舒适度和工程投资的合理性。通过合理的限界设定，可以实现地铁运行的安全与高效。

2.1.1　地铁限界的分类

地铁限界的划分主要是为了确保地铁系统的安全运行和顺畅通行。它包括车辆限界、设备限界和建筑限界三个方面，如图 2-1 所示。

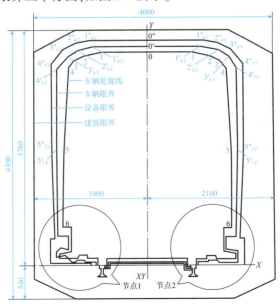

图 2-1　车辆限界、设备限界和建筑限界(尺寸单位：mm)

首先,车辆限界是指地铁车辆在运行过程中所能通过的最大尺寸限制。这是为了确保地铁车辆能够安全通过隧道、过道、弯道等狭窄的区域,避免车辆与障碍物发生碰撞或卡阻。车辆及轨道线路各尺寸在具有最不利公差及磨耗时,车辆在运动中处于最不利位置,计及了由各要素引起的车辆各部位的统计最大偏移后,所占据的空间均应容纳在轮廓内。(注意:受电弓或受流器限界也是车辆限界的组成部分。)

其次,设备限界是指地铁设备(如信号设备、通信设备等)所占用的空间范围限制。设备限界的划定是为了保证地铁设备的正常运行和维护,避免设备与车辆或乘客发生冲突,同时也方便设备的维修和更换。建筑物及地面固定设备的任一部分,均不得向内侵入此限界。

最后,建筑限界是指地铁站点和相关建筑物所占用的空间范围限制。建筑限界的划定考虑了地铁站点的布局和乘客流动,以确保站点的安全、便利和舒适性。它规定了地铁隧道的形状、尺寸、位置,地下车站及站台位置以及地面建筑物的位置,涉及施工误差、测量误差及结构永久变形在内,任何永久性建筑物均不得向内侵入此限界。其按照结构形式划分可以分为矩形建筑限界、圆形建筑限界及马蹄形建筑限界,如图 2-2 所示。

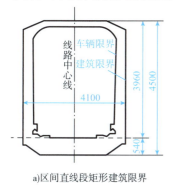
a)区间直线段矩形建筑限界

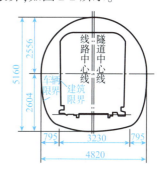
b)区间直线段圆形建筑限界   c)区间直线马蹄形建筑限界

图 2-2　隧道建筑边界(尺寸单位:mm)

2.1.2　制定限界的基本参数

1)车辆基本参数

各型车辆基本参数应符合表 2-1 中的规定。

各型车辆基本参数(单位:mm)　　　表 2-1

参数	A 型	B 型		B2 型
		B1 型		
		上部受流	下部受流	
计算车体长度	22100	19000		
计算车体宽度	3000	2800		
计算车辆高度	3800	3800		
计算车辆定距	15700	12600		
计算转向架固定轴距	2500	2200/2300		
地板面距走行轨面高度	1130	1100		

续上表

参数		A型	B型		B2型
			B1型		
			上部受流	下部受流	
受流器工作点至转向架中心线水平距离	750V	—	1418	1401	
	1500V	—	—	1470	
受流器工作面距走行轨面高度	750V	—	140	160	
	1500V	—	—	200	
接触轨防护罩内侧至接触轨中心线距离	750V	—	≤74	≤86	
	1500V	—	—	≤86	

2) 限界基本参数

(1) 接触导线距轨顶面安装高度：地上线路接触线距轨面的高度宜为4600mm，在困难段不低于4400mm；车辆基地的地上线路接触线距轨面高度宜为5000mm；隧道内接距轨面的高度不低于4040mm。

(2) 轨道结构高度符合表2-2中的规定。

轨道结构高度(单位：mm)　　　　　表2-2

结构形式	轨道结构高度	
	正线、配线	车站线
矩形隧道	560	—
单线马蹄形隧道	650	—
单线圆形隧道	740	—
高架桥无砟道床	500~520	—
有砟道床(木枕/混凝土枕)	700~950	580~625
车场库内	—	500~600

(3) 区间限界列车计算速度应为100km/h；过站限界列车计算速度应为60km/h。

(4) 当区间设置疏散平台时，疏散平台最小宽度应符合表2-3中的规定，且疏散平台高度(距轨顶面)应不大于900mm。

疏散平台最小宽度(单位：mm)　　　　　表2-3

设置位置	隧道内		隧道外	
	一般情况	困难情况	一般情况	困难情况
单线(设于一侧)	700	550	700	550
双线(设于中央)	1000	800	1000	800

2.1.3 车站限界

1) 车站直线地段建筑限界

车站隧道断面多为矩形和直墙拱形，其限界见图2-3。车站直线地段建筑限界应符合下列规定：

(1)站台面不应高于车厢地板面,站台面距轨顶面的高度应符合以下规定:A 型车应为(1080 ± 5)mm;B1、B2 型车应为(1050 ± 5)mm。

(2)站台计算长度内的站台边缘至轨道中心线的距离,应按不侵入车站车辆限界确定。站台边缘与车辆轮廓线之间的间隙,应符合下列规定:当车辆采用塞拉门时采用 $100^{+5}_{\ 0}$ mm;当车辆采用内藏门或外挂门时采用 $70^{+5}_{\ 0}$ mm。

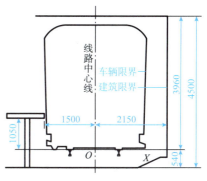

图 2-3 B1、B2 型车辆的车站直线地段建筑限界图(尺寸单位:mm)

(3)站台计算长度外的站台边缘至轨道中心线距离,宜按设备限界另加不少于 50mm 安全间隙确定。

2)车站曲线地段建筑限界

车站曲线地段建筑限界,都应在直线地段车站的各有关尺寸基础上,根据车辆的有关尺寸以及平面曲线半径和是否超高等进行加宽。曲线车站站台边缘与车厢地板面高度处车辆轮廓线的水平间隙不应大于 180mm。

2.2 地铁线路设计

2.2.1 地铁线路平面设计

1)技术标准

(1)曲线半径

曲线半径(图 2-4)宜按标准从大到小合理选用。实际工作中,最大半径一般很少超过 3000m。400m 以下的曲线半径轮轨磨耗大、噪声大,应尽量少用,尤其位于两站中间更应少用。《地铁设计规范》(GB 50157—2013)规定圆曲线最小半径如表 2-4 所示。

图 2-4 地下铁道曲线连接示意图

圆曲线最小曲线半径(单位:m)　　　　　　　　　表 2-4

线路	A 型车		B 型车	
	一般地段	困难地段	一般地段	困难地段
正线	350	300	300	250
出入线、联络线	250	150	200	150
车场线	150	—	150	—

车站站台宜设在直线上。当设在曲线上时,其站台有效长度范围的线路曲线最小半径应符合表 2-5 的规定。

车站曲线最小半径(单位:m)　　　　　表 2-5

车型		A 型车	B 型车
曲线半径	无站台门	800	600
	设站台门	1500	1000

折返线、停车线等宜设在直线上;困难情况下,除道岔区外,可设在曲线上,并可不设缓和曲线,超高应为 0~15mm。

(2)曲线连接

在正线上当曲线半径小于或等于2000m时,圆曲线与直线间应根据曲线半径及行车速度设置缓和曲线。复曲线上两圆曲线的曲率差大于 1/2000 时,应设置中间缓和曲线,其长度应根据计算确定,但不应小于20m。缓和曲线采用三次抛物线。

配线上是否设缓和曲线,无严格要求;在联络线及车辆段出入线,一般应设缓和曲线;车场线上不设缓和曲线。正线及配线上两缓和曲线尾端的圆曲线、不设缓和曲线的圆曲线,最小长度一般不应小于20m。困难条件下,不得小于一个车辆的全轴距。正线、联络线、车辆基地出入线上,两相邻曲线间,无超高的夹直线最小长度应符合表2-6规定。道岔缩短渡线,其曲线间夹直线可缩短为 10m。

夹直线最小长度(单位:m)　　　　　表 2-6

正线、联络线、出入线	一般情况	$\lambda \geqslant 0.5V$	
	困难时最小长度 λ	A 型车	B 型车
		25	20

2)线路平面位置选择

(1)线路位于道路规划红线范围内

地铁线路位于城市规划道路范围内,是常用的线路平面位置,对道路红线范围以外的城市建筑物干扰较小。图 2-5 为地铁线路设置位置示意图。

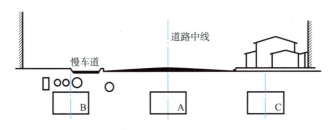

图 2-5　地下铁道线路设置位置示意图

①如图 2-5 中的 A 位置:地铁线路位于道路中心,对两侧建筑物影响较小,地下管网拆迁较少,有利于地铁线路裁弯取直,减少曲线数量,并能适应较窄的道路红线宽度;缺点是当采用明挖法施工时,破坏了现有道路路面,对城市交通干扰较大。

②如图 2-5 中的 B 位置:地铁线路位于车道和人行道下方,能减少对城市交通的干扰和对机动车路面的破坏。

③如图 2-5 中的 C 位置:地铁线路位于待拆的已有建筑物下方,对现有道路及交通基本上无破坏和干扰,地下管网也较少,但房屋拆迁及安置量大,只有与城市道路改造同步进行时,才十分有利。

（2）线路位于道路范围以外

在某些有利的条件下，地下线置于道路范围之外，可以达到缩短线路长度、减少拆迁、降低工程造价的目的。这些条件是：

①地质条件好，基岩埋深很浅，可以用矿山法在建筑物下方进行隧道施工。

②城市非建成区或广场、公园绿地(耕地)。

③对于老街改造区，可以同步规划设计，并能按合理施工顺序施工。

除上述条件外，若线路从既有多层、高层房屋建筑下面通过时且造价高昂，选线时要尽量避免。

（3）地铁与地面建筑物的安全距离

为了确保地铁施工时地面建筑物的安全，地铁与建筑物之间应留有一定距离，即安全距离。安全距离与施工方法、施工技术水平有密切关系。采用放坡明挖法施工时，其距离应大于土层破坏棱体宽度。北京地铁一期工程采用工字钢加护板支撑，深水泵降低地下水位的明挖法施工，由于护板与土层之间有孔隙，施工过程中，在距基坑边 10m 左右的地面，平行线路方向出现明显的裂缝；而在上海地铁一期工程施工中，由于采取了适当的措施，在距基坑边 2m 以外的地面、房屋基本上没有受到损坏。

（4）线路位置比选

线路位置比选包括直线位置和曲线半径比选，比选内容为：

①线路条件比选：包括线路长度、曲线半径、转角等。对于小半径曲线，在拆迁数量、拆迁难度、工程造价增加不多的情况下，宜推荐较大半径的方案，若半径大于或等于 400m，则不宜提高工程造价来换取大半径曲线。

②房屋拆迁比较：包括拆迁房屋数量、质量、使用性质、拆迁难度等的比较，质量差的危房可以拆。住宅房屋易拆迁，办公房次之，工厂厂房难拆迁；学校、医院等单位，一般要邻近安置；商贸房屋的搬迁，在市场经济的条件下，拆迁难度大。

③管线拆迁比较：包括上下水管网、地下地上电力线(管)、地下地上通信电缆线(管)、煤气管、热力管等的数量、规格、费用、拆迁难度的比较。大型管道改移费用高，下水管改移难度大。

④改移道路及交通便道面积比较：包括施工时改移交通的临时道路面积及便桥，恢复被施工破坏的正式路面及桥梁等的比较。

⑤其他拆迁物比较：不属于上述拆迁内容的其他拆迁比较。

⑥地铁主体结构施工方法比较：包括施工的难易度、安全度、工期、质量等方面的综合分析评价。

2.2.2 线路剖面设计

线路纵剖面设计的一般原则：①纵剖面设计应保证列车运行的安全、平稳及乘客舒适坡段应尽量长；②线路纵剖面要结合不同的地形、地质、水文条件、线路铺设方式与埋深要求、隧道施工方法、地上地下建筑物与基础情况、线路平面条件等，进行合理设计；③尽量设计成符合列车运行规律的节能型坡道。车站一般位于纵剖面的高处，区间位于纵剖面的低处。除车站两端的节能坡道外，区间一股宜用缓坡，避免列车交替使用制动和给电牵引。

1）技术标准

（1）最大坡度

①区间线路。

地铁由于高密度行车和大运量,为保证行车安全与准点,设计原则要求列车在失去部分(最大可以达到一半)牵引动力的条件下,仍能用另一部分牵引动力,将列车从最大坡度上启动,因此最大坡度阻力及各种附加阻力之和,不宜大于列车牵引力的一半。

苏联的《地下铁道设计规范》中规定地下段以及隐地面线的坡度不大于40‰,而敞开的地面线段的纵坡度则不大于35‰;法国巴黎市区地铁线路最大坡度为40‰,地区快车线最大坡度为30‰,困难地段的坡度还可大一些。20世纪70年代,香港首条地铁采用英国技术建成,该线路最大坡度为30‰,个别地段允许超过该坡度。

综合上述各种因素,我国《地铁设计规范》(GB 50157—2013)规定,正线上最大坡度不宜大于30‰,困难地段可采用35‰,在山地城市的特殊地形地区,经经济技术比较,有充分依据时,最大坡度可采用40‰;联络线、出入线的最大坡度宜采用40‰。

②车站线路及配线。

车站宜布置在纵断面的凸形部位上;车站站台范围内的线路应设在一个坡道上,坡度宜采用2‰,当具有有效排水措施或与相邻建筑物合建时,可采用平坡;具有夜间停车功能的配线应布置在面向车挡或区间的下坡道上,隧道内的坡度宜为2‰,道岔宜设在不大于5‰的坡道上,在困难地段应采用无砟道床,尖轨后端为固定接头的道岔,可设在不大于10‰的坡道上。

（2）最小坡度

对于最小坡度,由于排水的需要,《地铁设计规范》(GB 50157—2013)规定宜采用3‰,困难条件下可采用2‰。

（3）坡段长度

《地铁设计规范》(GB 50157—2013)规定,线路纵向坡段长度不宜小于远期列车长度,同时应满足两相邻竖曲线间的夹直线坡段长度不宜小于50m的要求。

（4）坡段连接及竖曲线

《地铁设计规范》(GB 50157—2013)规定,两相邻坡段的坡度代数差大于或等于2‰时,应设圆曲线形的竖曲线连接,此要求比市郊铁路高,因为地下铁道的道床多为混凝土整体道床,其弹性变形量比碎石道床小得多。竖曲线半径不应小于表2-7的规定。

竖曲线半径(单位:m)　　　　　　　　　　　　　　　　　　　　　　　表2-7

线别		一般情况	困难情况
正线	区间	5000	2500
	车站端部	3000	2000
联络线、出入线、车场线		2000	

车站站台有效长度内和道岔范围内不得设置竖曲线,竖曲线离开道岔端部的距离应符合表2-8的规定。

道岔两端与平、竖曲线端部的最小距离 表2-8

项目	至平面曲线端或竖曲线端	
	正线	车场线
道岔型号	60kg/m-1/9	50kg/m-1/7
道岔前端/后端(m)	5/5	3/3

2) 影响纵剖面设计的因素

纵剖面设计除考虑设计原则与标准、埋设方式、线路平面条件、结构类型外,下列因素也影响纵剖面设计,须在设计过程中逐一考虑。

(1) 覆土厚度

在浅埋地下线中,往往希望隧道结构尽量贴近地面,但受各种因素限制,因此需要确定最小覆土厚度。地铁隧道结构顶板顶(防水保护层外)至地面间的最小厚度,除应考虑通过地下的管道及建筑物的要求外,还应根据下列因素来确定:

① 当地下线位于道路下方时,应考虑道路路面铺装的最小厚度要求,一般为0.2~0.7m。

② 当地下线位于城市公园绿地内时,考虑植被的最小厚度要求,可与城市规划及园林部门协商,一般草坪0.2~0.5m,灌木0.5~1.0m,乔木1.5~2.5m。

③ 在寒冷地带应考虑保温层最小厚度要求,可与通风采暖专业人员协商。

④ 当地下线位于经常水位下方时,可与隧道专业协商隔水层厚度要求,一般为1m左右。

⑤ 在地下铁道作为战时人防工程时,应考虑防空工程的最小覆土要求。

(2) 地下管线及建筑物

下水管线与地下线纵剖面设计矛盾最突出,是纵剖面设计的重点。工作中可与市政有关部门协商,一般以改移地下管线较为适宜。

地铁车站(包括车站出入口、通风道等)上方的地下管线,其横越管线宜改至车站两端区间,平行管线宜平移出车站范围,减小车站埋深。即使改移管线在经济上不太合算,也宜改移管线,以方便乘客出入和节省运营费。只有地下管线无法改移时,才考虑地铁车站加大埋深或移动站位。

地下隧道结构以明挖法通过地下管线或地下构筑物时,隧道与管道(构筑物)之间是否留土层,应根据地铁隧道结构受力要求确定,若无要求,可以不留土层,甚至两者共用结构。但对下水管线应有严格的防水措施,严防污水渗入地铁结构内。对于大型管线或地下构筑物,应考虑隧道结构施工及管道悬吊施工操作的需要。

地下隧道以暗挖法通过地下构筑物、楼房基础(包括基础桩)时,两结构物之间应保持必要的土层厚度,最小厚度应根据结构要求而定。

(3) 地质条件

当地下线路遇到不良地质条件时(主要是淤泥质黏土及流沙土层),应尽量考虑躲避;若躲避有困难时,应采取工程措施。

(4) 施工方法

地下线采用明挖法时,为减少土方开挖量,车站与区间线路埋深越浅,越节省工程造价。线路纵剖面主要坡型是车站位于低位,区间位于高位,即所谓凹形坡。当采用暗挖法时,一般应选择较深的好地层,线路纵剖面主要是凸形坡,车站位于纵剖面高处。

(5) 排水站位置

地下线排水站主要作用是排除隧道结构渗漏水和冲洗水,设于线路纵剖面的最低点,困难条件下,允许偏离不超过 10m。排水站位置受很多因素制约,区间排水站要选择出水口的位置。为了检修,往往要求与区间通风道结合在一起。车站端部排水站受车站平面位置制约,至车站中心的距离往往是确定的,因此纵剖面设计要考虑排水站的设置位置。

(6)防洪水位

在有洪水威胁的城市中修建地铁时,纵剖面设计要满足防洪要求。地面线路基、地下线的各种地面出口部,应按 100 年一遇的洪水位设计。

2.3 地下铁道构造设计

2.3.1 地下铁道车站构造设计

1)明挖法施工的车站构造设计

明挖车站可采用矩形框架结构或拱形结构。车站结构形式的选择应在满足功能要求的前提下,兼顾经济和美观,力图创造出与交通建筑相协调的气氛。

(1)矩形框架结构

矩形框架结构是明挖车站中采用最多的一种形式,根据功能要求,可以设计成单层、双层、单跨、双跨或多层多跨等形式。侧式车站一般采用多跨结构;岛式车站多采用三跨结构,站台宽度≤10m 时站台区宜采用双跨结构,有时也采用单跨结构;在道路狭窄的地段修建地铁车站,也可以采用上、下行线重叠的结构。图 2-6 为典型明挖法矩形框架结构断面图。

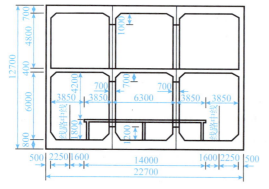
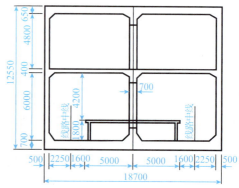

图 2-6 典型明挖法矩形框架结构断面(尺寸单位:mm)

现代城市的发展对地下铁道提出了新的要求,在很多情况下地铁车站不再是一个单纯的交通性建筑,与城市其他构筑物或建筑物合建的例子越来越多。这时车站结构又是这些结构物的基础或基础的一部分,或者成为集交通、餐饮娱乐、购物于一体的地下综合体。这时应统一规划、统一设计、统一施工,这样不仅可节约建设资金,而且可减少施工对城市产生的负面效应。

(2)拱形结构

拱形结构一般用于站台宽度较窄的单跨单层或单跨双层车站,可以实现良好的建筑艺术效果。莫斯科地铁在拱形覆土较薄的车站中采用拱形断面形式。拱形结构由拱形顶板的变截面单跨斜腿刚架和平底板组成,墙角与底板之间采用铰接,并在其外侧设有与底板整浇的挡土墙,用以抵抗刚架的水平推力。图 2-7 为明挖法拱形车站的横断面。

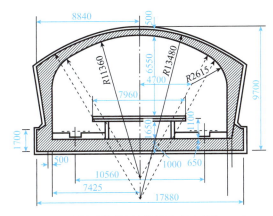

图 2-7　明挖法拱形车站横断面(尺寸单位:mm)

2)盖挖法施工的车站构造设计

按照盖挖车站基坑开挖与结构浇筑顺序的不同,盖挖法有 3 种基本的施工方法:盖挖顺作法、盖挖半逆作法和盖挖逆作法。从结构观点看,盖挖顺作法与明挖法并无不同,而半逆作法则与逆作法相近。图 2-8 示出了国内外一些典型盖挖逆作法车站的横断面。上海地铁 1 号线淮海路下面的常熟路站是我国首次用逆作法施工的地铁车站,地下连续墙既是基坑的侧壁支护,又是主体结构的侧墙,槽段之间采用十字钢板接头防渗抗剪,中间竖向临时支撑系统采用 H 型钢立柱和钢管打入桩基础。北京地铁 1 号线永安里站在我国首次采用桩墙组合结构作为车站永久结构的侧墙。天安门站边墙灌注桩和中间立柱均采用条形基础,不仅较常规方法缩短了桩长,避免了水下成桩的困难,而且减少了施工占路时间。比利时安特卫普地铁车站在暗挖的导洞内用顶管法修建顶板及人工开挖的边墙后,再用连续墙法修建地下水位以下的墙体。

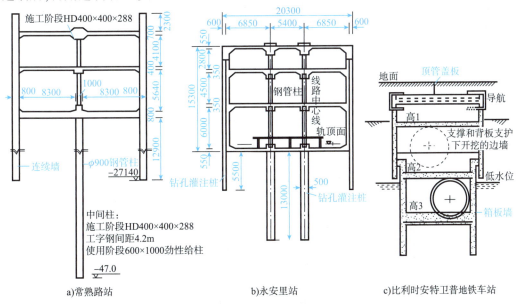

a)常熟路站　　　b)永安里站　　　c)比利时安特卫普地铁车站

图 2-8　盖挖逆作法车站结构实例(尺寸单位:mm;高程单位:m)

3) 矿山法施工的车站构造设计

矿山法施工的地铁车站,视地层条件、施工方法及其使用要求的不同,可采用单拱式车站、双拱式车站或三拱式车站,根据需要可做成单层或双层。此类车站的开挖断面面积一般为 $150 \sim 250 m^2$,由于断面较大,开挖方法对洞室稳定、地面沉降和支护受力等有重大影响,在第四纪土层中开挖时常需要采用辅助施工措施。

(1) 单拱车站

单拱车站横断面如图 2-9 所示。这种构造形式由于可以获得宽敞的空间和宏伟的建筑效果在岩石地层中采用较多;近年来国外在第四纪地层中也有采用的实例,但施工难度大、技术措施复杂、造价高。

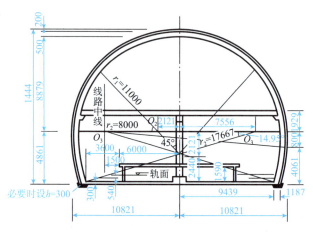

图 2-9　单拱车站横断面方案(尺寸单位:mm)

(2) 双拱车站

双拱车站有两种基本形式,即双拱塔柱式和双拱立柱式。

双拱塔柱式车站:这种车站在两个主隧道之间间隔一定距离设有横向联络通道,双层车站还可在其中布置楼梯间。两个主隧道的净距一般不小于 1 倍主隧道的开挖宽度。图 2-10 示出了青岛地铁国棉九厂站的横断面。该站埋置于坚硬完整的花岗岩地层中(局部有破碎带),无地下水,上覆岩石厚度 $9 \sim 11m$,采用复合式衬砌。横通道净宽 4.5m,中心间距 $21 \sim 23m$。

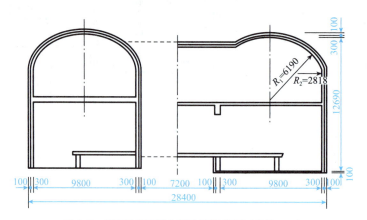

图 2-10　青岛地铁国棉九厂站横断面(尺寸单位:mm)

双拱立柱式车站:双拱立柱式车站早期多用于石质较好的地层,图 2-11 示出了纽约地铁车站的横断面实例。随着新奥法的出现,这种形式近年来在岩石地层中已经逐渐被单拱车站取代。

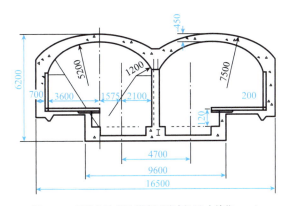

图 2-11　双拱立柱车站横断面实例(尺寸单位:mm)

(3)三拱车站

三拱车站亦有塔柱式和立柱式两种基本形式,但三拱塔柱式车站现已很少采用,土层中大多数采用三拱立柱式车站,见图 2-12。

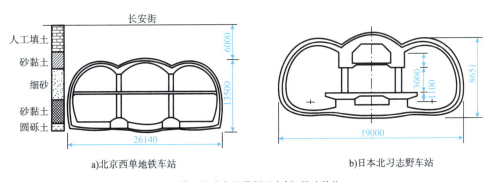

a)北京西单地铁车站　　　　　　　　　b)日本北习志野车站

图 2-12　三拱立柱式车站横断面实例(尺寸单位:mm)

4)盾构法施工的车站构造设计

盾构车站的结构形式与所采用的盾构类型、施工方法和站台形式等关系密切。传统的盾构车站是采用单圆盾构或单圆盾构与半盾构结合或单圆盾构与矿山法结合修建的。单圆盾构可以是两台平行作业,也可利用一台在端头井内折返。近年来开发的多圆盾构等新型盾构,进一步丰富了盾构车站的形式。盾构车站的站台有侧式、岛式及侧式与岛式混用(称为复合式)的 3 种基本类型。盾构车站的结构形式可大致分类如下:

(1)由 2 个并列的圆形隧道组成的侧式站台车站

如图 2-13 所示,每个隧道内都设有一组轨道和一个站台。两隧道的相对位置主要取决于场地条件和车站的使用要求,一般多设于同一水平,乘客从车站两端或车站中部夹在两圆形隧道之间的竖井(或自动扶梯隧道)进入站台。在两个并列隧道之间可以用横向通道连通,两隧道之间的净距应保证并列隧道施工的安全,并满足中间竖井(或斜隧道)的净空要求。

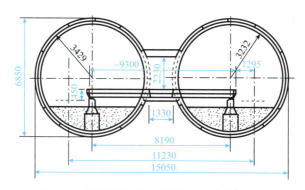

图 2-13　伦敦地铁盾构车站横断面(尺寸单位:mm)

(2) 由 3 个并列的圆形隧道组成的三拱塔柱式车站

如图 2-14 所示,两侧为行车隧道并在其内设置站台,中间隧道为集散厅,用横通道将 3 个隧道连成一个整体,乘客从中间隧道两端或位于车站中部的竖井(或斜隧道)进入集散厅。此种形式的车站在苏联的深埋地铁中采用较多。

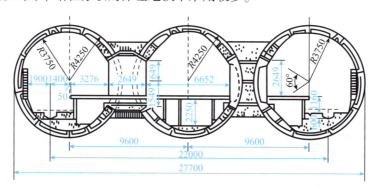

图 2-14　基辅地铁三拱塔柱式车站横断面(尺寸单位:mm)

(3) 立柱式车站

传统立柱式车站为三跨结构,先用单圆盾构开挖两旁侧隧道,然后施工中间站厅部分,将它们连成一体;中间站厅视施工方法的不同,可以是拱形的或平顶的;两旁侧隧道的拱圈及中间隧道的拱圈(或平顶)支承在纵梁及立柱上。这种形式的车站也被称为眼镜形车站,是一种典型的岛式车站(图 2-15),乘客从车站两端的斜道或井进入站台。站台宽度应满足客流集散要求,一般不小于 10m,站台边至立柱外侧的距离不小于 2m。

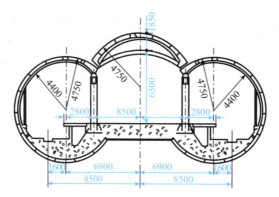

图 2-15　莫斯科地铁三拱立柱岛式车站横断面(尺寸单位:mm)

图 2-16 为日本东京地铁 7 号线白金台车站采用的盾构车站横断面。车站隧道用三圆盾构修建,三圆盾构到达车站端头井后拆去其中央部分,即形成两个开挖区间隧道的普通盾构。

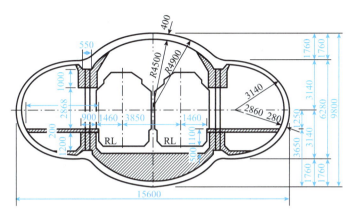

图 2-16　日本东京地铁 7 号线白金台侧式车站横断面(尺寸单位:mm)

2.3.2　区间隧道构造设计

地下铁道区间隧道衬砌结构与构造主要取决于隧道的用途、沿线地形、地物、水文地质、工程地质条件、施工方法、环境要求、维修管理、工期要求及投资高低等因素。

1) 明挖法修建的隧道构造设计

明挖法施工的隧道结构通常采用矩形断面,一般为整体浇筑或装配式结构,其优点是其内轮廓与地下铁道建筑限界接近,内部净空可以得到充分利用,结构受力合理,顶板上便于敷设城市地下管网设施。

(1) 整体式衬砌结构

整体式衬砌结构断面分单跨、双跨等形式,见图 2-17。由于其整体性好,防水性能容易得到保证故可适用于各种工程地质和水文地质条件,但施工工序较多,速度较慢。

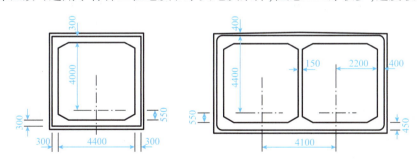

图 2-17　明挖法修建的整体式衬砌结构形式(尺寸单位:mm)

(2) 预制装配式衬砌

预制装配式衬砌的结构形式应根据工业化生产水平、施工方法、起重运输条件、场地条件等因地制宜选择,目前以单跨和双跨较为通用,见图 2-18。预制装配式衬砌整体性较差,对于有特殊要求(如防护、抗震)的地段要慎重选用。

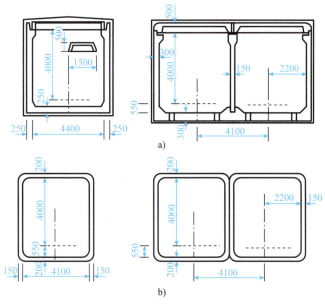

图 2-18 明挖法修建的预制装配式衬砌结构形式(尺寸单位:mm)

(3)区间喇叭口隧道

喇叭口衬砌通常都采用整体式钢筋混凝土结构,图 2-19 表示非对称形喇叭口结构形式。

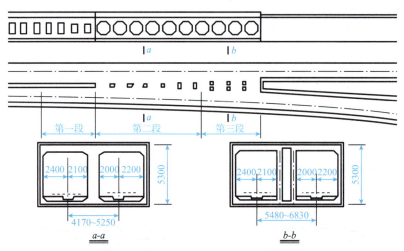

图 2-19 非对称形的喇叭口结构形式(尺寸单位:mm)

2)矿山法修建的隧道构造设计

地下铁道区间隧道采用矿山法施工时,一般采用拱形结构,其基本断面形式为单拱和多跨连拱,见图 2-20。前者多用于单线或双线的区间隧道或联络通道,后两者多停车线、折返线或喇叭口岔线上。

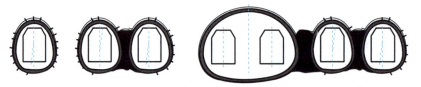

图 2-20 矿山法修建的衬砌结构形式形式

根据上述对隧道衬砌结构的基本要求以及隧道所处的围岩条件、地下水状况、地表下沉的控制、断面大小和施工方法等,可以采用的基本结构类型及其变化方案如下。

(1)衬砌的基本结构类型——复合式衬砌

这种衬砌结构是由初期支护、防水隔离层和二次衬砌所组成。图2-21为北京地铁单线区间隧道的复合式衬砌。外层为初期支护,其作用为加固围岩,控制围岩变形,防止围岩松动失稳,是衬砌结构中的重要承载单元。初期支护一般应在开挖后立即施作,并应与围岩密贴,所以,最适宜采用喷锚支护。根据具体情况,选用锚杆、喷混凝土、钢筋网和钢支撑等单一或并用而成内层为二次衬砌,通常在初期支护变形稳定后施作。因此,它的作用主要为安全储备,并承受静水压力,以及围岩蠕变或因围岩性质恶化和初期支护腐蚀后所引起的后续荷载,并提供光滑的通风表面。故一般采用模注混凝土,但也可采用喷混凝土。在初期支护和二次衬砌之间一般需敷设不同类型的防水隔离层。

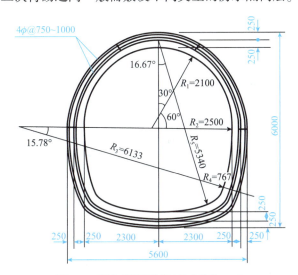

图2-21 复合式衬砌构造(尺寸单位:mm)

(2)衬砌结构的变化方案

在干燥无水的坚硬围岩中,区间隧道衬砌亦可采用单层的喷锚支护,不施作防水隔离层和二次衬砌,但此时对喷混凝土的施工工艺和抗风化性能都应有较高的要求,衬砌表面要平整,不允许出现大量的开裂。

当岩层的整体性较好、基本无地下水、防水要求不高,从开挖到衬砌这段时间围岩能够自稳,或通过锚喷临时支护围岩能够自稳时,可采用单层整体现浇混凝土衬砌或装配式衬砌,不施作初期支护和防水隔离层。为适应不同的围岩条件,整体式衬砌可做成等截面直墙式和等截面或变截面曲墙式,前者适用于坚硬围岩(Ⅳ类以上),后者适用于软弱围岩。

一般要求在衬砌施作好后向衬砌背后注浆,充填空隙,改善衬砌受力状态,减少围岩变形。同时衬砌混凝土本身需有较高的自防水性能。

矿山法可用来修建折返段等特殊地段的隧道。

3)盾构法修建的隧道构造设计

盾构法修建的隧道衬砌有预制装配式衬砌、模注钢筋混凝土整体式衬砌相结合的双层衬砌以及挤压混凝土整体式衬砌三大类,如图2-22及图2-23所示。

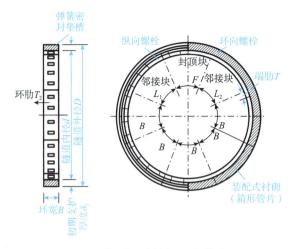

图 2-22 单层装配式衬砌圆环的构造图

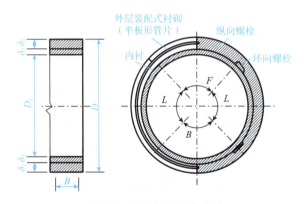

图 2-23 双层衬砌圆环构造图

(1) 预制装配式衬砌

预制装配式衬砌是用工厂预制的构件(称为管片),在盾构尾部拼装而成的。管片种类按材料可分为钢筋混凝土、钢、铸铁以及由几种材料组合而成的复合管片。按管片螺栓手孔成形大小,可将管片分为箱形和平板形两类,如图 2-24 和图 2-25 所示。平板形管片是指因螺栓手孔较小或无手孔而呈曲板形结构的管片,由于管片截面削弱较少或无削弱,故对千斤顶推力具有较大的抵抗力,对通风的阻力也较小。无手孔的管片也称为砌块。现代的钢筋混凝土管片多采用平板形结构。

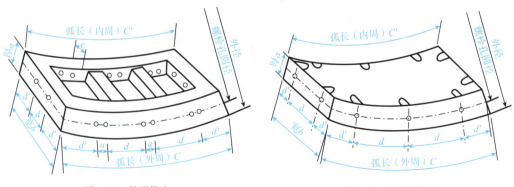

图 2-24 箱形管片　　　　图 2-25 平板形管片

衬砌环的组成一般有两种方式：一种是由若干标准管片（A）、两块相邻管片（B）和一块封顶管片（K）组成，另一种是由若干块 A 形管片、一块 B 形管片和一块 K 形管片构成，见图 2-26，相邻管片一端带坡面，封顶管片则两端或一端带坡面。从方便施工、提高衬砌环防水效果角度看，第一种方式较好。

衬砌环的拼装形式有错缝和通缝两种，见图 2-27。错缝拼装可使接缝分布均匀，减少接缝及整个衬砌环的变形，整体刚度大，所以是一种较为普遍采用的拼装形式；但当管片制作精度不够高时，管片在盾构推进过程中容易被顶裂，甚至顶碎。在某些场合，例如需要拆除管片修建旁通道处或某些特殊需要时，则衬砌环通常采用通缝拼装形式，以便于结构处理。

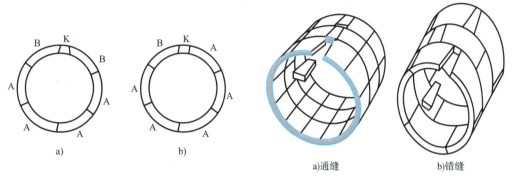

图 2-26　管片分块方法　　　　图 2-27　管片拼缝形式

（2）双层衬砌

为防止隧道渗水和衬砌腐蚀，修正隧道施工误差，减少噪声和振动以及作为内部装饰，可以在装配式衬砌内部再施作一层整体式混凝土或钢筋混凝土内衬。根据需要还可以在装配式衬砌与内层之间敷设防水隔离层。国内外在含地下水丰富和含有腐蚀性地下水的软土地层内的隧道，大都选用双层衬砌，即在隧道衬砌的内侧再附加厚 250～300mm 的现浇钢筋混凝土内衬，主要解决隧道防水和金属连接杆件防蚀问题，也可使隧道内壁光洁，减小空气流动阻力。

（3）挤压混凝土整体式衬砌

挤压混凝土衬砌（Extrude Concrete Lining, ECL）就是随着盾构向前推进，用一套衬砌施工设备在盾尾同步灌注的混凝土或钢筋混凝土整体式衬砌，因其灌注后即承受盾构千斤顶推力的挤压作用，故有此称谓。挤压混凝土衬砌可以是素混凝土或是钢筋混凝土，但应用最多的是钢纤维混凝土。挤压混凝土衬砌一次成型，内表面光滑，衬砌背后无空隙，故无须注浆，且对控制地层移动特别有效。但因挤压混凝土衬砌需要较多的施工设备，而且混凝土制备、配送、钢筋骨架等工艺较为复杂，在渗漏性较大的土层中要达到防水要求尚有困难，故挤压混凝土衬砌的应用尚不广泛。

4）特殊地段隧道构造设计

（1）沉埋结构

地下铁道穿越江、河、湖、海时，往往采用预制沉埋法施工，这一方法的要点是先在干船坞或船台上分段制作隧道结构，然后放入水中，浮运至设计位置，逐段沉入水底预先挖好的沟槽内，处理好各节段的接缝，使其连成整体贯通隧道。

沉埋结构横断面有圆形和矩形两大类,断面形状要从空间的充分利用和结构受力合理两方面综合考虑。当隧道位于深水中(大于45m)、管段承受较大的水压时,其相应的内力较大,采用圆形或接近圆形的断面比矩形断面更为有利;当水深在35m之内时,可用矩形断面;水深介于35~45m时,要进行详细对比予以选择。每节沉管的长度依据所在水域的地形、地质、航运、航道、施工方法等方面的要求确定,一般为60~140m,多数在100m左右,最长的已达到268m。断面尺寸根据使用要求、与其他交通结构合建要求、埋深、地质条件、施工方法等确定。管段结构构造除受力要求外,还应考虑管段浮运、沉没、波浪力、基础形式及地基性质的影响。

沉管段结构的外轮廓尺寸还要考虑浮力设计,既要保证一定的干舷高度,又要保证一定的安全系数。沉管结构混凝土等级一般为C30~C50,采用较高的等级主要是满足抗剪的需要。沉管结构中不容许出现通透性裂缝,非通透性裂缝的开展宽度应控制在0.15~0.2mm,因此不宜采用Ⅲ级或Ⅲ级以上的钢筋。

当隧道的跨度较大,或者水、土压力较大(300~400kPa)时,顶、底板受到的弯矩和剪力很大,也可采用预应力结构。一般为简化施工,尽量采用普通钢筋混凝土结构。

沉管段连接均在水下进行,一般有水中混凝土连接和水压压接两种方式。按变形状况可分为刚性接头和柔性接头,对于地震区的沉管隧道,宜采用特殊的柔性接头,这种接头既能适应线位移和角变形,又具有足够的轴向抗拉、抗压、抗剪、抗弯强度。

管段沉放和连接后,应对管底基础进行灌砂或以其他方法予以处理。

(2)顶进法施工的区间隧道结构

浅埋地下铁道线路在穿越地面铁路、地下管网群、交通繁忙的城市交通干线、交叉路口及其他不允许挖开地面的区段时,常采用顶进法施工。

顶进法施工一般分为顶入法、中继间法和顶拉法三种,各种方法对其相应结构及构造有不同要求。

顶进法施工的区间隧道结构形式根据工程规模、使用要求、工程地质情况、施工方法合理选用,一般多选用箱形框架结构。其正常使用阶段的结构强度可参照明挖法框架结构设计,垂直荷载应注意地面动载的影响;对施工阶段的结构强度,要验算千斤顶推力的影响及顶进过程中框架可能受扭的应力变化;在刃角、工作坑、滑板、后背等设计中,除强度、刚度、稳定性满足要求外,还应考虑施工各阶段的受力特性及构造措施。

2.4 地下铁道结构设计

2.4.1 地下铁道结构力学特性

地下结构和地面结构如房屋、桥梁等在赋存环境、力学作用机理等方面都存在着明显的差异。地下结构埋设于地层中,四周都受到地层的约束,所以,地层不仅对结构施加荷载即所谓地层压力或称围岩压力,同时地层又帮助结构承受荷载,减少结构的内力。这种结构与地层共同作用机理与地面结构完全不同。理论研究和工程实践都证明,这种共同作用的效果主要取决于地层条件以及结构与地层的相对刚度。在稳固的地层中,结构的刚度比地层的刚度小,则地层对结构变形的约束作用大,而产生的地层压力则小;反之,在松软不稳定地层中,结构的刚度比地层的刚度大,地层的约束作用小,甚至可以忽略不计,地层压力则很大。

在进行地下铁道结构的静、动力计算时,必须很好地考虑结构与地层共同作用,才能得到比较符合实际的结果。然而,影响结构与地层共同作用的因素很多,而且变化很大,有些因素很难甚至无法完全搞清楚。加之,地下结构的受力特性在很大程度上还与地下工程的施工方法及施工步骤直接相关,这些问题的存在使得一些地下结构的计算结果,无论在精度上或可靠程度上都达不到设计的要求,很难作为确切的设计依据。所以,目前在进行地下结构设计时,广泛采用结构计算、经验判断和实测相结合的所谓信息化设计方法。

用于地下结构设计模型随结构形式和施工方法而异,主要分为四种:

(1)荷载-结构模型(荷载-结构法)

荷载-结构模型是地下工程结构设计使用最多的一种,苏联、美国、澳大利亚、英国、意大利、德国、日本等国家普遍使用这种设计方法,我国《地铁设计规范》(GB 50157—2013)和《铁路隧道设计规范》(TB 10003—2016)中也均推荐采用。采用这种设计模型,具有明确的受力概念及清楚的安全系数评价方法。一般采用此种方法来分析二次衬砌内力。

(2)地层-结构模型(地层-结构法)

该方法包括解析法和数值法两种。目前广泛使用数值法进行地铁结构计算,数值法中以有限元法(FEM)为主。有限元本身严密精确,但由于岩土本构关系的复杂性、岩土计算参数确定的不精确性以及其结果难以验证的特点,往往使有限元计算结果未能在工程中得到直接应用,只能作为设计人员的定性参考。这种类型亦可简称连续介质力学方法。

(3)以工程类比为依据的经验法(经验比法)

该方法根据实践经验和工程地质条件对围岩进行分类,然后按不同围岩分类确定所需的地下结构支护系统,从而用于隧道结构的设计。由于隧道的地质情况复杂多变,坑道稳定与施工因素密切相关,加之计算模型的局限性,目前隧道结构设计仍需在很大程度上借助于经验类比法,特别是在初期支护的设计中主要采用。

(4)室内试验加以洞周变形量测为依据的收敛-约束模型(收敛-约束法)

因为该方法能够提供直观的信息,更确切地估计地层和结构的稳定性和安全度,常受到现场人员的欢迎。但收敛-约束法的原理还不完善,很多问题也难以解决,如地层和衬砌的响应曲线目前仍无法正确确定,使得该方法只能停留在定性的描述阶段。实际工作中较少运用。我国地下铁道仍以建设浅埋地下铁道为主,在这种情况下地下铁道结构大多埋设在第三、第四纪的软弱地层中,结构与地层共同作用较弱,荷载较为明确,按我国多年地下铁道的设计经验,以采用荷载-结构模型为主。对于深埋或浅埋于岩层中的地下铁道结构物,除采用传统矿山法施工的结构仍可采用荷载-结构模型外,其余可采用连续介质模型,但主要是采用以工程类比为基础的经验法,辅以结构计算。

2.4.2 设计荷载

1)作用在地下铁道结构上的荷载及分类

作用在地铁结构上的荷载,分别按明挖结构、暗挖结构进行荷载分类,见表2-9、

表2-10。在决定荷载的数值时,应考虑施工和使用年限内发生的变化,根据《建筑结构荷载规范》(GB 50009—2012)及相关规范规定的可能出现的最不利情况,确定不同荷载组合时的组合系数。

明挖结构荷载分类表 表2-9

荷载类型		荷载名称
永久荷载		结构自重
		地层压力
		结构上部和破坏棱体范围的设施及建筑物压力
		水压力及浮力
		混凝土收缩及徐变作用
		预加应力
		设备质量
		地基下沉作用
可变荷载	基本可变荷载	地面车辆荷载及其冲击力
		地面车辆荷载引起的侧向土压力
		地下铁道车辆荷载及其冲击力
		人群荷载
	其他可变荷载	温度变化影响
		施工荷载
偶然荷载		地震作用

暗挖结构荷载分类表 表2-10

荷载类型		荷载名称
主要荷载	恒载	结构自重
		围岩压力
		水、土压力
		混凝土收缩及徐变作用
	活载	列车活载
		公路活载
		渡槽流水(立交明洞时)
		冲击力
		地面车辆荷载引起的土压力
附加荷载		制动力
		温度变化的影响
		灌浆压力
		施工荷载
偶然荷载		地震作用

2)部分荷载计算规定

(1)计算结构自重时,各种材料重度应根据《建筑结构荷载规范》(GB 50009—2012)

及相关标准确定。

(2)地层压力。

地层压力是地铁结构物承受的主要荷载。准确地确定地层压力是很困难的,可按以下原则进行初步确定,但应根据结构所赋存的具体环境,结合已有的试验、测试和研究资料慎重确定。

①深埋岩质隧道。

深埋岩质隧道采用荷载-结构模型时,地层压力(围岩压力)按围岩的松动压力考虑,并根据《铁路隧道设计规范》(TB 10003—2016)所建议的公式进行计算。

a. 竖向压力 q 按以下公式计算:

$$q = 0.45 \times 2^{s-1} \cdot \gamma \cdot \omega \tag{2-1}$$

式中:q——竖向均布围岩压力(kPa);

s——围岩级别,如属Ⅱ级,则 $s=2$;

γ——围岩重度(kN/m³),各级围岩的天然重度见表2-11;

ω——跨度影响系数,其值为:

$$\omega = 1 + i \cdot (B_t - 5) \tag{2-2}$$

式中:B_t——隧道宽度(m);

i——以 $B_t=5m$ 为基准,B_t 每增加1m时的围岩压力增减率。当 $B_t<5m$ 时,取 $i=0.2$;当 $B_t>5m$ 时,取 $i=0.1$。

各级围岩的天然重度(单位:kN/m³)   表2-11

围岩级别	Ⅰ	Ⅱ	Ⅲ	Ⅳ	Ⅴ	Ⅵ
γ	26~28	25~27	23~25	19~22	17~20	15~16

式(2-1)的适用条件为:①$H_t/B_t<1.7$,H_t 为隧道高度;②深埋隧道,Ⅳ~Ⅵ级围岩;③不产生显著偏压力及膨胀力的一般隧道;④采用矿山法施工的隧道。

b. 侧向压力 e 按表2-12中的经验公式计算。

围岩侧向压力   表2-12

围岩级别	Ⅰ、Ⅱ	Ⅲ	Ⅳ	Ⅴ	Ⅵ
侧向压力 e	0	<0.15q	(0.15~0.3)q	(0.3~05)q	(0.5~1.0)q

②浅埋土质隧道。

a. 竖向压力。填土与浅埋暗挖隧道,因其上方无法形成承载拱,竖向压力按结构顶板上的全部土柱进行计算。

b. 侧向压力 e。根据结构受力过程中墙体位移与地层间的相互关系,分别按主动、被动、静止土压力计算。在地下铁道结构计算中,主动土压力或被动土压力习惯上采用朗金土压力理论。

(3)静水压力的计算方法。

计算静水压力时,一般有两种方法可供选择,一种是和土压力分开计算(水土分算),另一种则将其视为土压力的一部分和土压力一起计算(水土合算)。对于砂性土可采用水土分算;对黏性土则宜用水土合算,因为在黏性土中的水大多是非重力水(结合水),不对土粒起静水压力作用。

(4)车站站台、楼板和楼梯等部位的人群均布荷载的标准值应采用4.0kPa;设备用房楼板的计算荷载应根据隔墙布置以及设备安装、检修和正常使用的实际情况进行确定,其标准值不得小于8.0kPa。

(5)施工荷载一般可按20kPa计算,在端头井附近由于盾构隧道施工时堆放管片及其他特殊情况时,其值应按相关专业要求确定。

(6)地面车辆荷载及其冲击力:当覆土厚度大于3m时,可按10kPa均布荷载计算,并不考虑动力影响;当覆土厚度小于3m时,其地面超载则按有关规范的规定确定;当覆土厚度小于2m时,还需考虑相应的动力影响。

● 复习题

1. 什么是地下铁道?地下铁道由哪几部分组成?
2. 说明地铁限界的概念及主要类型。
3. 说明地铁线路平面设计的主要参数及要求,简述线路平面位置选择要点。
4. 说明地铁线路纵剖面设计的主要技术参数与要求,简述影响地铁线路纵剖面设计的主要因素。
5. 说明地铁车站的分类。
6. 简述地铁车站的施工方法及结构类型。
7. 简述地铁区间隧道的施工方法与结构类型。

单元 3　地铁车站施工

3.1　车站施工总体顺序

在进行车站施工时,其施工顺序为:在业主的安排下,进行场地的围蔽施工→围蔽范围内的绿化改移、管线改移→施工场地的平整及平面规划,包括临时用水、临时用电、场区道路、排水、生产、生活设施的布置、围护结构施工时泥浆池的设计、钢筋加工基地的安排(应合理、便捷、适用)→围护结构施工(地下连续墙或钻孔灌注桩等)→根据确定的施工方法(明挖、盖挖)进行土方开挖→主体结构施工→土方回填,恢复路面。

3.2　管线改移

在城市地铁施工中,与高速公路、高速铁路施工最大的不同或者说最麻烦、最影响工期的事情就是管线改移。

可能需要改移或需采取措施保护的管线及设施有天然气管道、石油管线、给排水管、电缆、周边既有建筑等。在有些地区的建造合同中,由于实行建设-移交(Buile-Transfer,BT)项目合同,拆迁及管线改移由地方政府完成,但由于其难度较大、牵涉面广,往往不能按预定工期完成,这在一定程度上会影响主体工程的进度。如不属 BT 合同,其难度更大。

按照以往的工程实际,在管线改移中,风险最高的是液化天然气(LNG)管线、燃气管线及国防军缆,最棘手的是大直径的、埋深在 4m 以下的雨水箱涵。因此,承包人对管线改移工作必须高度重视。

关于对周边建筑物的保护,一般均采用注浆加固或多重旋喷桩予以加固。横穿主体结构的管线,则采用悬吊方案予以保护。

3.3　施工场地平整及平面布置

由于城市地铁施工的工作场地狭小,且多位于人口密集的市区,交通密度大,环境要求高,对"四废"(废水、废气、废油、废物)的排放标准高,往往把文明施工提到一个很高的高度。因此,如何做好场地布置,在一定程度上体现了施工队伍的管理水平。

工地的平面布置应遵循以下原则:

(1)功能齐全。生产作业区、材料堆放区、生活和办公区三区分离,做到布局紧凑合理,统筹交通疏解的影响,尽量减少设施的二次建设。

(2)道路畅通。做好与外部道路的衔接,便于材料运输、人员出入、施工车辆进出施工现场。

(3)场地均应硬化,部分区域还要满足可能出现的重载车辆、大型设备运行的条件。

(4)排水通畅。污水应进行集中处理后按城市市政要求进行排放。

(5)临时用电安设合理,电闸开关设置符合安全要求。

(6)制浆、新浆存储、循环利用、废浆处理等要进行系统设计。

(7)材料堆放合理。钢筋制作、构件加工和存放应合理布局,方便运输。

(8)弃土池布设合理,排污、排水畅通,并达到当地政府规定的标准。

(9)"八牌一图"齐全,文明施工气氛浓厚。

(10)门禁制度齐全。

图 3-1 为某地铁车站一期围护结构施工平面布置示意图。

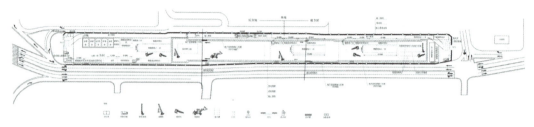

图 3-1　某地铁车站一期围护结构施工平面布置示意图(尺寸单位:mm)

3.4　车站施工主要方法

车站施工的方法主要有明挖顺作法、盖挖逆作法和盖挖顺作法。

3.4.1　明挖顺作法

1)施工工序

明挖顺作法是地铁车站常用的,也是经济指标较好的一种施工方法。

其工序为:绿化迁移、管线改移→场地平整、交通疏解、施工准备→基坑围护结构施工→格构柱施工,基坑内施工降水井并在开挖土方前 20d 降水(有些还需进行基底加固)→第一层土方开挖(覆盖层)→施工冠梁,第一道钢筋混凝土支撑→第 N 层土方开挖(至下一层支撑下 50cm),逐层设置 N 层支撑→最底层开挖→综合接地施工→C20 混凝土垫层施工(150mm 厚)→防水层施工→C20 细粒石混凝土保护层施工(50mm 厚)→底板混凝土施工→最下层支撑拆除→按着纵向施工缝的划分逐层施工内衬→自下向上逐次拆除支撑→顶板钢筋混凝土浇筑→防水层施工→C20 细粒石混凝土保护层施工(一般为 80mm 厚)→黏土回填(50cm 厚)→一般土回填至设计高程(按设计要求进行夯实),恢复路面→车站附属结构施工。

2)主体结构施工工艺流程

明挖顺作车站主体结构工艺流程(以一个三层车站为例)如下:接地网施工→基层垫层施工→防水层施工→保护层施工(50mm 厚,C20 细粒石混凝土)→底板钢筋绑扎、安装→底板混凝土浇筑→侧墙外防水层施作,并施作保护层→侧墙钢筋绑扎及安装→侧墙搭设支架安装模板→负三层板模板安装及钢筋绑扎→负三层板混凝土浇筑→负二层侧墙钢筋绑扎→支架搭设,负二层侧墙及负二层模板安装→负二层板钢筋绑扎→负二层侧墙及负二层板混凝土浇筑→负一层侧墙及顶板施工→顶板防水层施工→顶板防水层保护层施工及土方回填。

3)施工步骤

明挖顺作法施工步骤见表3-1。

明挖顺作法施工步骤 表3-1

序号	施工说明	施工步骤图
1	施工地下连续墙、抗拔桩、中立柱及基础、冠梁及截水沟	（冠梁、截水沟、地下连续墙（或排桩）、降水井、格构柱（抗拔桩））
2	开挖至第一道支撑位置,施工第一道支撑	（第一道支撑、降水井）
3	基坑降水,分层开挖土方,并及时架设各道支撑至基坑底	
4	综合接地施工,垫层、底板防水层、底板施工	

续上表

序号	施工说明	施工步骤图
5	拆除第六道支撑,部分负三层侧墙施工,换撑施工	
6	拆除第五道支撑,负三层侧墙防水层、侧墙、柱、夹层梁板、负三层顶板施工	
7	拆除换撑及第三、四道支撑,负二层侧墙防水层、侧墙、柱、负二层顶板施工	
8	拆除第二道支撑,负一层侧墙防水层,侧墙、柱、顶板及抗浮压顶梁施工	

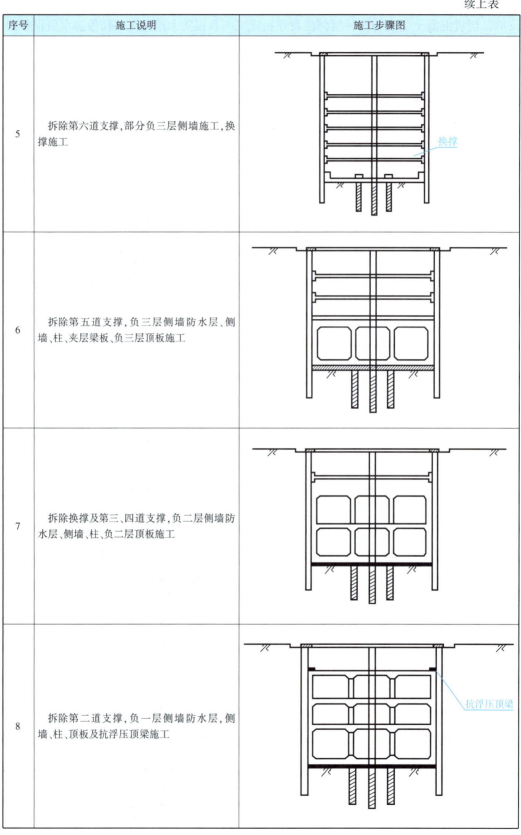

续上表

序号	施工说明	施工步骤图
9	待顶板达到设计强度后,拆除第一道支撑,拆除临时钢立柱,封堵各层临时立柱孔洞,回填土恢复路面,并施作风道夹层	
10	站台板等附属结构物施工	

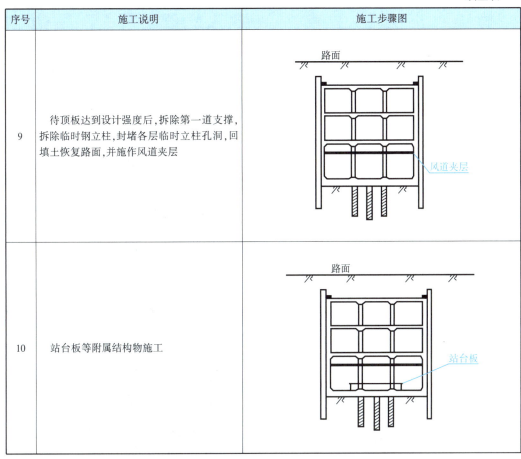

3.4.2 盖挖逆作法

1) 工序流程

盖挖逆作法车站主体结构工艺流程(以一个三层车站为例)如下:绿化迁移、管线改移→场地平整,交通疏解,施工准备→施工围护结构、格构柱(临时立柱)、降水井,安装冠梁和临时结构→降水,开挖至第一道支撑线以下 0.7 m,施作第一道钢筋混凝土支撑→施作一侧顶板,待混凝土强度达到85%后铺设防水层,管线迁回,回填部分覆土→施作另一侧顶板、顶板防水层、回填部分覆土→施作负一层侧墙防水层、侧墙结构、施作站台层底板→降水开挖负二层底板,施作负二层底板→降水开挖至第二道钢支撑下0.7 m,施作负三层侧墙,架设第二道支撑→降水开挖至底板,施作负三层剩余侧墙接地网、底板垫层、底板,拆除第二支撑→施作站台板轨、顶风道。

2) 施工步骤

在城市地铁施工中,由于大部分车站地处繁华闹市,限于交通疏解的压力,大多采用半幅倒边施工的盖挖逆作法,其施工步骤见表3-2。当条件允许时,也可采用全封闭全路幅施工。

盖挖逆作法施工步骤图　　表 3-2

序号	施工说明	施工步骤图
1	(1) 施工准备； (2) 施作地下连续墙两侧旋喷桩、地下连续墙、中柱桩基础，然后浇筑抗拔桩，安装型钢立柱； (3) 施作基坑围护结构的同时，基坑内做好降水井； (4) 安装冠梁和临时结构	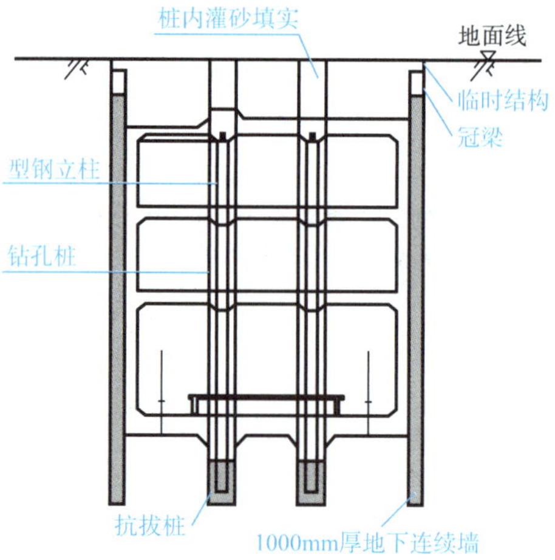 （图示：桩内灌砂填实、地面线、临时结构、冠梁、型钢立柱、钻孔桩、抗拔桩、1000mm厚地下连续墙）
2	(1) 降水，开挖至第一道支撑中心线下0.7m； (2) 施作第一道钢筋混凝土支撑	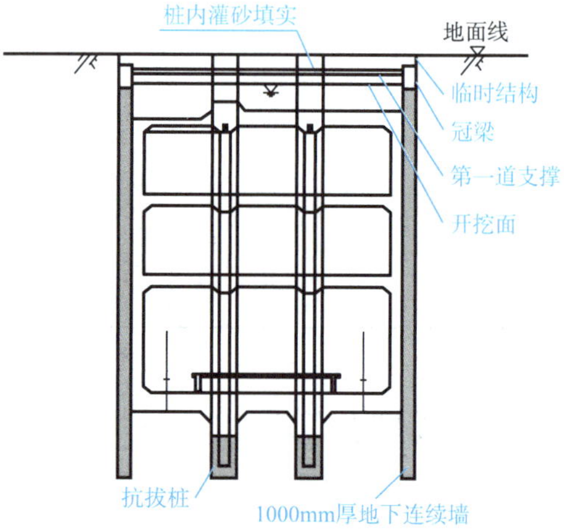 （图示：桩内灌砂填实、地面线、临时结构、冠梁、第一道支撑、开挖面、抗拔桩、1000mm厚地下连续墙）
3	(1) 降水，开挖一侧基坑至顶板设计高程，利用土模板施作此侧顶板结构； (2) 待这侧顶板达到设计强度85%以上后，铺设顶部防水层，改迁管线，回填部分覆土	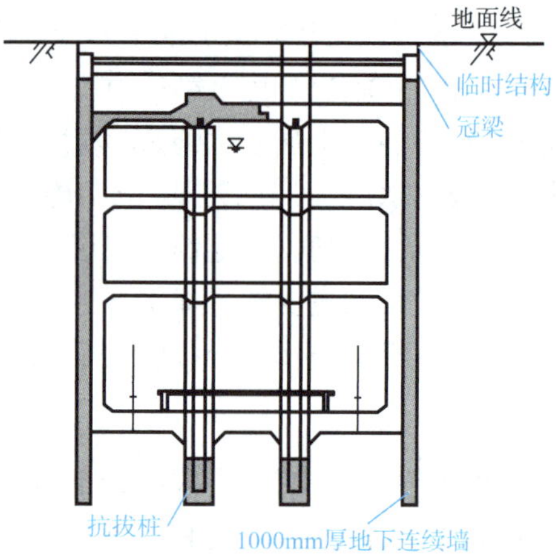 （图示：地面线、临时结构、冠梁、抗拔桩、1000mm厚地下连续墙）

续上表

序号	施工说明	施工步骤图
4	(1)开挖另一侧基坑至顶板设计高程,利用土模板施作此侧顶板结构; (2)待这侧顶板达到设计强度85%以上后,铺设顶部防水层,回迁管线,回填部分覆土,拆除第一道钢筋混凝土支撑	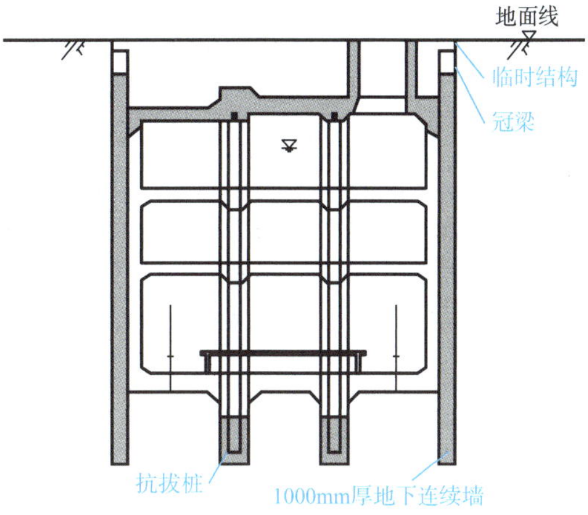
5	待顶板达到设计强度85%以上后降水,开挖至站厅层底板设计高程,施作负一层侧墙防水层、侧墙结构,利用土模板施作站厅层底板结构	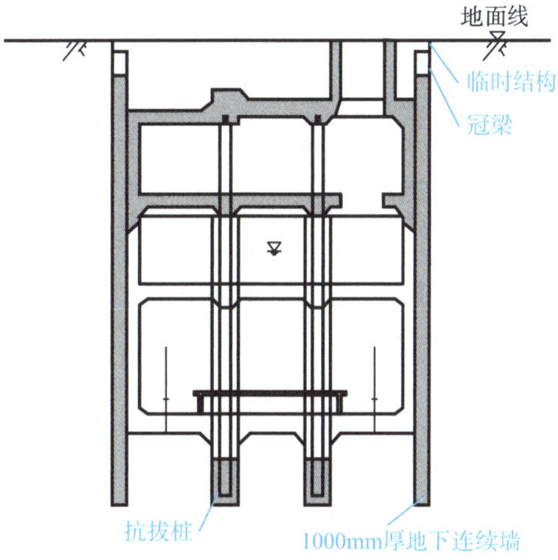
6	待站厅底板达到设计强度85%以上后降水,开挖至设备层底板设计高程,利用土模板施作设备层底板结构	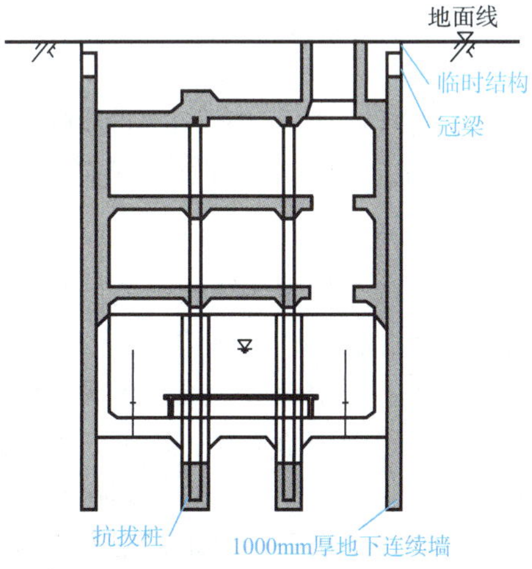

单元 3 地铁车站施工

续上表

序号	施工说明	施工步骤图
7	(1)降水,开挖至第二道钢支撑以下0.7m,施作开挖面以上负三层侧墙; (2)待侧墙混凝土强度达到设计强度85%后,架设第二道钢支撑	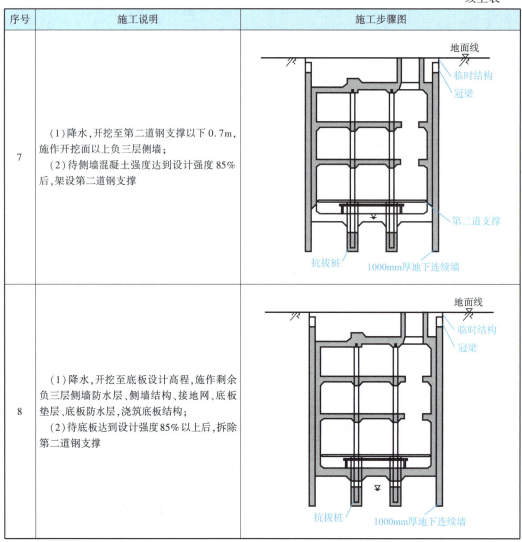
8	(1)降水,开挖至底板设计高程,施作剩余负三层侧墙防水层、侧墙结构、接地网、底板垫层、底板防水层,浇筑底板结构; (2)待底板达到设计强度85%以上后,拆除第二道钢支撑	

3.4.3 盖挖顺作法

在围护结构完成后,先施工临时路面系统,恢复交通,在临时路面系统的防护下,按照明挖顺作的施工顺序从下而上进行施工。

1) 施工流程

盖挖顺作法车站主体结构工艺流程(以一个二层车站为例)如下:绿化迁移,管线改移→场地平整,交通疏解,施工准备→施工维护结构、格构柱(临时立柱)、降水井→临时路面系统施工→开挖至第一道支撑底面处→设第一道支撑→开挖至第二道支撑→设第二道支撑→开挖至第三道支撑→设第三道支撑→开挖至基底底面→施作综合接地、垫层→拆除第三道支撑→施作车站底板防水层、底板结构→拆撑第三道支撑→施作最底层侧墙→施作车站中板→拆除第二道支撑→施作侧墙→施作车站顶板→施作车站站台、内部结构→拆除临时路面系统→土方回填、路面恢复→车站附属结构施工。

2) 施工步骤

盖挖顺作法施工步骤见表3-3。

盖挖顺作法施工步骤表　　　　表3-3

序号	施工说明	施工步骤图
1	施工一侧地下连续墙、中立柱及基础、墙顶冠梁、支撑、主体抗拔桩、盖板及截水沟	
2	施工另一侧地下连续墙、中立柱及基础、墙顶冠梁、支撑、主体抗拔桩、盖板及截水沟	
3	基坑降水,分层开挖土方并及时架设各道支撑	
4	垫层、底板防水层、底板施工	

续上表

序号	施工说明	施工步骤图
5	拆除第六道支撑,负三层侧墙施工,第六道换撑施工	
6	撤除第五道支撑,负三层侧墙防水层、侧墙、中板施工	
7	撤除第四道支撑,注意保护钢立柱处安全,负二层底板垫层、防水层、底板施工	
8	撤除第三道支撑,负二层侧墙防水层、侧墙、中板施工	

续上表

序号	施工说明	施工步骤图
9	撤除第二道支撑,负一层侧墙防水层、侧墙、顶板施工	
10	待顶板达到设计强度后,拆除第一道支撑、盖板、钢立柱,封堵钢立柱留孔,回填土恢复路面,站台板等附属结构施工	

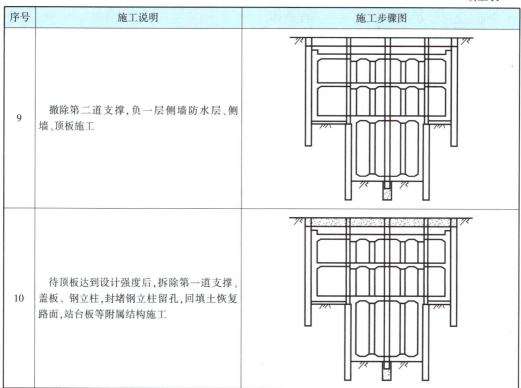

盖挖顺作法施工一般适用于城市繁华地段或关键交通区段,由于必须保证交通行车而在车站开挖前先进行交通疏解并施作临时路面系统,因此,前期交通疏解的可行性和进展速度控制尤为重要。在前期工程施工过程中,需要及时做好绿化迁移、管线迁改和临时疏解道路工作,为车站主体施工尽早开工打下基础,节约整体施工工期,缩短交通干扰时间。

3.5 车站围护结构施工

由于地铁车站的基坑深度大、宽度较宽,为一级基坑,因此,在我国南方地区,常用的围护结构为地下连续墙、钢筋混凝土灌注桩加旋喷桩止水,同时采用旋喷桩、搅拌桩、锚索、袖阀管注浆对邻近建筑物、盾构始发段、到达井端头等进行地基加固;在北方地区,也可采用排桩围护结构,如钢板桩、水泥土搅拌桩或劲性水泥土搅拌桩(SMW)等。

3.5.1 地下连续墙施工

1)技术标准(以一级基坑为例)

(1)地下连续墙应满足强度、刚度、稳定性和耐久性要求,并满足防水、防火的技术要求,车站结构按使用年限100年的要求进行耐久性设计。

(2)围护结构的安全等级为一级,基坑侧壁重要性系数为1.10,计算参数按现场地质勘察报告采用。

(3)地下连续墙应满足稳定要求,不产生倾覆、滑移和局部失稳,基坑底部不产生管涌、隆起,支撑体系不失稳,不发生强度破坏。

(4)最大变形要求:水平位移控制在 0.20%H 以内(H 为基坑深度),且小于 30mm。

2)施工流程

连续墙的分幅长度,一般情况下为 6m 一段,但也可根据车站的实际情况、功能需要划分,其几何形式一般为直线段,但也有 Z 形和 L 形。地下连续墙施工流程如图 3-2 所示。

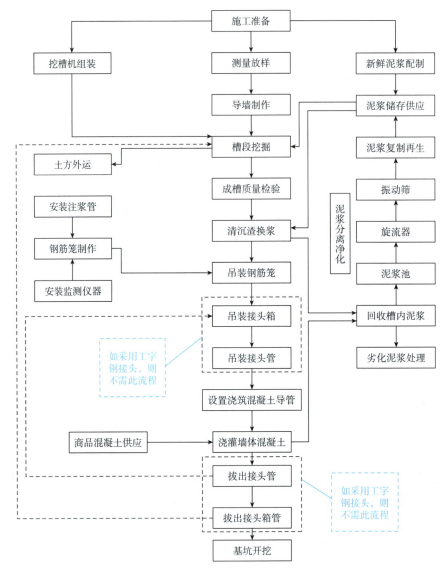

图 3-2 地下连续墙施工流程

注:如果采用工字钢接头,则用"▭▭▭"表示的流程可省去。

3)成槽设备选型

当前,国内常用的成槽设备为液压抓斗式成槽机及双轮铣槽机两类。液压抓斗式成槽机的型号系列为 SG 系列和 GB 系列。SG 系列常用的有 SG30、SG40、SG65 等,GB(宝峨)系列有 GB30、GB34、GB34H、GB46 等,也有日本的各种系列。究竟采用何种成槽机设备,要根据所承担工程项目的实际情况而定,其主要决定因素为连续墙的厚度、深度、穿越的地质情况,当然还要适当考虑造价方面的因素。如果槽段所处地质为土质、砂砾、软岩等,采用液压抓斗式成槽机即可;如果槽段基地为硬岩,其嵌入深度较深,除使用液压抓斗式成槽机外,尚需配置冲击式钻机予以破岩或爆破方式破岩。若经济条件许可,硬岩的工作量又很大的情况下,最好采用双轮铣槽机。目前宝峨系列已生产出 BC-15、BC-30、BC-40 等产品,成槽深度达 120m,且能在巨大漂石和极硬的花岗岩层中施工。

现有宝峨系列的液压抓斗式成槽机的主要技术参数见表 3-4。

宝峨系列的液压抓斗式成槽机主要技术参数表　　　　表 3-4

型号	GB30	GB34(UW65BH)	GB34H	GB46
成墙厚度(m)	0.30~1.20	0.30~1.50	0.30~1.50	0.40~1.50
成墙深度(m)	60	60	70	75
最大提升力(kN)	300	340	340	460
卷扬单绳拉力(kN)	150	170	170	230
发动机定额输出(kW)	213	213	213	—
系统压力(MPa)	30	30	30	30
主泵最大流量(L/min)	20×260	20×260	20×260	20×225
抓斗质量(t)	9.0~16.0	9.0~19.0	9.0~19.0	23.0
总质量(不含抓斗)(t)	47	50	50	68

液压抓斗式成槽机及宝峨双轮铣槽机如图 3-3 所示。

a)液压抓斗式成槽机　　　　b)宝峨双轮铣槽机

图 3-3　液压抓斗式成槽机及宝峨双轮铣槽机

4)泥浆循环系统

泥浆循环系统是地下连续墙施工的重要系统。根据工程特点,泥浆循环系统包括泥浆池、材料存储台、施工平台、泥浆输送管路等。泥浆池的大小根据现场设备多少和施工功效综合确定。当用液压挖斗式挖槽机成槽时,泥浆池容量大约相当于3倍单幅槽段的挖方量;当用钻头式挖槽机成槽时,泥浆池容量约为4倍单幅槽段的挖方量。供浆管路为ϕ150mm铁管或无规共聚聚丙烯(PPR)管。

(1)泥浆循环系统设计

为了发挥泥浆的功能,膨润土泥浆最好在膨化24h之后再使用。泥浆循环系统还应满足泥浆的实际使用,因此需设置制浆池、储浆池、沉淀池、调整池、废浆池。回收浆液通过净化器处理或二次搅拌等手段达到重复利用标准,不可处理的废弃浆液流入废浆池。泥浆池的大小应根据工程规模确定,其形式可分为相对固定型和流动型两种。泥浆循环系统平面布置如图3-4所示。

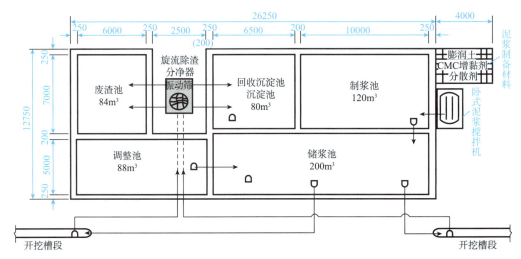

图3-4 泥浆循环系统平面布置示意图(尺寸单位:mm)

注:1.泥浆池深度为2m,其中地面以下1.5m,地面以上0.5m。
 2.泥浆池边墙采用C20钢筋混凝土,厚度为25cm,隔墙为20cm。

根据场地条件,流动型泥浆池也可采用钢制储浆罐。若在地下挖坑,将其作为储浆池使用,则必须防止地面水流入池内。

(2)泥浆材料选择

①水:选用符合规范要求的水。

②膨润土:与钙膨润土相比,钠膨润土的湿胀度较大,但容易受阳离子影响。对于水中含有大量阳离子或在施工过程中可能有显著阳离子污染时,最好采用钙膨润土。膨润土的种类不同,泥浆的混合浓度、掺加外加剂的种类和比例、泥浆的循环使用次数等会有很大的差异,所以在选用时要充分考虑成本因素。

③增黏剂CMC(羧甲基纤维素钠):预计有海水混入泥浆时,应选用耐盐性CMC;当溶解性有问题时,要使用颗粒状的易溶性CMC。一般CMC的黏度分为高、中、低三种,越是高黏度的CMC价格越高,但它的防漏效果也越好。

④分散剂:为使泥浆在沉淀槽内容易产生泥水分离,应使用能够减小泥浆凝胶强度及屈服值的分散剂。对于工程泥浆来说,应首选使用纯碱(Na_2CO_3),但在透水性高的地层内,不宜使用分散剂,否则就会进一步增大槽壁坍塌的危险。

⑤加重剂:易塌槽孔成槽难度较大时,可考虑泥浆中加入重晶石粉,以增大泥浆相对

密度。

⑥防漏剂：泥浆的漏失通常分大、中、小三种情况，防漏剂要根据漏失的空隙大小来选用。一般认为，防漏剂的粒径相当于漏浆层土砂粒径的10%~15%效果最好，可考虑在槽内投入黏土、锯末等材料。

(3) 泥浆循环系统及泥浆配制

①泥浆循环系统工艺流程如图3-5所示。

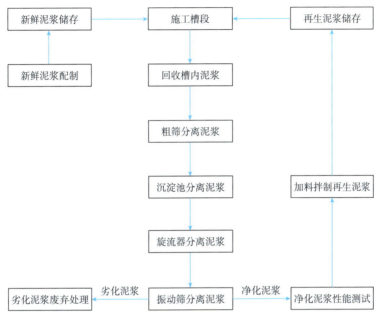

图3-5 泥浆循环系统工艺流程

②泥浆配制。

a. 泥浆材料。

地下连续墙工程采用下列材料配制护壁泥浆。膨润土：200目商品膨润土；水：自来水；分散剂：纯碱（Na_2CO_3）；增黏剂：CMC（高黏度，粉末状）；加重剂：200目重晶石粉；防漏剂：纸浆纤维。

b. 泥浆性能指标及配合比设计。

新鲜泥浆的性能指标见表3-5。

新鲜泥浆性能指标　　表3-5

项目	黏度(s)	相对密度	pH值	失水量(mL)	滤皮厚(mm)
指标	24~28	1.06~1.10	8~9	≤10	≤2

新鲜泥浆的参考配合比见表3-6。

新鲜泥浆参考配合比　　表3-6

泥浆材料	膨润土	纯碱	CMC	清水
1m³投料量(kg)	116.6	4.664	0.583	949.3

c. 泥浆配制方法。

泥浆配制方法如图3-6所示。

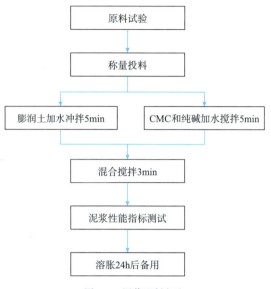

图 3-6 泥浆配制方法

（4）泥浆储存

泥浆储存采用半埋式砖砌泥浆池和集装式泥浆箱。

（5）泥浆循环

泥浆循环采用 3LM 型泥浆泵输送，4PL 型泥浆泵回收，由泥浆泵和软管组成泥浆循环管路。

（6）泥浆的分离净化

在地下连续墙施工过程中，因为泥浆要与地下水、泥土、砂石、混凝土接触，其中难免会混入细微的泥沙颗粒、水泥成分与有害离子，必然会使泥浆受到污染而变质。因此，泥浆使用一个循环之后，要对泥浆进行分离净化，以尽可能提高泥浆的重复使用率。

槽内回收泥浆的分离净化过程如下。先经过土渣分离筛，把粒径大于 10mm 的泥土颗粒分出来，防止其堵塞旋流除渣器下泄口；然后依次经过沉淀池、旋流除渣器、双层振动筛多级分离净化，使泥浆的相对密度与含砂率降低。如经第一循环分离后的泥浆相对密度仍大于 1.15、含砂率仍大于 4%，则用旋流除渣器和双层振动筛进行第二、第三循环分离，直至泥浆相对密度小于 1.15、含砂率小于 4% 为止。

（7）泥浆的再生处理

循环泥浆经过分离净化之后，虽然清除了许多混入其间的土渣，但并未恢复其原有的护壁性能，因为泥浆在使用过程中，要与地基土、地下水接触，并在槽壁表面形成泥皮，会消耗泥浆中的膨润土、纯碱和 CMC 等，并受混凝土中水泥成分与有害离子的污染而削弱护壁功能，因此，循环泥浆经过分离净化之后，还需调整其性能指标，恢复其原有的护壁功能，这就是泥浆的再生处理。

①净化泥浆性能指标测试。

通过对净化泥浆的失水量、滤皮厚度、pH 值和黏度等性能指标的测试，了解净化泥浆中主要成分膨润土、纯碱与 CMC 等消耗程度。

②补充泥浆成分。

补充泥浆成分的方法是向净化泥浆中补充膨润土、纯碱和 CMC 等，使净化泥浆基本恢复原有的护壁性能。

为向净化泥浆中补充膨润土、纯碱和CMC等,可以采用重新投料搅拌的方法,将大量的净化泥浆都做再生处理。为了跟上施工进度,可采用先配制浓缩新鲜泥浆,再把浓缩新鲜泥浆掺入净化泥浆中,用泥浆泵冲拌的方法来调整净化泥浆的性能指标,使其基本恢复原有的护壁功能。

③再生泥浆使用。

尽管再生泥浆基本恢复了原有的护壁性能,但总不如新鲜泥浆的性能优越,因此,应将再生泥浆与新鲜泥浆掺和在一起使用。

(8)劣化泥浆处理

劣化泥浆是指浇灌墙体混凝土时与混凝土接触受水泥污染而变质劣化的泥浆和经过多次重复使用,黏度和相对密度已经超标却又难以分离净化使其降低黏度和相对密度的超标泥浆。劣化泥浆先用泥浆箱暂时收存,再用罐车装运外弃。

(9)泥浆质量控制

规定泥浆质量控制指标,是为使泥浆具有必要的性能。表3-7为适用于一般明挖段的泥浆质量控制指标。

泥浆质量控制指标(普通泥浆)　　　　表3-7

泥浆类别	漏斗黏度 (s)	密度 (g/cm²)	酸碱度 (pH值)	失水量 (mL)	含砂率 (%)	滤皮厚 (mm)
新鲜泥浆	22~30	1.05~1.10	8.0~8.5	<10	<1	<1.5
再生泥浆	30~40	1.08~1.15	7.0~9.0	<15	<4	<2.0
挖槽时泥浆	22~60	1.05~1.25	7.0~10.0	<20	可以不测	可以不测
清孔后泥浆	22~30	1.05~1.15	7.0~10.0	<20	<4	<2.0
劣化泥浆	>60	>1.30	>14	>30	>10	>3.0

注:表中对"挖槽时泥浆"的黏度和密度两项指标的上限放得很宽,因为采用液压抓斗成槽时,泥浆的黏度和密度偏大并不妨碍液压抓斗成槽作业,对槽壁稳定也是有利无害,还可充分利用本该废弃的黏度和密度偏大的大量泥浆,减少泥浆的消耗。只要在清孔时把黏度和密度偏大泥浆置换成合格泥浆,对施工质量就无影响。

(10)泥浆施工管理

①各类泥浆性能指标均要符合国家规范、地方规范规定。各类泥浆需经采样试验,达到合格标准,再投入使用。

②成槽作业过程中,槽内泥浆液面将保持在不致外溢的最高液位。暂停施工时,浆面不低于导墙顶面30cm。

5)导墙施工

(1)导墙设计

导墙的作用有防止地表土体坍塌、为槽段施工导向和用作机械设备的支撑平台等。导墙的施工质量直接关系到连续墙的施工,必须引起高度重视。导墙形式一般采用"⌐⌐"型;部分地质条件较差部位,导墙可采用"]["复合型,并相应加深导墙,确保地下连续墙施工安全。导墙顶应高于原地面150~200mm,并做好周边排水或泥浆排放、收集工作。导墙模板支撑如图3-7所示。

图 3-7 导墙模板支撑

(2) 导墙施工允许偏差控制

导墙施工误差应符合表 3-8 的规定。

导墙施工允许偏差　　　　　表 3-8

序号	控制项目	质量标准
1	导墙中轴线	±10mm
2	内外导墙间距	±10mm
3	导墙内墙墙面垂直度	≤2‰
4	导墙内墙墙面平整度	<3mm
5	导墙顶面平整度	<5mm
6	钢筋间距	±10mm

(3) 导墙施工注意事项

①导墙开挖施工必须严格注意地下管线保护。开挖前须进行人工挖槽探管；挖掘机作业时必须有专人旁站监督施工，碰到地下管线时须用人工将其小心挖出，并做好标志。导墙开挖到位后，在施作垫层前还须用钢钎沿导墙方向探槽底下 1.5m，每断面不少于 3 点。

②查明所有污水、雨水等其他管道，在铺设混凝土垫层前必须将其所有出口用水泥封堵严实，避免连续墙施工时大量泥浆从下水管道渗漏，造成环境污染和连续墙施工土体坍塌的质量事故。

③混凝土达到设计强度的 70% 时拆模，并立即用方木（间距 1.5m）上下两排顶紧两侧导墙。

④导墙养护期间，重型设备不得在附近作业或停置。

⑤成槽机在地下连续墙拐角处挖槽时，即使紧贴导墙作业，也会因为抓斗斗壳和斗齿不在成槽断面之内，而使拐角内留有该挖但未能挖除的土体。为此，在导墙拐角处，应根

据所用成槽机的成槽断面形状相应延伸出 30cm,以免成槽断面不足,妨碍钢筋笼入槽,如图 3-8 所示。

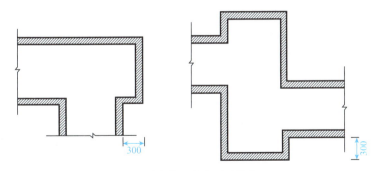

图 3-8 导墙拐角示意图(尺寸单位:mm)

⑥每幅导墙施工时均应注意设置溢流孔。

图 3-9 为某工地导墙施工照片。

图 3-9 某工地导墙施工照片

6) 成槽施工

地下连续墙一般按照Ⅰ、Ⅱ期跳槽施工,先施工Ⅰ期,再施工Ⅱ期。当采用抓斗或双轮铣槽机成槽时,每个槽孔分三个单元施工,每个单元长度一般为 2.6~2.8m。其施工顺序为:Ⅰ期槽先施工两边单元,后施工中间单元;Ⅱ期槽先施工中间单元,后施工两边单元。另一种施工方法为:在一定区段内依照Ⅰ、Ⅱ期槽孔顺序依次施工,俗称"赶羊"式施工法。

(1) 槽段划分原则

①应使槽段分缝位置远离墙体受力(弯矩和剪力)最大部位。

②在结构复杂部位,分缝位置应便于开挖和浇筑施工。

③在某些情况下,可采用长短槽段交错配置的布置方式,以避开一些复杂结构节点(墙与柱、墙与内隔墙等)。把短槽作为二期槽段,便于处理接缝。

④墙体内有预留孔洞和重要埋件时,不得在此处分缝。

⑤槽段分缝应与导墙(特别时预制导墙)施工分缝错开。

⑥在可能的条件下,一个槽段的单元应为奇数。一个槽段的单元如为偶数,挖槽时可能造成斜坡。

(2)软土成槽施工

在软土地基中,地下连续墙采用液压成槽机直接进行开挖,开挖的土方直接卸于渣土车上,转放于场内的临时存土坑内,夜间及时用槽车运至指定弃土场。

①分幅施工。标准槽段(6m)采用三抓成槽法开挖成槽,即每幅连续墙施工时,先抓两侧土体,后抓中心土体,防止抓斗两侧因受力不均而影响槽壁垂直度,如此反复开挖直至达到设计槽底高程为止。异形槽段严格按分幅分段一次开挖成型。

②成槽施工时,应先调整好成槽机的位置。对于无自动纠偏装置的成槽机,其主钢丝绳必须与槽段的中心重合。成槽机掘进时,必须做到稳、准、轻放、慢提,并用经纬仪双向监控钢丝绳、导杆的垂直度。成槽完毕后用超声波侧壁仪进行检测,确保成槽垂直度小于或等于1/300。

③在异形T字形或L形槽段,采用对称分次直挖成槽,即先行开挖一短幅,开挖一定深度后,再挖另一短幅,相互交替施工。不足两抓宽度的槽段,则采用交替互相搭接工艺直挖成槽施工。

④成槽时,应不断向槽内注入新鲜泥浆,保持泥浆面在导墙顶面以下0.3m,且高出地下水位0.5m。随时检查泥浆质量,及时调整泥浆指标并满足特殊地层的要求。

⑤转角处异形槽段严格按照规定的形式开挖。成槽施工时一旦发现异常情况应立即停止施工,分析原因并采取相应措施后,再继续施工。

⑥在雨季,地下水位上升时,应及时加大泥浆相对密度及黏度;雨量较大时暂停成槽,并封盖槽口。

⑦在成槽施工过程中,若发现槽内泥浆液面降低或浓度变小,要立即查明是否因为地下水流入或泥浆随地下水流走所致,并采取相应措施,以确保成槽继续正常进行。

成槽施工如图3-10所示。

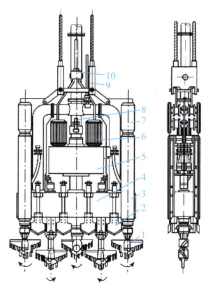

a)液压抓斗成槽机　　b)SF型液压多头钻

图3-10　成槽施工

1-钻头;2-侧刀;3-导板;4-齿轮箱;5-减速箱;6-潜水钻机;7-纠偏装置;8-高压进气管;9-泥浆管;10-电缆接头

(3)岩层施工

地下连续墙墙底嵌固深度应符合设计要求,一般全(强)风化层、砾质黏性土层为10m,中风化层不小于2.5m,微风化层不小于1.5m。当基坑底位于强风化层时,其嵌固深度还要满足抗管涌安全要求。

根据地下连续墙入岩情况,应选用不同的施工工艺,以有效提高造孔工效,保障工期。地下连续墙岩层造孔施工中,最常采用"抓钻结合"施工工艺,其流程如图3-11所示。

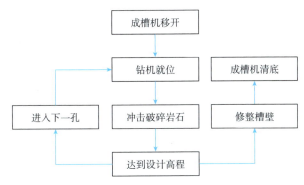

图3-11 "抓钻结合"岩层施工工艺流程

液压抓斗式成槽机挖到岩面即停,并使槽底基本持平,在导墙上标出钻孔位置。在地下连续墙转角部位向外多冲半个孔位,保证连续墙的完整性。入岩施工步骤如下:

① 采用冲击钻机冲击主孔,泵吸反循环出渣。钻头大小和主孔中心距根据墙厚进行调整,主孔间距一般为1.5倍墙厚。

② 采用冲击钻冲击副孔(主孔间剩余的岩墙),泥浆在槽内采用循环出渣,减少重复破碎,保证槽壁垂直。

③ 以冲击钻配方锤[目前常用的尺寸为800(600)mm×1200mm]修整槽壁联孔成槽,冲击过程中控制冲程在1m以内,并防止打空锤和放绳过多,减少对槽壁的扰动,成槽后辅以液压成槽机抓斗清除岩屑。

④ 冲击钻钻入岩层时,要勤松绳、勤掏渣,防止锤环磨损过大造成斜孔和掉锤。施工过程中每0.5~1.0m测量一次钻孔垂直度,并随时纠偏。地层变化处采用低锤轻击、间断冲击的方法小心通过。岩层成槽施工过程如图3-12所示。

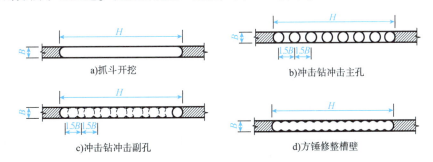

图3-12 岩层成槽施工过程示意图

⑤ 对入岩部分,需另配备冲击钻机修槽,一般配备方锤。冲锤大样如图3-13所示。

在入岩较深、岩石硬度较高的车站地下连续墙施工中,除采用"抓钻结合"施工工艺外,还可采用"抓铣结合""抓铣钻结合"等组合造孔施工工艺。"抓铣结合"成槽工艺指对上部软弱层采用抓斗成槽机成槽,而进入硬岩后采用冲击钻机与液压铣槽机配合成槽。如槽底岩石强度大于80MPa时,采用液压铣槽机施工难以完成,则应先由冲击钻机先行冲孔,后由铣槽机修整槽壁和清孔施工。"抓铣钻结合"施工流程如图3-14所示。

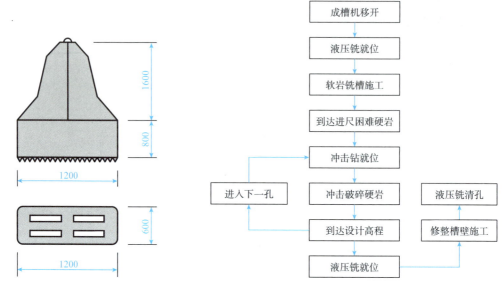

图3-13 冲锤大样(尺寸单位:mm)　　　　图3-14 "抓铣钻结合"岩层施工流程

在微风化层较厚、硬度较大的地段,还可以考虑采用预钻法、预爆法进行处理。

(4)槽段质量要求和检测方法

每槽段须在成槽(包括清底)完成后进行成槽检测,检测结果应上报监理工程师确认,并归入施工档案。对检测不符合要求的槽段重新进行修正。槽段质量检测标准见表3-9。

槽段质量检测标准　　　　　　　　表3-9

序号	项目名称	检测标准	检验方法
1	垂直度	不大于$H/300$	重锤法
2	槽深	±100mm	测锤法
3	槽宽	±10mm	试笼法
4	沉渣厚度	<100mm	测锤法、测饼法

注:具体指标以设计图纸为准。表中H为整体高度。

(5)清孔验收

①清孔换浆

槽孔开挖至设计深度并验收合格后,即进行清孔换浆。采用气举反循环法清孔时,将排渣管下入孔内,视槽段内泥浆情况,排渣管底口距离孔底50~100cm,启动空压机,孔底浆渣被吸出孔外至泥浆净化系统,已净化的泥浆流回槽孔内,同时向槽内不断补充新鲜泥浆。一个单孔清孔完毕后,移动排渣管,逐孔进行清孔。在清孔的同时,不断向槽内补充新浆,以改善泥浆的性能,确保混凝土浇筑质量。补充新浆至槽内泥浆各项性能指标符合设计标准为止。

当采用双轮铣槽机时,可利用铣槽机自身携带的反循环清孔系统直接实施清孔工作。

清孔换浆工作结束后 1h,从距孔底 0.5m 左右部位取样试验。清孔合格标准见表 3-10。

清孔合格标准　　　　　　　　　　表 3-10

序号	项目名称	检测标准	检验方法
1	相对密度	≤1.15	泥浆相对密度计
2	黏度(s)	≤40	马氏漏斗
3	含砂率(%)	≤5	含砂率计
4	淤积厚度(mm)	<100	测钎、测饼

注:具体指标以设计图纸为准。

②接头刷洗

为保证Ⅱ期槽段与接缝处的施工质量,避免接缝处夹泥的质量缺陷,除采用优质膨润土泥浆作为固壁泥浆外,还要对接头部位进行刷洗清理。

a. 清洗方法:槽孔清孔换浆结束前,采用特制钢丝刷自上而下分段刷洗槽段端头的工字钢面板表面。

b. 刷洗标准:刷洗后,接头钢丝刷上基本不带泥屑,孔底淤积不再增加。

图 3-15 为某工地成槽实况。

图 3-15　某工地成槽实况

7) 钢筋笼的制作及吊装

(1) 钢筋笼的制作

为保证钢筋笼的制作精度,钢筋笼的制作应在特定的制作平台上进行。平台场地经 C20 混凝土硬化后,在其上铺设 8 号槽钢并与地坪焊接固定,其平整度须经校正并达标。

钢筋笼施工前先制作钢筋笼桁架。桁架在专用模具上加工,以保证每片桁架平直,高度一致,确保钢筋笼的质量。桁架利用钢筋笼的主筋制作,并将其对焊成一根相同直径的通长钢筋。

在平台上,先安放下层水平分布筋再放下层的主筋。下层筋安放好后,再按设计位置安放桁架和上层钢筋。考虑到钢筋笼起吊时的刚度和强度的要求,一般情况下,每幅钢筋笼设计4排桁架。

①纵向钢筋的底端应距离槽底面50cm,并且纵向钢筋底端应稍向内侧弯折,以防吊放钢筋笼时擦伤槽壁,但向内侧弯折的程度不应影响浇灌混凝土的导管插入。

②要在密集的钢筋中预留出导管的位置,以便于浇筑水下混凝土时导管的插入,同时周围增设钢筋和连接筋进行加固。为防止横向钢筋阻碍导管插入,制作钢筋笼时把主筋放在内侧,横向钢筋放在外侧。槽段大于4m的每幅预留两个混凝土浇筑的导管通道口,两根导管相距2~3m,导管距两边1~1.5m,每个导管口设8根通长的φ12mm导向筋,以利于混凝土浇筑时导管上下移动。

③钢筋笼的主筋采用对焊接头或机械连接,主筋与水平筋采用点焊连接。主筋与水平筋的交叉点除四周、桁架与水平筋相交处及吊点周围全部点焊外,其余部分采用50%交错点焊。

④为保证钢筋的保护层厚度,在钢筋笼外侧焊保护层定位垫块。按竖向间距4m设置两列钢垫块焊于钢筋笼上,横向间距标准幅为3m,垫块采用3mm厚钢板制作,如图3-16所示。

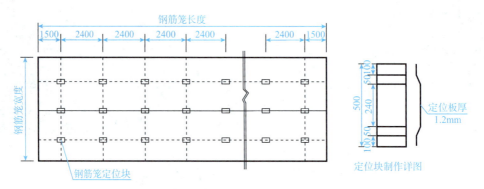

图3-16 钢筋笼定位布置(尺寸单位:mm)

⑤钢筋接驳器安装与控制。

地下连续墙内应预埋底板、中板、顶板、梁的钢筋直螺纹连接器及预留墙趾注浆管(每幅2根)。根据设计图纸提供的间距、规格、主体结构各中板的高程、地下连续墙的宽度,计算出每一幅地下连续墙中每一层结构板对应位置的预埋接驳器的数量、高程、规格。钢筋接驳器安装时,基坑内侧面每一层接驳器固定在一根φ18mm或φ20mm的钢筋上,使接驳器的中心高程与设计的结构板钢筋高程相同,确保每层板的接驳器数量、规格、中心高程与设计一致。

钢筋接驳器预埋钢筋与地下连续墙外侧水平钢筋点焊固定,焊点不少于2点。在导管口部位,由于混凝土浇筑时内部有导管上下移动,无法与其他部位一样安装接驳器,因此施工时将该部分接驳器锚固钢筋紧贴钢筋笼内排钢筋安放。

钢筋笼加工结束后,将钢筋接驳器盖拧紧。在钢筋笼下放入槽时,应再次检查盖是否全部盖好。如出现漏盖或未拧紧情况,应立即补上并拧紧,确保结构施工时每一个接驳器均能使用。

由于接驳器的安装高程是根据钢筋笼的笼顶高程来控制的,为确保接驳器的高程正确无误,钢筋笼下放时用水准仪跟踪测量钢筋笼的笼顶高程,下放到位后,根据实际情况及时用垫块加以调整,确保预埋接驳器的高程正确,误差不大于10mm。钢筋接驳器的外侧用泡沫板加以保护。

⑥支撑用预埋钢板的设计与安装控制。

斜支撑由于在基坑开挖时须支撑于钢垫箱上,在地下连续墙施工中必须预埋钢板,用以固定钢垫箱,使其能承受支撑传来的剪切力。同样,为架设直撑,在地下连续墙钢筋笼制作的同时必须预埋钢板,以利于架设牛腿。

斜撑预埋钢板大小根据支撑角度和支撑垫箱确定。斜撑预埋钢板尺寸通常为1200mm(宽)×1000mm(高),采用18mm厚钢板制作;直撑预埋钢板大小为400mm×400mm,采用12mm厚钢板制作。

斜撑预埋件由16根φ28mm锚固钢筋与钢板穿孔塞焊加工制成,直撑预埋件由4根φ20mm锚固钢筋与钢板穿孔塞焊加工制成。

斜撑预埋件中心位置与支撑中心位置一致;直撑预埋件在基坑开挖时用以固定钢牛腿,所以中心位置应比设计支撑中心高程低300mm。

支撑预埋件与钢筋笼水平筋点焊固定,防止钢筋笼起吊时脱落。其高程控制方法与钢筋接驳器的高程控制方法相同。

钢筋笼焊接好后,检查总体尺寸和焊接质量,预埋钢筋接驳器的数量、位置及钢筋规格、数量均应满足设计及规范要求,要检查是否已将注浆管、检测仪器安设准确,还应特别注意预埋件和导管预留位置应错开。钢筋笼制作检测标准见表3-11。

钢筋笼制作允许偏差值　　　　表3-11

序号	项目名称	偏差(mm)	检验方法
1	钢筋笼长度	±50	钢尺量,每片钢筋网检查上、中、下3处
2	钢筋笼宽度	±20	
3	钢筋笼厚度	0~10	
4	主筋间距	±10	任取一断面,连续量取间距,取平均值,每片钢筋网上测4点
5	分布筋间距	±20	

需特别注意:

①盾构端头井位置钢筋笼采用玻璃纤维筋替代钢筋制作。

②在埋设监测仪器及检测管的槽段,埋设须在钢筋笼制作过程中进行。地下连续墙监测仪器主要有水平位移及墙体变形测量仪、钢筋应力计等,检测管主要采用φ50mm钢管。声波检测管的各种监测仪器按设计图纸埋设,预埋检测管的槽段数不小于总槽段数的20%。地下连续墙接头及墙趾还应预埋φ40mm注浆管,部分注浆管可与声测管共用。

(2)钢筋笼的吊装

钢筋笼吊装应根据其高度、质量选用150t或100t的起重机,再配以50t或80t的副起重机整体吊装入槽,起吊铁扁担用 I40 工字钢。吊装前一般应先进行吊装验算,特别是对吊具、吊点位置的验算。吊钩一律采用 A3 号钢制作。吊点中心对准槽段中心,然后使钢筋笼垂直缓慢入槽。钢筋笼上的泡沫板、预埋件,一定要固定牢固,防止脱落。

采用工字钢接头的搭接段按雌雄槽段施工。因工字钢在钢筋笼的一侧导致重心偏移,必须计算出钢筋笼的重心并根据计算结果改变吊点位置,保证钢筋笼起吊的垂直度。连续墙钢筋笼吊装如图 3-17 所示。

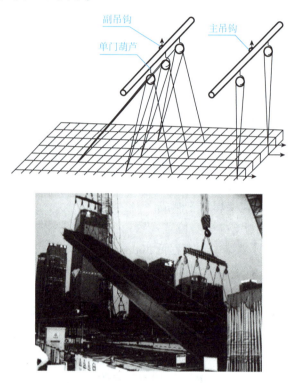

图 3-17　连续墙钢筋笼吊装

钢筋笼应定位准确,其安装控制标准见表 3-12。

钢筋笼安装控制标准　　　　　　　　　　　　表 3-12

序号	项目名称		允许偏差(mm)	检查频率(点数)	检验方法
1	笼体纵向位置		±50	3	尺量、标识
2	笼体水平位置	±50	±20	3	尺量、标识
3		±50	±70	2	尺量、标识
4	监测仪器埋设位置		±30	3	尺量、标识
5	预留插筋和接驳位置		±30	3	尺量、标识

8) 接头处理

地下连续墙的接头形式有接头管(又称锁口管)、接头箱、工字钢等。工字钢接头是近年来根据工程实践发展起来的一种接头形式,它具有整体刚度大、连接好、混凝土灌注时绕流少等优点;接头管、接头箱对一些特殊槽段也有其独特的灵活性,如在始发、到达的端头部位,往往采用接头管。但不管采用何种接头都要求其施工简便、质量可靠、墙体整体受力好、防渗性能好等。

（1）接头管接头

接头管的直径一般要比墙厚小 5mm，其管壁厚 20mm 左右，每节长度 5~16m。接头管接头施工流程如图 3-18 所示。

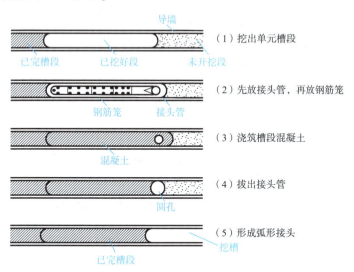

图 3-18 接头管接头施工流程

接头箱接头施工流程与接头管接头施工流程完全相同。

（2）工字钢接头

工字钢接头形式如图 3-19 所示。与接头管接头相比，工字钢接头的施工流程与接头管接头的施工流程大致相同，但无拔出接头管这一工序。使用工字钢接头，应注意以下几点：

①必须使工字钢与钢筋笼形成整体，所有横向主筋均按设计要求与工字钢上、下翼板焊接牢固。

②严格按设计排列好的雌雄槽段位置施工。

③在进行下一槽段施工时，应用特制刮刀刮净工字钢腹板上的泥土、沉渣。

④端头可用钢箱或砂袋与未开挖的槽体相接，以防止混凝土绕流。

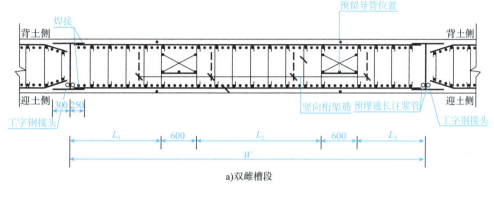

a）双雌槽段

图 3-19

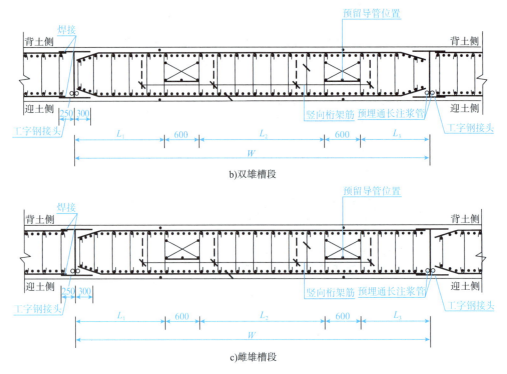

图 3-19 工字钢接头形式(尺寸单位:mm)

9)水下混凝土灌注

(1)钢筋笼入槽后至灌注混凝土时总停置时间不应超过 4h。浇筑混凝土前先检查槽深,确定沉渣厚度是否超限,判断有无坍孔。如沉渣厚度超限或有坍孔现象,可采用导管直接清孔法加以解决。

(2)根据设计给定的混凝土强度等级选用混凝土,并计算所需混凝土方量。混凝土的坍落度应满足规范及水下混凝土要求,宜为 200mm ± 20mm。每幅地下连续墙混凝土坍落度试验均不得少于 3 次。

应先进行混凝土强度等级试验,入槽混凝土强度等级大于设计强度等级,见表 3-13。

混凝土设计强度等级与水下混凝土强度等级对照表　　表 3-13

混凝土设计强度等级	C25	C30	C35	C40	C45	C50
水下混凝土强度等级	C30	C35	C40	C50	C55	C60

(3)混凝土灌注采用专用龙门架配合混凝土导管完成。导管宜采用螺丝扣型接头,导管连接处用橡胶垫圈密封防水,且必须有防止松脱装置。导管在第一次使用前,应在地面预安装,并做水密封试验,试验压强不小于 0.3MPa。导管安装前,应检查每根导管的丝扣和密封圈是否完好及有无混凝土浆粘在丝扣上。如有粘混凝土现象,应用钢丝刷刷净后再安装。安装时,应用导管扳手卡紧,以防导管假接及在混凝土灌注过程中脱落。如直线度偏差过大,应及时换管调整。

(4)导管采用起重机直接吊入槽中混凝土导管口,分段连接至配管长度,导管下口距槽底大于 250mm,导管上口接上漏斗。

(5)混凝土灌注：

①开始灌注混凝土时，先在导管内放置隔水球，以便混凝土灌注时能将管内泥浆从管底排出，隔水球最后通过在导管底端点焊的两个内扣的小钢钉刺破，以免隔水球留在混凝土中影响质量。混凝土浇灌采用混凝土车直接对口灌注，初灌时保证每根导管有 $6m^3$ 混凝土的用量。

②混凝土灌注中要保持连续均匀下料，槽内混凝土面上升速度不应小于 $2m/h$，导管下口在混凝土内埋置深度控制在 2～4m，并随提升随拆除。整个灌注过程，标准段灌注时间控制在 4～6h，端头井部位控制在 5～7h。在灌注过程中，要随时观察、测量混凝土面高程和导管的埋深，严防将导管口提出混凝土面，造成泥浆涌入导管，导致质量事故。当混凝土灌注到地下连续墙顶部附近时，导管内混凝土不易流出，一方面要降低灌注速度，另一方面要保证导管的最小埋入深度不小于 1m。若混凝土仍难以灌注，可将导管上下抽动，但上下抽动范围不得超过 30cm。

③在灌注过程中，导管不能做横向运动，以防沉渣和泥浆混入混凝土中；不能使混凝土溢出料斗流入槽孔。混凝土灌注须连续，遇故停等时间不得超过 30min，并及时提动导管。

④置换出的泥浆应及时回收处理，不得溢出地面。

⑤混凝土应采用两根导管同时浇灌，确保混凝土面均匀上升，混凝土面高差应小于 50cm，以防止因混凝土面高差过大而产生夹层现象。

⑥灌注过程中，每灌注两车混凝土后量测一次混凝土面的高程，并计算导管的埋深，以便及时拆管。混凝土面高程至少在三处量测（已灌注段附近、导管之间、锁口管附近）。混凝土灌注面应高出设计高程 50cm。混凝土灌注过程的每一次量测均要做好详细记录。

⑦每一单元槽段灌注混凝土需制作抗压强度试件一组，每五幅单元槽段混凝土制作抗渗试块一组。当试验、检测另有要求时，按设计要求和相关规范执行。

10）连续墙施工中常见问题的预防和处理措施

（1）槽孔偏斜

地下连续墙当采用液压抓斗式成槽机成槽时，初始成槽靠导杆导向，因此，应对 15m 以内的导杆导向系统进行严格控制。

在施工过程中，应按 2～3 抓反转 180°循环作业，以确保成槽垂直度精度满足要求。

成槽结束后，应按照规范要求对槽段垂直度进行检测。如垂直度误差超过规范规定范围，则对倾斜槽段进行修整，直到符合要求。

（2）槽段坍塌

在软弱地层或流沙层成槽时，应放慢抓土速度，并适当加大泥浆密度，控制槽段内液面高于地下水位 0.5m 以上。

根据土质情况选用合格泥浆，并通过试验确定泥浆密度。一般泥浆相对密度不应小于 1.05，局部坍塌可加大泥浆密度，已坍土体可用液压抓斗直接抓取。严重坍孔时，要拔出液压抓斗并填入较好黏土重新抓取。如发现大面积坍塌，应将抓斗提出地面，用优质黏土（掺入 20% 水泥）回填至坍塌处以上 1～2m，待沉积密实后再进行抓取。

（3）槽段严重漏浆

地下连续墙成槽过程中，若遇落水洞、暗沟等，泥浆会大量渗入孔隙或沿洞、沟流失，造成槽内的浆位迅速下降，出现泥浆突然大量泄漏现象。在施工中遇浆位迅速下降现象时,应向导槽内输入足量泥浆,同时将成槽机提出,增大泥浆黏度和密度,并备堵漏材料,及时补浆和堵漏,使槽内泥浆保持正常液面。对落水孔洞、暗沟要填充优质黏土,重新抓取。

(4) 钢筋笼下放困难和上浮

地下连续墙成槽后,若槽壁不平或钢筋笼尺寸不对,很可能出现吊放钢筋笼被卡或硌住现象,难以全部放入槽段内;混凝土浇筑时,若导管埋入深度过大或混凝土浇筑速度过慢,钢筋笼会被托起上浮。因此,地下连续墙成槽时,要保持槽壁面平整,严格控制钢筋笼外形尺寸,采用整体吊装。如因槽壁弯曲钢筋笼不能下放,应先修整槽壁,然后放钢筋笼。

钢筋笼放好后,在导墙上设置锚固点固定钢筋笼,清除槽底沉渣,加大浇筑速度,控制导管的最大埋深不超过6m,以有效控制钢筋笼上浮。

(5) 地下连续墙混凝土夹层

地下连续墙在混凝土浇筑过程中,因导管接头不严密、首批混凝土量不足以及混凝土浇筑时局部塌孔等多种因素,都会造成地下连续墙混凝土夹层。为此,要求导管埋入混凝土深度控制在2~4m,导管接头采用粗丝扣,并设橡胶密闭圈密闭。此外,首批灌入混凝土量要足够充分,使其有一定的冲击量,能把泥浆从导管中挤出,同时始终保持快速连续进行。如中途停歇,停歇时间不能超过15min,且槽内混凝土上升速度不低于2m/h。导管上升速度不要过快,更不能拔出混凝土浇灌面。遇到塌孔,可将沉积在混凝土上的泥土吸出,继续浇筑,同时应采取加大水头压力等措施。如混凝土凝固、已出现夹层,应在浇筑混凝土并达到设计强度后采取压浆补强方法处理。

11) 连续墙的质量控制

为保证连续墙的接头质量,开挖前分组确定开槽顺序,每组隔槽开挖并应尽量减少首批开槽数量。

挖槽的平面位置、深度、宽度和垂直度,地下连续墙的抗压强度、抗渗等级等,必须符合设计要求;裸露墙面表面密实、无渗漏,孔洞、露筋、蜂窝面积不得超过单槽段裸露面积的2%;地下连续墙接头无明显夹泥和渗水。

钢筋骨架和预埋件的安装应无松动和遗漏,高程、位置准确。

地下连续墙质量控制标准见表3-14。

地下连续墙质量控制标准　　　　　　　　　　　　　表3-14

序号	项目	质量要求	检验方法
1	成槽垂直度	≤1/300	超声波侧壁仪器
2	槽底沉渣厚	≤100mm	沉渣测量仪器或探锤检查
3	接头处相邻两槽段的挖槽中心线,在任何一深度的偏差	≤60mm	观察、尺量、水平仪、探锤检查和检查施工记录
4	钢筋笼和预埋件的安装	安装后无变形,预埋件牢固,高程、位置及保护层厚度正确	
5	成墙厚顶中心线	与设计轴线之间的偏差≤30mm	
6	凿去浮浆后的墙顶高程	设计高程±30mm	
7	裸露表面局部突出	≤100mm	
8	裸露墙面	表面密实、无渗漏,孔洞、露筋、蜂窝面积不超单元槽段裸露面积的2%	观察和尺量检查
9	连接墙的接头	接缝处无明显夹泥和渗水现象	观察检查

12) 质量检验和检测

地下连续墙应采用抽芯试验和超声波检验方法,对墙体混凝土强度、墙底沉渣厚度、墙底岩土层性状和墙身完整性进行检测,检测数量应符合下列规定:

(1)地下连续墙抽芯试验每个工点不少于总槽段数的15%且不少于10个槽段,每个槽段不少于3个孔;超声波检验不少于总槽段数的30%,每个槽段不少于5个孔。

(2)当抽芯试验及超声波检测有不满足设计要求的,应按不满足设计要求的槽段加倍扩大抽检;若扩大抽检仍有不满足设计要求的槽段,应按上述原则继续扩大抽检。

(3)地下连续墙抽检后,应对墙体混凝土强度、墙底沉渣厚度、墙底岩土层性状和墙体完整性做出判定。根据判定结果,提出处理措施,需要返工的坚决返工。

3.5.2 钻孔灌注桩施工

钻孔灌注桩具有施工噪声小、对环境和周边建筑物危害小、施工设备简单轻便、能在较低的净空条件下设桩等特点。

根据地质情况,钻孔灌注桩可采用旋挖钻机或冲击钻机钻孔施工。为保证主体结构厚度,考虑到施工误差,根据类似工程的经验,钻孔灌注桩应按设计桩位位置向结构外放10cm,以防侵限。钻孔灌注桩采用跳孔施工,根据设备配置情况可采取"隔二打一"或"隔三打一"等方式。钻孔灌注桩加旋喷桩围护示意图如图3-20所示。

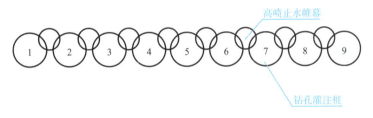

图3-20 钻孔灌注桩加旋喷桩围护示意图

1)施工工艺流程

钻孔灌注桩可采用旋挖钻机或冲击钻成孔,泥浆护壁,水下混凝土灌注施工。钢筋笼采用现场加工制作,人工配合起重机吊装入孔就位。钻孔灌注桩施工工艺流程如图3-21所示。

2)施工方法

(1)旋挖钻机施工

①施工准备

旋挖钻机施工前应先开挖探坑,查清地下管线情况;现场设置弃渣池,保证现场的卫生环境;规划行车路线,使便道与钻孔位置保持一定的距离,以免影响孔壁稳定。

a.测量放样

根据施工图纸及现场导线控制点,使用全站仪测定桩位,并打入木桩;以"十字交叉法"引到四周用短钢筋做好护桩。考虑到施工误差,为确保围护桩不致侵入内部结构,围护桩整体外放10cm。测量放样成果经监理工程师核验无误后,方可开始施工。

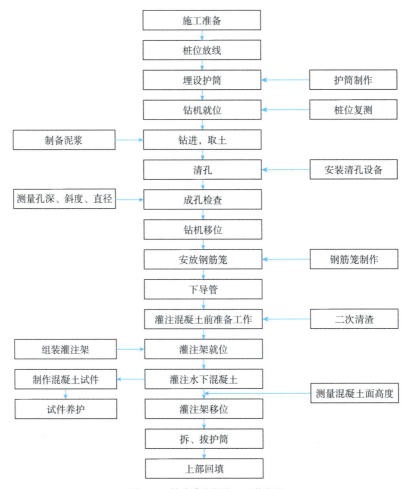

图 3-21　钻孔灌注桩施工工艺流程

b. 护筒埋设

钻孔前先埋设护筒。长度 4m 以内的钢护筒,采用厚 4~6mm 的钢板制作;长度大于 4m 的钢护筒,采用厚 6~8mm 钢板制作。钢护筒埋置较深时,采用多节钢护筒连接,连接形式为焊接。焊接时要保证接头圆顺,同时满足刚度、强度及防漏的要求。钢护筒的内径应大于钻头直径,具体尺寸按设计要求选用。钢护筒埋设深度应满足设计及有关规范要求。钢护筒顶高出施工水位或地下水位 1.5~2.0m,并高出施工地面 0.3m。钢护筒埋设前,先准确测量放样,保证钢护筒顶面位置偏差不大于 5cm,埋设中保证钢护筒斜度不大于 1%。埋设钢护筒前,采用较大口径的钻头先预钻至护筒底高程位置,提出钻斗,用钻斗将钢护筒压至预定位置。用粗颗粒土回填护筒外侧周围,回填密实。

埋设钢护筒应通过定位的控制桩放样,把钻机钻孔的位置标于孔底。把钢护筒吊放进孔内,找出钢护筒的圆心位置,用十字线敷设于钢护筒顶部或底部,然后移动钢护筒,使钢护筒中心与钻机钻孔中心位置重合,同时用水平尺或垂球检查,使钢护筒垂直。此后即在钢护筒周围对称、均匀地回填最佳含水率的黏土。黏土要分层夯实,达到最佳密实度,以保证其垂直度及防止泥浆流失及位移、掉落。如果钢护筒底土层不是黏性土,应挖深或换土,在孔底回填夯实 300~500mm 厚度的黏土后再安放护筒,以免护筒底口处渗漏塌方。夯填时要防止钢护筒偏斜。

c. 钻机就位

钢护筒安装完毕,吊装钻机就位。钻机就位时要求保持机身平稳,钻杆中心与桩位中心重合。先进行钻杆垂直度检验,调整钻机磨盘的水平度,使钻杆垂直度达到要求,然后进行钻进施工。为便于计算桩长,先测定护筒顶高程。

为保证施工质量,钢护筒中心位置应与钻孔桩中心重合,水平偏差不大于20mm。护筒定位后,人工开挖护筒内土方,使护筒均匀下沉。施工过程中,护筒兼具围护作用,以保证施工安全。

②泥浆护壁钻进

旋挖钻机动力头与伸缩式钻杆相连,由柴油机驱动液压马达转动钻杆,电脑自动控制钻杆垂直度、深度和液压加压系统,通过液压加压,旋转桶式钻头,进行原始土体的挖掘;每钻进1.0~1.2m,筒内即旋满土体,回旋钻头3~5周,使钻头下口充分封闭后提升桶式钻头,打开钻头斗门,卸土至工程车上,由工程车直接运至弃土场。如此循环直至桩底。成孔过程中应注意连续补充浆液,防止水头低于护筒底引起缩孔或孔口坍塌。经常测定泥浆相对密度,遇砂层时稳定液中可加入黏土,以增强泥浆护壁能力。视地质情况,及时更换钻头。黏土旋挖采用普通筒式钻头,砂层及淤泥等土层旋挖采用下口可密封式钻头。

在钻孔过程中,详细记录地质情况。当钻孔至设计高程时,根据取出的土质性质判断地质情况是否与设计一致,不一致时报告设计单位代表和监理工程师后进行变更处理,经检查合格后方可终孔。

根据地质特点,钻机在成孔时,要把好三关,即进尺关、泥浆关、垂直度关。

a. 进尺:不同的地层要求采用不同的进尺。根据工程地质、水文条件,施工中密切注意各土层的变化,及时调整施工进尺。

b. 泥浆:泥浆用膨润土和添加剂人工进行调制,根据施工场地地质报告及现场实际配备泥浆。灌注混凝土时的回收浆,先放入沉淀池中沉淀,测试其指标后进行调整。

c. 垂直度:钻机施工区域地基应有相适应的承载力,保证钻机在钻进过程中稳定,使钻杆在钻进过程中不左右摇摆;施工中,钻杆中心、钻头中心、护筒中心三者应在同一铅垂线上;及时调整钻进垂直度,并用测锤及经纬仪在相互垂直的方向进行检测,以保证钻进的垂直度。

③清孔及移机

钻孔达到桩底设计高程后,经检验孔深、孔径、垂直度符合要求,地质条件与设计相符,即可进行清孔。利用高压泥浆泵进行反循环换浆清孔,直至泥浆指标达到要求。清孔结束后拆除钻杆,移开钻机。

④成孔检测

a. 抽检率:成孔检测100%检查。

b. 检测标准:孔深不小于设计深度,垂直度<1%,沉渣厚度≤100mm。

⑤钢筋笼制作及安装

a. 钢筋笼加工

钢筋笼采用现场加工制作,加工尺寸严格按设计图纸及规范要求。钢筋笼主筋采用单面搭接焊,搭接长度不小于10d(d为钢筋公称直径),接头相互错开。主筋与箍筋采用点焊。

钢筋笼在支撑架上加工,将配好定长的主筋平直摆放在支撑架上,焊接加强筋及箍筋。主筋与加强箍筋间采用点焊,加强箍筋置于主筋内侧,自桩顶往下按设计间距布置,箍筋螺旋式焊接在笼体上。

钢筋笼自上而下每4m设置一道钢筋保护垫块,保证灌注桩的保护层厚度。

将制作好的钢筋笼稳固放置在摆放架上,防止变形,并按型号、类别分类整齐堆放,挂牌标明钢筋笼的长度及对应的桩号。

钢筋笼加工完毕,报请监理验收,合格后方可使用。

b. 钢筋笼吊放

一次清孔结束后,采用25t汽车起重机整体吊放钢筋笼。起吊前再次检查钢筋笼编号及尺寸。下笼时由人工辅助对准孔位,保持垂直慢放,就位后使钢筋笼轴线与桩轴线吻合,并保证桩顶高程符合设计要求。

c. 钢筋笼加工质量要求

钢筋进场必须具有合格证,每批材料、每种规格均需抽样检查,合格后方可使用。钢筋笼制作必须严格按设计图和相关规范要求执行。

钢筋笼的加强箍筋必须与主筋焊牢,以保证钢筋笼的焊接质量。钢筋笼在安装过程中不能变形。所有钢筋焊接均必须符合焊接工艺要求,单面焊搭接长度大于$10d$,双面焊搭接长度大于$5d$,接头错开长度大于$35d$,同一个平面位置的接头数小于50%,焊缝饱满,无漏焊、过焊。保证钢筋笼的直径、长度,主筋的数量、间距和箍筋的间距等符合设计要求,其允许误差:钢筋笼直径为±10mm,长度为±50mm,主筋间距为±10mm,箍筋间距为±20mm。根据钢筋笼的接头数量,按要求做钢筋接头焊接试验。

⑥导管安装

钢筋笼及型钢吊装完成后,随即安装导管。导管采用ϕ250mm的钢管,使用1~2节长1~1.5m长的短管。导管下放后,下管口与孔底保持30~50cm的距离。导管间用丝扣连接牢固,并加设密封圈。导管安装前应做水密封试验,试验压力不得小于0.3MPa。

⑦混凝土灌注

a. 采用导管法灌注水下混凝土。混凝土均使用商品混凝土,用混凝土搅拌运输车运至施工现场。

b. 灌注前,需对孔底沉渣厚度进行测定。如沉渣厚度超过100mm,应进行第二次清孔,直至符合要求。

c. 混凝土运至施工现场时,混凝土从混凝车搅拌运输车中直接倾倒入料斗中进行混凝土灌注,尽量避免泵送。灌注首批混凝土之前,在漏斗中放入隔水塞,然后放入首批混凝土。灌注首批混凝土的量应使导管埋入混凝土中深度不小于1.0m,且首批混凝土不得小于2m³(罐车自卸混凝土满足初灌量要求)。在混凝土灌注过程中,为防止钢筋笼上浮,开始灌注混凝土时放慢灌注速度;当孔内混凝土面进入钢筋笼1~2m后,适当提升导管以减小导管埋置深度,减少对钢筋笼的冲击。

d. 混凝土灌注必须保持连续进行,以防止断桩。浇筑过程中应勤量测、勤拆管,始终保持导管埋深在2.0~4.0m,最后一次拆管时要缓慢提升导管,以免孔内因导管拆除留下的空间,不能被周围混凝土所填充而使桩体中出现空芯。施工过程中严禁将导管提出混凝土面,以免形成断桩,同时严禁将导管埋置过深,以防混凝土堵管或钢筋笼上浮。

e. 当出现断桩时,应测量混凝土面高程,再制作比设计钢筋笼稍小的钢筋笼,插入混凝土中1m左右,再重新下放导管至混凝土面下2m继续浇筑。

f. 随着孔内混凝土的上升,需逐节快速拆除导管,时间不宜超过15min。在灌注过程中,当导管内混凝土不满而含有空气时,后续的混凝土应徐徐灌入漏斗和导管,不得将混凝土整斗从上而下倾入管内,以免管内形成高压气囊,挤出管节橡胶密封垫。

g. 为确保桩头混凝土质量达到设计要求,桩身混凝土需超浇50cm,浇筑过程应做好详细记录。

h. 混凝土施工过程中,要严格检测混凝土坍落度,坍落度控制在18~22cm,并按照试验规程制作试块,做好试验记录。

i. 灌注过程中要及时测量混凝土面高度,当确认已灌注至预定高程时,方可停止灌注,拔出导管。

⑧上部回填

为满足施工安全要求,待混凝土初凝后,桩口孔洞采用砂、碎石回填密实。

(2) 冲击钻施工

①基本原理

冲击钻成孔施工方法是采用冲击式钻头或卷扬机带动一定质量的冲击钻头,在一定高度内使钻头提升,然后突放使钻头自由降落,利用冲击动能冲挤土层或破碎岩层形成桩孔,再用掏渣筒或其他方式将钻渣及岩屑排出,每次冲击之后冲击钻头在钢丝绳转向装置带动下转动一定角度,从而使钻孔得到规则的圆形断面。

②优缺点

a. 优点

(a) 消耗功率小,破碎效果好,冲击时使孔壁更为坚固,相对减小了破碎体积。

(b) 在含有较大的卵砾石层、漂砾石层中施工,成孔效率较高。

(c) 设备简单、操作方便、移动快、机械故障少。

(d) 泥浆用量少、消耗小(泥浆不循环)。

(e) 设备功率小,只提升钻头时才需要动力。

(f) 流沙层中也能钻进。

b. 缺点

(a) 钻进效率低,时间耗在反复提升钻头上,掏渣和孔底清渣时间增加较多。

(b) 易出现钻孔不圆现象。

(c) 易出现斜孔、卡钻和掉钻等事故。

(d) 由于冲击能量的限制,孔深和孔径与其他钻机相比要小。

③适用范围

冲击钻适用于填土层、黏土层、粉土层、淤泥层、砂土层和碎石层,也适用于砾卵石层、熔岩发育岩层和裂隙发育的地层施工。

钻孔直径一般为600~1500mm,最大直径可达2500mm,钻孔深度一般为50m左右,特殊情况下可超过100m。

④冲击钻机的构造

冲击钻机主要由钻机、桩架(包括卷扬机)、冲击钻头、掏渣筒、转向装置和打捞装置等组成。

⑤施工中应注意的问题

a. 在钻进过程中,应保证冲击钻头在孔内获得最大的下落加速度,以获得最大的冲击能量。为此,要合理选择钻头质量,一般以钻孔孔径为依据,每100mm取100~140kg为宜,如1000mm直径的钻孔桩宜选用的钻头质量应为1000~1400kg;选择最优悬距(悬距指冲击梁在上死点时钻头刃脚底刃面距孔底的高度),一般悬距取0.5~0.8m;合理选择冲击行程和冲击频率,一般行程为0.78~1.50m,冲击频率为40~48次/min。

b. 冲击钻施工的原则是少松绳(指长度)、勤松绳(指次数)、勤掏渣。

c. 控制合适的泥浆相对密度,要根据不同地质情况,使泥浆的相对密度在1.2~1.3之间,对基岩、软弱岩可设在1.3~1.5之间。

d. 钻进过程中,应始终保持孔内水位高过护筒口0.5m以上,同时应高于地下水位1m以上。

e. 必须保证泥浆补给,保持孔内泥浆面稳定。

f. 应严格控制钢丝绳的放松量,勤放少放,一般不宜用高冲程,并在钢丝绳上做好标记,控制冲程。

g. 应经常检查钢丝绳及钻头的磨损情况,加强检修,补焊钻头。

h. 在黏土层施工中,可选用十字形小刃脚形的中小钻头钻进,向孔内注清水,通过钻头可形成泥浆,也可向孔内投入适量碎石或粗砂,以稳定内壁。泥浆相对密度过大时,适宜、适时、适量向孔内注清水。

i. 在砂砾石层钻进时,应保证孔内有足够的水头高度,视情况向孔内投入黏土,控制好掏渣时间和掏渣量。

j. 在卵石、漂石层钻进时,宜选用带侧刃的大刃脚一字形钻头,钻头质量要大,冲程要大,钻进过程中应适量向孔内投入黏土,要防止斜孔,遇孤石应击碎并挤入孔壁。

k. 在裂隙岩溶地层钻进时,钻头要平稳,不碰壁,冲程宜小不宜大,要加大钻头质量,悬距不宜过大,遇到无填充物的溶洞应向孔内抛填黏土或碎石。

l. 在掏渣时,掏渣筒的直径一般应为桩孔直径的50%~70%,孔深不足3~4m时不宜掏渣;每钻进0.5~1.0m掏渣一次,分次掏渣以4~5筒为宜,每次掏渣后应及时向孔内补充泥浆或黏土,保持孔内水位高于地下水位1.5~2.0m。

m. 清孔时应保持孔内泥浆相对密度在1.25~1.5之间,黏度≤28s,砂率≤10%,清孔后沉渣厚度应符合有关的施工规定,清孔达标后应立即灌注水下混凝土。

⑥产生问题的原因和处理方法

冲击钻孔桩施工中常遇到的问题、原因和处理方法见表3-15。

冲击钻孔桩施工中常遇到的问题、原因和处理方法　　　表3-15

常遇问题	主要原因	处理方法
桩孔不圆,呈梅花形,掏渣筒下入困难	钻头的转向装置失灵,冲击时钻头未转动	经常检查转向装置的灵活性
	泥浆黏度过高,冲击转动阻力太大,钻头转动困难	经常检查转向装置的灵活性
	冲程太小,钻头转动时间不充分或转动很小	用低冲程时,每冲击一段换用大一些的冲程冲击,交替冲击修整孔形
钻孔偏斜	冲击遇探头石、漂石,大小不均,钻头受力不均	发现探头石后,应回填碎石,或将钻机稍移向探头石一侧,用大冲程猛击探头石,破碎探头石后再钻进
	基岩面较陡	遇基岩时采用低冲程,并使钻头充分转动,加大冲击频率,进入基岩后采用大冲程钻进,发现斜孔应回填重钻
	钻机底座未安置水平或产生不均匀沉陷	经常检查钻机水平情况,及时调整

续上表

常遇问题	主要原因	处理方法
冲击钻头被卡，提不起来	钻孔不圆，钻头被孔的狭窄部位卡住（叫作下卡）	若孔不圆，钻头向下有活动余地，可使钻头向下活动并转动至孔径较大后提起钻头
	冲击钻头在孔内遇到大的探头石（叫作上卡）	使钻头向下活动，脱离卡点
	石块落在钻头与孔壁之间	使钻头上下活动，让石块落下
	未及时焊补钻头，钻孔直径逐渐变小，钻头入孔冲击被卡	及时修补冲击钻头。若孔径已经变小，应严格控制钻头直径，并在孔径变小处反复冲刮孔壁，以增大孔径
	上部孔壁塌落物卡住钻头	用打捞钩或打捞活套助提
	在黏土层中冲程太高，泥浆黏度过高，以致钻头被吸住	利用泥浆泵向孔内泵送性能优良的泥浆，清除塌落物，替换孔内黏度过高的泥浆
钻头脱落	放绳太多，冲击钻头倾倒，顶住孔壁	使用专门加工的工具，将顶住孔壁的钻头拨正
	大绳在转向装置连接处被磨断，或在靠近转向装置处被扭断，或绳卡松脱，或冲锥本身在薄弱断面折断	用打捞活套或打捞钩打捞，或用冲抓锥抓取掉落的冲锥
	转向装置与顶锥的连接处脱开	预防掉锥，勤检查易损坏部位和机构
孔壁坍塌	冲击钻头或掏渣筒倾倒，撞击孔壁	探明坍塌位置，将砂和黏土（或砂砾和黄土）混合物回填到塌孔位置以上1~2m，等回填物沉积密实后再重新冲孔
	泥浆相对密度偏低，起不到护壁作用	按不同地层土质，采用不同的泥浆相对密度
	孔内泥浆面低于孔外水位	提高泥浆面
	遇流沙、软淤泥、破碎地层或松砂层钻进时进尺太快	严重坍孔时，投入黏土、泥膏，待孔壁稳定后采用低速重新钻进
吊脚桩	清孔后泥浆相对密度过低，孔壁坍塌或孔底涌进泥沙，或未立即灌注混凝土	做好清孔工作，达到要求后立即灌注混凝土
	清渣未净，残留沉渣过厚	注意泥浆密度，及时清渣
	沉放钢筋骨架、导管等物碰撞孔壁，使孔壁落孔底	注意孔壁，不让钢筋骨架、导管等物碰撞孔壁
流沙	孔外水压力比孔内大，孔壁松散，使大量流沙拥塞孔底	流沙严重时，可抛入碎砖石、黏土，用锤冲入流沙层，使泥浆结块，形成坚厚孔壁，阻止流沙涌入

(3) 钻孔桩的质量控制

①开工前，必须对桩基轴线的控制点和水准基点进行复测。

②在钻孔灌注桩正式施工前应进行试成孔（数量不小于2个），以核对地质资料，检验设备、工艺以及技术要求是否适当，并在试成孔后向监理工程师提交书面报告，在得到监理工程师书面批准后方可正式施工。若实际技术指标达不到设计要求时，须拟定补救

措施或重新考虑施工工艺。

③钻孔灌注桩在施工中必须派专人进行详细的施工记录,包括桩的定位、成孔、泥浆相对密度、钢筋笼、混凝土材料及其灌注等各工序,每道工序在得到监理工程师认可后方可进行下一道工序的施工。

④应根据设计和规范要求进行桩的承载力试验和桩身质量检验,检验的方法、数量和频率应遵守强制性规范和设计的要求。

⑤应确保钻孔桩地面以下、底板面以上空钻成孔部分的桩体强度不低于原状土体的强度,以利于基坑开挖时的土体稳定和其他工序施工时的安全。

⑥成孔及钢筋笼制作质量标准分别见表3-16和表3-17。

成孔质量标准 表3-16

项目	允许偏差	检验方法
钻孔中心位置	≤30mm	井径线
孔径	$-0.05d \sim +0.10d$	检孔器
倾斜率	≤0.5%	重锤法
孔深	不小于设计深度	核定钻头和钻杆长度

注:d为钻孔直径。

钢筋笼制作允许偏差 表3-17

项目	允许偏差(mm)	项目	允许偏差(mm)
主筋间距	±10	钢筋笼直径	±10
箍筋间距或螺旋筋距	±20	钢筋笼长度	±50

3.5.3 高压旋喷桩施工

1)适用范围

高压旋喷可用于地基处理,也可用于帷幕支护,起到止水防渗作用。高压旋喷桩受土层、土的粒度、密度、硬化剂黏性、硬化剂硬化时间影响小,可广泛应用于淤泥、淤泥质土、黏性土、粉质黏土(亚黏土)、粉土(亚砂土)、砂土、黄土及人工填土中的素填土甚至碎石土等多种土层,但对粒径过大、含量过多的砾卵石、坚硬黏性土以及有大量纤维质的腐殖土地层,须通过现场试验后再确定施工方法,其加固效果相对较差。对于地下水流速过大或已大量涌水,浆液无法在注浆管周围凝固的工程要慎用。

高压旋喷桩多用于地下连续墙异形槽拐角,钻孔灌注桩桩间作为止水帷幕,盾构始发到达井端头加固以及对既有建筑物的保护或加固,复合地基的加固等。

2)作业条件

(1)详细查阅图纸,了解施工区地质情况。

(2)根据设计意见、地质情况及规范要求确定旋喷试桩施工的相关参数。

(3)施工前应保证场地的"五通一平",旋喷钻机行走范围内场地必须平整,无地表障碍物。

(4)预计泥浆的排放情况,修建泥浆分级沉淀池,按要求铺设各种管线(施工电缆、供浆、供水、供气管）。

（5）测量放线，并设置桩位标志。

3）工艺性试验

（1）为保证施工质量，正式施工前应进行试桩，以校验施工工艺参数是否合理。试桩工艺参数见表3-18。

高压旋喷注浆常用工艺参数　　　　表3-18

项目		单管法	两管法	三管法
水	压力（MPa）			35~40
	流量（L/min）			70~80
	喷嘴数量（个）			2
	喷嘴直径（mm）			1.7~1.9
压缩空气	压力（MPa）		0.6~0.8	0.6~0.8
	流量（m³/min）		0.8~1.2	0.8~1.2
	气嘴数量（个）		2或1	2
	环状间隙（mm）		1.0~1.5	1.0~1.5
水泥浆	压力（MPa）	25~40	25~40	0.2~1.0
	流量（L/min）	70~100	70~100	60~80
	密度（g/cm³）	1.4~1.5	1.4~1.5	1.5~1.7
	喷嘴（出浆）（个）	2	1~2	2
	喷嘴直径（mm）	2.0~3.2	2.0~3.2	6~12
	孔口回浆密度（g/cm³）	≥1.3	≥1.3	≥1.3
提升速度 v（cm/min）	粉土		10~20	
	砂土		10~25	
	砾石		8~15	
	卵（碎）石		5~10	
旋喷	转速（r/min）		(0.8~1.0)v	

（2）对按工艺参数施工的桩进行钻芯取样，检测试样28d后土体强度及抗渗等级是否满足设计要求。

4）主要机具

高压旋喷注浆主要设备包括提升台车、钻机、高压水泵、灌浆泵、搅拌机、空气压缩机等，设备主要性能要求见表3-19。

高压旋喷注浆用主要设备性能要求　　　　表3-19

设备名称	性能要求	单管法	两管法	三管法
提升台车	起重2~6t，起升高度15m。深孔或振孔高压旋喷宜用高架台车或履带式起重机高压旋喷台车	√	√	√
钻机	慢速提升、旋转，可调节提升、旋转速度，可预先成孔	√	√	√

续上表

设备名称	性能要求	单管法	两管法	三管法
高压水泵	最大压力50MPa,流量80~250L/min			√
灌浆泵	超高压泥浆泵,最大压力60~80MPa,流量150~200L/min	√	√	
	高压泥浆泵,最大压力40MPa,流量70~110L/min			
	灌浆泵,压力1.0~3.0MPa,流量80~200L/min			√
搅拌机	卧式或立式,容量0.8~2m³	√	√	√
空气压缩机	气压0.7~0.8MPa或1.0~1.5MPa,气量6m³/min		√	√

5) 工艺流程

根据喷射方法的不同,喷射注浆可分为单管法、双管法和三管法。

(1) 单管法:单层喷射管,仅喷射水泥浆。

(2) 双管法:又称浆液气体喷射法,是用二重注浆管同时将高压水泥浆和空气两种介质喷射流横向喷射出,冲击破坏土体。在高压浆液和二重注浆管外圈环绕气流的共同作用下,破坏土体的能量显著增大,最后在土中形成较大的固结体。

(3) 三管法:是一种浆液、水、气喷射法,使用分别输送水、气、浆液三种介质的三重注浆管,在以高压泵等高压发生装置产生高压水流的周围环绕一股圆筒状气流,进行高压水流喷射流和气流同轴喷射冲切土体,形成较大的空隙,再由泥浆泵将水泥浆以较低压力注入被切割、破碎的地基中,喷嘴做旋转和提升运动,使水泥浆与土混合,在土中凝固,形成较大的固结体,其加固体直径可达2m。

单管法、双管法、三管法的施工流程如图3-22~图3-24所示。

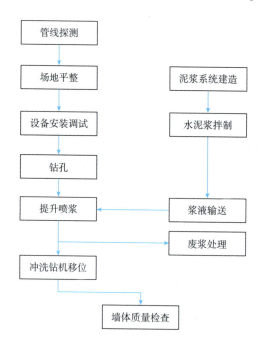

图3-22 单管旋喷施工流程

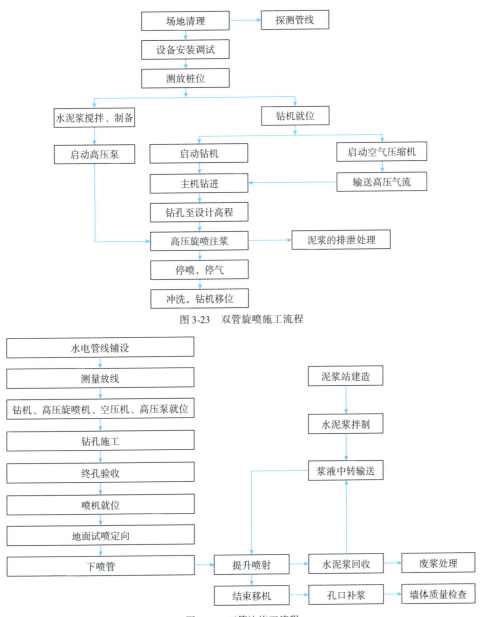

图 3-23　双管旋喷施工流程

图 3-24　三管法施工流程

其旋喷桩采用直径可参考表 3-20。

旋喷桩直径参考值（单位：m）　　　　　　　表 3-20

土的类别		单管法	双管法	三管法
黏性土	0 < N < 5	1.2 ± 0.2	1.6 ± 0.3	2.6 ± 0.3
	10 < N < 20	0.8 ± 0.2	1.2 ± 0.3	1.8 ± 0.3
	20 < N < 30	0.6 ± 0.2	0.8 ± 0.3	1.2 ± 0.3
砂土	0 < N < 10	1.0 ± 0.2	1.4 ± 0.3	2.0 ± 0.3
	10 < N < 20	0.8 ± 0.2	1.2 ± 0.3	1.5 ± 0.3
	20 < N < 30	0.6 ± 0.2	1.0 ± 0.3	1.2 ± 0.3
砂砾石	20 < N < 30	0.6 ± 0.2	1.0 ± 0.3	1.2 ± 0.3

注：表中 N 为标准贯入实测锤击数。

桩的平面布置形式需根据加固的目的综合考虑。分离布置的单桩可用于基础的承重，排桩、板墙可用作防水帷幕，整体加固则常用于防止基坑底部的涌土或提高土体的稳定性，水平封闭桩可用于形成地基中的水平隔水层。

6）操作要点

（1）桩位测放及钻机定位

根据桩位排列图进行桩位放样。用全站仪测放纵横向控制线及各主要控制点位的桩点。通过带线方法控制纵、横向，尽量确定其他各桩位。全站仪测放的控制桩位点需打木桩钉标记。为防止钻孔后控制点失效，必须将控制点向不受施工影响的地方外引。经复测验线合格后，用钢尺和测线实地布设桩位，并用竹签钉紧，一桩一签，保证桩孔中心移位偏差小于20mm。移动旋喷桩机到指定桩位，将钻头对准孔位中心，同时置平钻机，保持平稳、水平，钻杆的垂直度偏差不大于1%~1.5%。就位后，首先进行低压（0.5MPa）射水试验，用以检查喷嘴是否畅通，压力是否正常。

桩机移位时，即开始按设计确定的配合比拌制水泥浆。首先将水加入桶中，再将水泥和外掺剂倒入，开动搅拌机搅拌10~20min，然后拧开搅拌桶底部阀门，放入第一道筛网（孔径为0.8mm），过滤后流入浆液池，然后通过泥浆泵抽进第二道过滤网（孔径为0.8mm），第二次过滤后流入浆液桶中，待压浆时备用。

（2）钻孔

钻孔的目的是将注浆管顺利置入预定位置，一般将注浆管兼做钻杆进行钻孔。在下管过程中，若碰到孤石、混凝土路面、杂填土硬物等某种障碍物导致钻孔机具无法开孔，则应采用高硬度合金钻头先引孔。钻进时需防止管外泥沙堵塞喷嘴。为确保下管顺利，下管过程中同时输送压缩气流，直至注浆喷头下到预定位置（设计桩底）。钻孔的位置与设计位置的偏差不得大于50mm。

当采用地质钻机钻孔时，钻头在预定桩位钻孔至设计高程（预钻孔孔径为15cm）。

当采用旋喷注浆管进行钻孔作业时，钻孔和插管两道工序可合二为一。当第一阶段贯入土中时，可借助喷射管本身的喷射或振动贯入。其过程为：启动钻机，同时开启高压泥浆泵低压输送水泥浆液，使钻杆沿导向架振动、射流成孔下沉，直到桩底设计高程，观察工作电流不应大于额定值。采用三管法钻机钻孔后，拔出钻杆，再插入旋喷管。在插管过程中，为防止泥沙堵塞喷嘴，可用较小压力（0.5~1.0MPa）边下管边射水。

（3）试管

当注浆管置入土层预定深度后，应用清水试压。若注浆设备和高压管路安全正常，则可搅拌制作水泥浆，开始高压注浆作业。

（4）喷射注浆

喷浆管下沉到达设计深度后，停止钻进，旋转不停，喷射时，高压泥浆泵压力增到施工设计值（20~40MPa），坐底喷浆30s后，边喷浆、边旋转，同时严格按照设计和试桩确定的提升速度提升钻杆。若采用双管法或三管法施工，在达到设计深度后，接通高压水管和空气压缩管，开动高压清水泵、泥浆泵、空压机和钻机进行旋转，并用仪表控制压力、流量和风量，分别达到预定数值时开始提升，继续旋喷和提升，直至达到预期的加固高度后停止。

当旋喷管提升至接近桩顶时，应从桩顶以下1.0m开始，慢速提升旋喷，旋喷数秒，再向上慢速提升0.5m，直至桩顶停浆面。止喷桩顶应比设计桩顶高约0.5m，桩底位置应比设计低约0.5m。

若遇砾石地层,为保证桩径,可重复喷浆、搅拌,直至喷浆管提升至停浆面,关闭高压泥浆泵(清水泵、空压机),停止水泥浆(水、风)的输送,将旋喷浆管旋转提出地面,关闭钻机。

(5)冲洗及钻机移位

喷射施工完毕后,应把注浆管等机具冲洗干净,管内、机内不得残存水泥浆。通常把浆液换成水,在地面上喷射,以便把泥浆泵、注浆管和软管内的浆液全部排除。将钻机等机具设备移到新孔位上。

(6)补浆

喷射注浆作业完成后,由于浆液的析水作用,一般均有不同程度的收缩,使固结体顶部出现凹穴,此时要及时用水灰比为1∶1的水泥浆补灌。

7)注意事项

(1)施工应按先外围间隔跳打、后内围的顺序施工。

(2)钻机或旋喷机就位时,机座要平稳,立轴或转盘要与孔位对正,倾角与设计误差一般不得大于0.5°。

(3)喷射注浆前要检查高压设备和管路系统。设备的压力和排量必须满足设计要求,管路系统的密封圈必须良好,各通道和喷嘴内不得有杂物。

(4)当遇到深层硬土时,为保证喷射质量,可采用提高喷射压力、泵量或降低回转速度与提升速度等措施,也可采用复喷工艺:第一次喷射(初喷)时,不注水泥浆液,边送水边下降,待注浆管送至初喷孔深时,再泵送水泥浆,自下而上进行第一次喷射(复喷)。

(5)在旋喷过程中发生冒浆是正常现象,但冒浆量应小于注浆量的20%。超过20%或出现不冒浆,应查明原因,并采取相应的措施。冒浆量过大通常是有效喷射范围与注浆量不适配所致,可采取提高喷射压力、适当缩小喷嘴孔径、加大提升速度等措施,以减小冒浆量;不冒浆大多是地层中有较大孔隙所致,可采取在浆液中掺加适量的速凝剂、缩短固结时间或增大注浆量等措施,待填满孔隙后再继续正常施工。

(6)在插管旋喷时,要防止喷嘴被泥沙堵塞,水、气、浆、压力和流量必须与设计值相符。一旦堵塞,要拔管清洗干净,再重新插管和旋喷。插管时,应边射水边插,水压力控制在1MPa,并且高压水嘴要用塑料布包裹,以防泥土进入管内。

(7)钻杆的旋转和提升应连续进行,不得中断;拆卸钻杆要保持钻杆伸入下节100mm以上的搭接长度,以免桩体脱节。为提高桩的承载力,在桩底部1m范围内应适当增加旋喷时间。如为端承桩,应深入持力层2m。

(8)在软弱地层旋喷时,固结体强度低,可以在旋喷后用砂浆泵注入M15砂浆来提高固结体的强度。

(9)在湿陷性地层进行高压喷射注浆成孔时,如用清水或普通泥浆作冲洗液,会加剧沉降,此时宜用空气洗孔。

(10)在砂层(尤其是干砂层)中旋喷时,喷头的外径不宜大于注浆管内径,否则易夹钻。

(11)开钻前,根据管线图摸清管线位置及走向,遇有不明管线应及时向上级汇报。

(12)停喷超过1h重新开喷时,要将高压旋喷管下放0.3m再开始正常提升高压旋喷,停喷时间大于4h要用清水冲孔或扫孔后,再进行剩余孔段的高压旋喷。

如高压旋喷灌浆发生串浆,则首先填堵被串孔的高压旋喷灌浆,待其结束后,尽快进行被串孔的扫孔、喷射或继续钻进。

(13)定期测试水泥浆液密度,当施工中浆液密度超出设定指标时,立即停止提喷,并调整至正常范围后,再继续喷射。

(14)在高压旋喷灌浆过程中,出现压力突降或突增、孔口回浆浓度和回浆量异常,甚至不返浆等情况时,应查明原因后及时处理。

8)成桩质量控制及检测

(1)成桩质量控制

①桩径控制:施工过程中要按技术交底参数操作,对桩的个别部位可进行复喷,以满足桩径要求。

②桩长控制:当钻至桩底深度以下0.2m时,将喷浆管插到桩底层位。插管过程中,为了防止泥沙堵塞喷嘴,可边喷水边插管。

③喷浆控制:要严格按照配合比控制浆液并严格控制空压机、高压水泵、送浆泵的压力及钻杆提升速度,保证喷浆量,随时观察返浆情况。

(2)桩检测

①检测方法和内容

高压喷射注浆可根据工程要求和施工经验,采用开挖检查、取芯及无侧限抗压强度检查、标准贯入试验、载荷试验或围井注水试验等方法进行检测。

对旋喷桩施工质量的检验,应在高压喷射注浆结束后28d进行,检查内容主要为桩体强度、平均直径、桩身中心位置、桩体均匀性等。

②检测数量及部位

检测点数量根据设计要求确定,规范一般要求为施工孔数的2%,并应不少于5点。检测点布置在:

a.有代表性的桩位;

b.施工中出现异常情况的部位;

c.地基情况复杂、可能对高压喷射注浆质量产生影响的部位。

检验不合格者应进行补喷。

(3)检验标准(表3-21)

高压喷射注浆地基质量检验标准　　表3-21

项目	序号	检查项目	允许偏差或允许值		检查方法
			单位	数量	
主控项目	1	水泥及外掺剂质量	符合出厂要求		查产品合格证书或抽样送检
	2	水泥用量	设计要求		查看流量表及水泥浆水灰比
	3	桩体强度或完整性检验	设计要求		按规定方法
	4	地基承载力	设计要求		按规定方法
一般项目	1	钻孔位置	mm	≤50	用钢尺量
	2	钻孔垂直度	%	≤1.5	经纬仪测钻杆或实测
	3	孔深	mm	±200	用钢尺量
	4	注浆压力	按设定参数指标		查看压力表
	5	桩体搭接	mm	>200	用钢尺量
	6	桩体直径	mm	≤50	开挖后用钢尺量
	7	桩身中心允许偏差	mm	≤0.2D	开挖后柱顶下500mm处用钢尺量,D为桩径

9) 质量通病及预防措施

(1) 加固体强度不均、缩颈

① 现象

旋喷加固体的成桩直径不一致,桩身强度不均匀,局部区段出现缩颈。

② 原因分析

a. 旋喷方法与机具未根据地质条件进行选择。

b. 旋喷设备出现故障(管路堵塞、串、漏、卡钻等),中断施工。

c. 拔管速度、旋转速度及注浆量未能配合好,造成桩身直径大小不匀,浆液有多有少。

d. 没有根据不同的设计要求和不同的旋喷方法布置不同的桩位点。

e. 旋喷的水泥浆与切削的土粒强制拌和不充分、不均匀,直接影响加固效果。

f. 穿过较硬的黏性土,产生缩颈。

③ 预防措施

a. 应根据设计要求和地质条件,选用不同的旋喷法、不同的机具和不同的桩位布置。

b. 旋喷浆液前,应做压水、压浆、压气试验,检查各部件、各部位的密封性和高压泵、钻机等的运转情况。一切正常后,方可配浆,并保证旋喷连续进行。

c. 配浆时必须用筛过滤,过滤网眼应小于喷嘴直径,搅拌槽的浆液要经常翻动,不得沉淀。因故需较长时间中断旋喷时,应及时压入清水,使泵、注浆管和喷嘴内无残液。

d. 对易出现缩颈部位及底部不易检查处,采用定位旋转喷射(不提升)或复喷的扩大桩径办法。

e. 根据旋喷固结体的形状及桩身匀质性,调整喷嘴的旋转速度、提升速度、喷射压力和喷浆量。

f. 控制浆液的水灰比及稠度。

g. 严格控制喷嘴的加工精度、位置、形状、直径等,保证喷浆效果。

(2) 钻孔沉管困难,偏斜、冒浆

① 现象

旋喷设备钻孔困难,并出现偏斜过大及冒浆现象。

② 原因分析

a. 遇有地下物,地面不平不实,未校正钻机,垂直度超过1%。

b. 注浆量与实际需要量相差较多。

③ 预防措施

a. 放桩位点时应钎探,摸清情况,遇有地下物应清除或移桩位点。

b. 旋喷前场地要平整夯实或压实,稳定钻杆或下管要双向校正,使垂直度控制在1%范围内。

c. 利用侧口式喷头,减小出浆口孔径并提高喷射压力,使压浆量与实际需要量相当,以减小冒浆量。

d. 回收冒浆,除去泥土并过滤后再用。

e. 通过控制水泥浆配合比(一般为0.6~1.0),控制好提升、旋转、注浆等。

(3) 固结体顶部下凹

① 现象

旋喷后的固结体顶部出现凹穴。

② 原因分析

当采用水泥浆液进行旋喷时,在浆液与土搅拌混合后的凝固过程中,由于浆液析水作用,一般均有不同程度的收缩,造成在固结体顶部出现凹穴。凹穴的深度与土质、浆液的析出量、固结体的直径和全长等有关。

③ 预防措施

a. 对于新建工程的地基,在旋喷完毕后,挖出固结体顶部,对凹穴灌注混凝土或直接从旋喷孔中再次注入浆液。

b. 对于构筑物地基,采用二次注浆法较为有效,即旋喷注浆完成后,对固结体顶部与构筑物基础底部之间的空隙,在原旋喷孔位上,进行第二次注浆,浆液应用无收缩或具有微膨胀性的材料配制。

3.5.4 水泥土搅拌桩施工

1) 施工工艺流程

水泥土搅拌桩施工流程如图 3-25 所示。

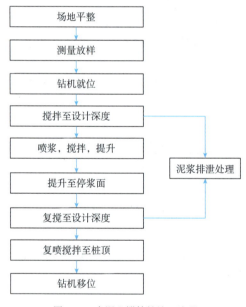

图 3-25 水泥土搅拌桩施工流程

2) 施工准备和试桩

(1) 加固土配合比试验

在工程场地选定若干钻孔连续钻取土样,并封装于双层塑料袋内,供拌制试样进行室内试验。在制备试块时,试块的数量由所需养护龄期和固化剂的掺入比确定。例如,养护龄期通常分为 7d、28d、90d 三期;固化剂的掺入比可视天然含水率并根据以往经验,确定几个档次,然后按不同的养护期和掺入比进行排列组合,确定试块数量并订出试验计划。

外掺剂的品种和掺入比应根据成功经验及工程区土的颗粒组成、pH 值、有机质含量、液限、现场施工条件(例如水泥浆制备后送至灰浆泵的距离远近)以及气温高低变化等综合考虑。

试块制作方法:先按预定配合比称量出所需土、水泥、外掺剂和水,用手工拌和均匀,将拌合物(即加固土)装入试模一半体积,放在振动台上,振动 1min,装满试模余下体积,再振动 1min 后,将表面刮平,用塑料袋覆盖即成。然后将其置于温度为 20℃ ±2℃、湿度大于 90% 的养护室养护。

试块经不同龄期分别进行物理力学试验后,将试验结果绘成图表,选定最佳配合比作为施工技术参数。

(2)场地平整与布置

搅拌桩施工现场应在机械设备进场前予以平整。当场地表层较硬,需用注水预搅施工时,应在四周开挖排水沟,并设集水井,其位置以不影响搅拌施工为原则;应经常清除排水沟和集水井沉淀物,保持水流通畅。当场地过软,不利于搅拌机行走或移动时,应铺设粗砂或细石垫层,不得用粗粒碎石铺填。

灰浆制备作业应有足够的面积,其位置宜使灰浆的水平泵输送距离控制在 50m 以内,以减少管道堵塞。

(3)成桩工艺试验

试成桩的目的是标定各项施工技术参数,包括:

①搅拌机钻进速度、桩底高程、桩顶或停灰面高程;

②灰浆的水灰比、外掺剂的掺量;

③搅拌机的转速和提升速度、灰浆泵的压力、料罐和送灰管的风压、每米桩长或每根桩的输浆量或送灰量、灰浆经输浆管到达喷浆口的时间、是否需要冲水或注水下沉、是否需要复搅复喷及其深度等。

3)施工方法

(1)测量放线

根据坐标基准点,按设计图放出桩位,并设临时控制桩,加以保护。

(2)搅拌机就位

钻机定位前,先开挖导沟及放置定位型钢。采用挖掘机开挖沟槽,并人工清理沟槽内土体。为确保桩位并提供导向装置,在沟槽边沿纵向打入 5m 长 10 号槽钢(间距 3m)作为固定支点。在垂直于沟槽方向放置两根 200mm × 200mm 工字钢并与支点焊接,在平行于沟槽方向放置两根 300mm × 300mm 工字钢并与下面的工字钢焊接。

根据定位型钢上的桩位标志进行桩机定位,定位后桩机应平稳、平正,并用经纬仪检查其垂直度。在钻机机身上悬挂几个垂球,对应于地面插上标志,随时检查其垂直度变化情况,并进行调整。

(3)搅拌及注浆

搅拌机在提升过程中注入水泥浆液,根据试桩制定的注浆参数,严格控制下沉和提升速度,在桩底部分重复搅拌注浆,并做好原始记录。

施工中可在水泥浆液中适当增大高效减水剂的掺量,以减少水泥浆液在注浆过程中的堵塞现象;还可掺入一定量的膨润土(1% ~ 3%),利用其保水性提高水泥土的变形能力,不致引起墙体开裂,对提高幕墙的抗渗性能很有效果。

水泥土搅拌桩搅拌施工如图3-26所示。

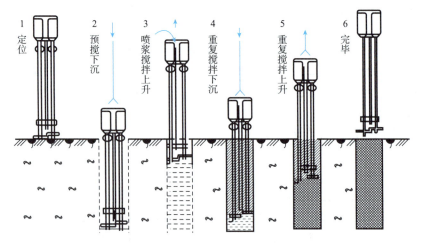

图3-26　水泥土搅拌桩搅拌施工示意图

(4)施工步骤

成桩采用跳桩方法施工,其施工步骤为:先施作跳桩孔,然后进行夹桩的施工。夹桩的施作时间应在两边桩施作完12h内进行,以保证咬合部分的浆体易于切削。水泥掺入量和水灰比是搅拌桩施工确保工程质量和顺利施工的重要指标,一般采用水灰比为1.5∶1~1.6∶1。

跳桩成孔施工示意图如图3-27所示。

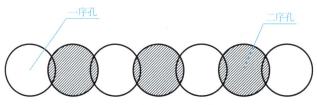

图3-27　跳桩成孔施工示意图

(5)成桩

待水泥搅拌桩达到一定硬化时间后,将吊筋以及沟槽定位卡撤除。为确保桩身强度和均匀性,施工过程中要求做到:

①严格按设计要求配制浆液。

②土体应充分搅拌,并严格控制下沉速度,使原状土充分破碎,以有利于与水泥浆均匀拌和。

③为防止浆液发生离析,注浆前必须先搅拌30s后再倒入存浆桶。

④压浆阶段不允许发生断浆现象,全桩须注浆均匀,不得产生夹心层。

⑤如发生管道堵塞,应立即停泵处理,并将钻具上提或下沉1.0m,重新喷浆10~20s后继续正常施工。

4)水泥土搅拌桩加固施工

当站址范围内地质条件较差,普遍分布有较厚的淤泥质黏土层、中砂、粗砂、圆砾时,为保证地下连续墙成槽施工安全,成槽前可先在两侧施作φ600mm、间距500mm的搅拌桩,桩底伸至砾质黏性土不小于 1.0m。水泥土搅拌桩加固如图 3-28 所示。

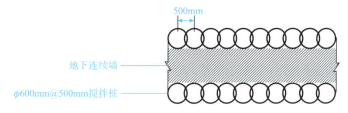

图 3-28　水泥土搅拌桩加固示意图

5) 质量控制

(1) 水泥土搅拌桩采用四搅两喷方法施工。施工中应正确使用搅拌机械,确保桩机对中及机架的垂直度,保持灰浆泵与灰浆管路畅通以及灰浆泵的正常工作压力。

(2) 搅拌机冷却水循环正常后,启动搅拌机电机,放松起重机钢丝绳,使搅拌桩机麻花头沿导向架切土搅拌下沉。如地层较硬、下沉速度太慢,可用输浆系统补给清水以利钻进。

(3) 搅拌机钻杆的钻进、提升速度应保持在 0.65～1.0m/min,转速为 6r/min。搅拌机下沉到设计深度后,开启灰浆泵,其出口压力保持在 1.5～2.5MPa,使水泥浆自动连续喷入地基。搅拌机边喷浆、边旋转、边严格按已确定的速度提升,直到达到设计要求的桩顶高程。

(4) 施工中应严格控制浆液水灰比,一般为 1.3:1～1.5:1。

(5) 施工中出现意外停喷或提升速度过快时,应立即暂停施工,重新下钻至停浆面或少浆桩段以下 1m 的位置,重新喷浆 10～20s 后恢复提升,保证桩身完整,防止形成断桩。

(6) 桩的搭接间隔不应大于 24h;如超过 24h,则在第二根桩施工时增加浆量 20%,同时减小提升速度;如因相隔时间过长致使第二根桩无法搭接时,则应采取局部补桩或注浆措施。

(7) 水泥土搅拌桩施工主要检查项目质量标准见表 3-22。

水泥土搅拌桩施工主要检查项目的质量标准　　表 3-22

项目		质量标准
桩位偏差	平行基坑方向	±30mm
	垂直基坑方向	±30mm
水泥强度及抗渗性		达到设计要求
成桩深度		+100～0mm

6) 施工注意事项

(1) 遇孤石的处理措施

在成桩过程中,如遇孤石,可采用加水冲击并提高水泥掺量的方法处理;若孤石较大且无法冲脱,则采用扩大桩径或加桩补强的施工方法处理。

(2) 垂直度控制及纠斜措施

准确确定定位桩的平面位置,桩机严格按桩的平面位置就位;对于有偏斜的桩位,则采用在其后面补加桩的措施。

3.5.5　劲性水泥土搅拌桩

劲性水泥土连续搅拌桩支护结构,简称劲性水泥土搅拌桩(Soil Mixing Wall,SMW)。

它是在水泥土搅拌桩中插入型钢或其他芯材形成的,同时具有承载力与防渗两种功能的围护形式。

在设计分析上,目前对水泥土与型钢之间的黏结强度的研究还不充分。通常认为,水、土的侧压力全部由型钢单独承担,水泥土搅拌桩的作用在于抗渗止水。水泥土包裹型钢提高了型钢的刚度,可起到减小位移的作用。此外,水泥土还起到套箍作用,可以防止型钢失稳,对 H 型钢可以防止翼缘失稳,使翼缘厚度减小到很薄(甚至可以小于 10mm)。

1) 劲性水泥土搅拌桩的优点

(1) 占用场地小。一般钢筋混凝土地下连续墙,墙体加导墙宽度为 1.0~1.2m,双头搅拌桩加灌注桩宽度在 2m 以上;而 SMW 工法一般单排地下连续墙宽度为 0.65~0.85m,双头搅拌桩宽度约为 1.2m。

(2) 施工速度快。

(3) 施工过程中对周边建筑物及地下管线影响小。对环境污染小,无废弃泥浆。

(4) 耗用水泥、钢材少,造价低,特别是 H 型钢能够回收,成本大大降低。

2) 施工方法

SMW 工法采用国产的双轴搅拌机,其桩径 700mm、间距 1000mm;采用进口的长螺旋多轴多组叶片的搅拌机,有桩径 650mm、间距 900mm 和桩径 850mm、间距 1200mm 两种。插入型钢有轧制 H 型钢、槽钢、拉森钢板桩,也有用钢板焊接而成的 H 型钢。桩体布置有单排、双排两种基本形式,均可以对 H 型钢进行隔空设置(间隔布置)、全孔布置(连续布置)和隔孔与连续设置(间断布置),如图 3-29 所示。

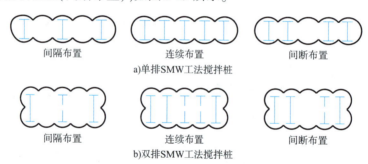

图 3-29 SMW 搅拌桩内型钢布置方式

SMW 支护结构的施工以水泥土搅拌桩为基础,因此凡是适合应用水泥土搅拌桩的场合都可以使用,特别是以黏土和粉质土为主的软土地区。

SMW 结构适用的基坑深度与施工机械有关,国内一般在基坑开挖深度为 6~10m 时使用,国外已有开挖深度为 20m 时使用的例子。经过不断的工程实践,它极有可能逐步代替钻孔灌注桩围护,在某些工程中也有可能代替地下连续墙。

3) 施工要点

(1) 开挖导沟,设置围檩导向架

沿 SMW 墙体位置开挖导沟,设置围檩导向架。导沟可使搅拌机施工时的涌土不致冒出地面,导向架则是确保搅拌桩及 H 型钢插入位置准确,这对设置支撑的 SMW 墙尤为重要。围墙导向架应采用型钢制成,导向围檩间距比型钢宽度增加 20~30mm,导向桩间距为 4~6m,长 10m 左右。围檩导向架施工时应控制好轴线与高程。

(2)搅拌桩施工

搅拌桩施工工艺与深层搅拌桩相同。水泥掺入量和水灰比是确保工程质量的重要指标。

水泥掺入量一定时,采用较小的水灰比,水泥土强度就能得到保证。然而,水灰比小,水泥土的黏稠度高,H型钢插入的阻力就大;水灰比大,H型钢一般能依靠自重插入,但水泥土强度达不到预定要求。为确保水泥土强度大于或等于1.2MPa,又能使H型钢顺利插入,一般水泥掺入量大于20%,水灰比取1.6:1~2.0:1。在水泥浆液中适当增大木质素磺酸钙的掺入量,以减少水泥浆液在注浆过程中的堵塞现象。也可掺入一定量的膨润土,利用其保水性提高水泥土的变形能力,不致引起墙体开裂,对提高SMW墙的抗渗性能起到很好的效果。

(3)型钢的压入与拔出

型钢可采用压桩设备压入搅拌桩内。H型钢应平直、光滑、无弯曲、无扭曲。型钢在插入前应校正平直度,有时在表面涂抹油脂,以减小插入与拔出时的摩阻力。当基坑开挖深度小于10m时,可考虑H型钢的完整回收。施工前应进行型钢抗拔验算与拉拔试验,以确保型钢的顺利回收。

3.6 加固工程

3.6.1 锚索

1)施工工艺

在车站挡墙或明挖基坑底部岩层较厚时,由于围护结构入岩困难,一般采用吊脚桩施工,此时常采用预应力锚索加固墙体或作为围护结构加强支撑的措施。

(1)工艺流程

锚索施工工艺流程如图3-30所示。

(2)锚孔测放

根据设计图准确定位,孔位误差不得超过20mm。

(3)锚索成孔

锚索一般采用潜孔冲击钻机成孔,成孔直径为130~150mm(具体按设计图纸要求)。当采用回旋钻机成孔时,应采用清水循环钻进,不得采用泥浆护壁。钻孔深度应大于锚索设计长度0.5m。钻孔达到设计深度后,不能立即停钻,要求稳钻1~2min,方能达到设计孔径。在钻孔完成后,使用高压空气(风压0.2~0.4MPa)将孔内岩粉及水体全部清除出孔外,以免降低水泥砂浆与孔壁岩土体的黏结强度。除相对坚硬完整的岩体锚固外,不得采用高压水冲洗。若遇锚孔中有承压水流出,待水压、水量变小后方可安装锚筋与注浆,必要时在周围适当部位设置排水孔或采用灌浆封堵二次钻进等方法处理。

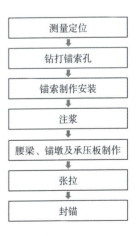

图3-30 锚索施工工艺流程

(4)锚索安放

锚索采用强度为1860MPa的低松弛高强钢绞线,穿孔前除去油污并除锈。锚索的自由段须抹黄油并外套聚氯乙烯(PVC)软管。锚索在孔外留不少于0.5m张拉段。

(5)注浆

锚索注浆采用二次高压注浆工艺:第一次注浆自孔底向外压浆,至孔口冒浓浆即告完成;第二次注浆为高压注浆,利用预留注浆管,待第一次注浆体初凝之后进行压力注浆,初始注浆压力应大于2.5MPa,稳定压力大于1.0MPa,注浆量按水泥用量控制,应不少于50kg/m。

二次注浆预留注浆管采用尼龙管,耐压应大于4.0MPa。在锚固段范围,按0.5m间距钻对孔,孔径为5mm,埋置之前用胶布包裹。锚索注浆液为水泥净浆,水泥采用42.5级普通硅酸盐水泥,水灰比为0.45∶1~0.6∶1,并加适量早强剂,设计强度为30MPa。

(6)锚墩及承压板制作

锚墩及承压板同时制作。采用C30混凝土整体浇筑钢筋混凝土腰梁,预埋350mm×350mm×20mm的承压板,承压板受力方向与锚索方向一致。锚索大样如图3-31所示。

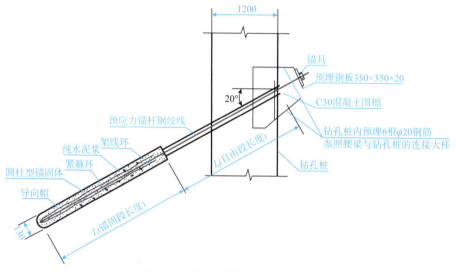

图3-31 锚索大样图(尺寸单位:mm)

(7)张拉

在注浆固结体达到设计强度70%以上后,方可进行锚索张拉。张拉锚索前,需对张拉设备进行标定。张拉时采用整体分级张拉的程序,每级稳定时间为2~3min,最后一级应按超张拉15%的拉力控制,稳压3min后退至设计预应力值锁定。

(8)封锚

张拉后,锚头应及时封锚,并在锚具外留长6~10cm的钢绞线,以防曳滑。封锚前,应先对垫板、锚具及外留钢绞线仔细涂刷防锈剂及防护剂。最后用C30、S8混凝土封锚。封锚时,任一部位钢筋保护层的最小厚度均不得小于50mm。

2)注意事项

(1)严格按设计图上的锚索间距、倾角、高程进行施工。

(2)所钻锚孔应保持孔内清洁、孔壁无污染物,以确保水泥浆体与岩体的黏结强度。除中微风化岩外,其余地层均应采用紧跟套管的钻进技术,以使钻孔完整不坍。

(3)制作锚索时,下料长度应考虑增加1.5m张拉段。

(4)锚索钢垫板孔洞与锚具孔洞对中。

(5)锚索钢垫板下用水泥砂浆抹平,确保钢垫板与锚索垂直。

(6)锚索张拉时应考虑松弛、徐变等的影响,其超张拉荷载可取设计荷载的15%。

(7)锚索张拉完成后,切除其外露多余部分,且留6~10cm的钢绞线,以防曳滑。

(8)锚索施工前,应按有关施工规范进行现场抗拔试验,以验证施工工艺及设计参数。

3.6.2 格构柱施工

1)施工工艺流程

格构柱主要包括钢立柱和立柱桩两部分,上部为钢立柱,下部为钢筋混凝土钻孔灌注桩。

格构柱施工工艺流程如下:钻架定位→钻孔→第一次清孔→测孔深→安放钢筋笼→固定安放格构柱→下导管→第二次清孔→测孔深(合格后)→安放隔水球→灌注混凝土→钻机移位。

2)立柱桩施工

(1)测量控制方法

根据施工图纸及现场导线控制点,使用全站仪测定桩位,根据地质情况直接定点或打入木桩定点,并以"十字交叉法"引到四周做好护桩点,如图3-32所示。

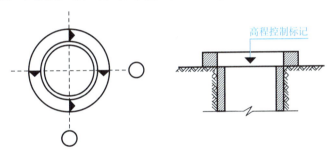

图3-32 钻孔定位示意图

(2)护筒埋设

根据桩位标志开挖护筒孔。护筒直径比设计孔径大20cm,护筒高度不小于1.8m。放入护筒后,护筒孔坑内再次精放桩位点,用吊线锤校验垂直度。校正护筒位置和垂直度并固定,筒与坑壁之间用黏性土填实,确保护筒位置的持久、准确及稳定。

护筒应使用钢护筒,埋深不小于1.5m,且应高于地面30cm,以防止地表水流入。

(3)钻进成孔

成孔开始前应充分做好准备工作,施工过程应做好施工原始记录。钻进中应确保钻机不发生倾斜、移动,保证钻塔滑轮槽缘、锤头中心和桩孔中心三者在同一铅垂线上,并且锤头中心与桩孔中心偏差不大于20mm。

注入口泥浆相对密度小于或等于1.15,排放口泥浆相对密度宜为1.20~1.30,泥浆采用自然土造浆。

开孔时,应低锤密击。如表土为软弱土层,可加黏土块夹小片石反复冲击造壁,孔内泥浆面应保持稳定。每钻进深度4~5m验孔一次,在更换钻头前或容易缩孔处均应验孔。

当孔深已达到设计要求时,应立即由质检员通知现场监理及勘察单位代表到场验孔并量测孔深,孔深偏差保证在±10cm以内。沉渣厚度以第二次清孔后测定量为准,需不大于5cm。

(4)清孔

清孔的目的是调换孔内泥浆,消除钻渣和沉淀,可利用成孔的正循环系统直接进行。清孔分两次进行。

第一次清孔在成孔完毕后立即进行。将钻头提离孔底80~100mm,向孔内输入新泥浆,把桩孔内悬浮的含大量钻渣的泥浆替换出来,直到清除孔底沉渣。

第二次清孔在下放钢筋笼和导管安装完毕后进行。采用导管压入新浆的方式,向孔内输入新泥浆,维持正循环30min左右,清孔后淤泥厚度不大于10cm。清孔结束后,会同监理人员对孔深、孔底沉渣等情况进行检查,并及时填写成孔验收单。清孔后半小时内应灌注混凝土。

(5)钢筋笼制作及吊放

钢筋笼在现场加工制作。钢筋笼制作所用的钢筋规格、数量及焊接制作的质量应严格按照设计图纸(图3-33)和有关规范要求进行。钢筋笼制作偏差应严格控制在允许偏差范围内。

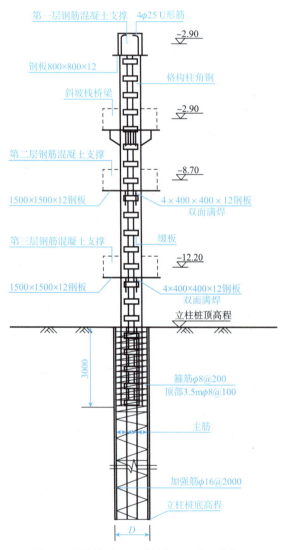

图3-33 格构柱剖面(尺寸单位:mm;高程单位:m)

为确保钢筋保护层的厚度,在钢筋笼主筋上每隔 3m 设置一道定位垫块(图 3-34),每个断面对称放置 3 个。钢筋笼经验收合格后,方能放入桩孔内。

图 3-34　钢筋垫块

3) 钢立柱制作与安装

(1) 钢立柱制作技术要点

钢立柱在场外钢构加工厂加工制作。原材料进场前,应审查质量合格证明文件,并对材料的外观进行检查验收,合格后准予制作。对制作完成的钢立柱,依据有关规范要求进行检查验收,合格后方允许进场进行安装。

钢立柱对接焊接时,接头应错开,保证同一截面的角钢接头面积不超过总数的 50%,相邻角钢错开位置不小于 50cm。角钢接头在焊缝位置角钢内侧采用同材料短角钢补强。格构柱加工允许偏差应符合规定要求。

(2) 钢立柱吊放安装

钢立柱采用起重机吊放。先将格构柱下部的钢筋笼主筋上部弯起,与钢立柱缀板及角钢焊接固定,固定时钢立柱必须居于钢筋笼正中心。焊接过程中,起重机始终吊住钢立柱,避免其受力。

4) 混凝土浇筑与空孔回填

(1) 灌注桩部分混凝土浇筑与钻孔灌注桩施工完全相同。

(2) 立柱桩混凝土浇筑完后,需要及时进行桩孔回填。回填之前,桩孔周围要采取安全措施,用粗砂将格构柱周边均匀回填,且一定要密实,如图 3-35 所示。

5) 施工保证措施

(1) 立柱桩嵌岩要求

立柱桩施工时,需结合详细勘察及施工勘察资料,对地质变化情况进行核实。根据桩基基底所处高程的岩层特性,按规范确定嵌岩深度。

(2) 钢立柱定位、固定与吊装

为保证格构柱的垂直度,钢立柱安装工程质量控制工序如下:确定定位点→定位器就位→钢立柱就位→钢立柱与立柱桩钢筋笼焊接→垂直度控制→(导向架)钢立柱定位→垂直度复测→下导管。

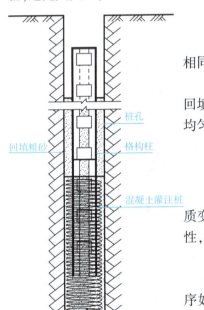

图 3-35　桩孔回填示意图

确定定位点:立柱桩钻孔完成后,将钻孔周边泥浆、土等清理干净,测量员计算好格构柱四边中点延长线四个坐标点,然后进行放线,定位偏差小于 10mm,如图 3-36 所示。

① 桩孔周边在桩成孔完成后进行平整,孔四周铺 150mm × 150mm 方木,导向架安放在方木上。

② 钢筋笼下落至孔口位置时用型钢固定,将钢立柱吊至立柱桩钢筋笼内加固连接;钢立柱吊至孔口位置时,用型钢固定,用螺栓与导柱连接。

格构柱吊装就位如图3-37所示。

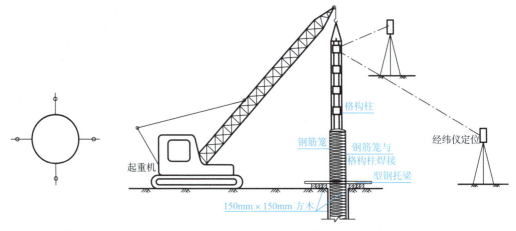

图3-36 格构柱定位　　　　　图3-37 格构柱吊装就位

(3)钢立柱与立柱钢筋笼焊接

①在立柱桩每边的钢筋笼主筋上各焊接1根φ16mm水平钢筋,距格构柱每边有20～30mm的活动量,使钢立柱位于桩钢筋笼中间,保证钢立柱各面与桩钢筋笼间距均匀,以便吊装后能对格构柱位置进行微量调整,使其位置对中并使柱身铅垂(图3-38)。

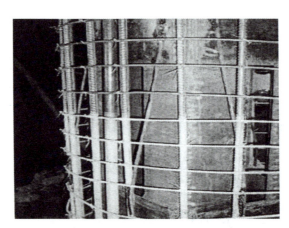

图3-38 桩的钢筋笼与钢立柱连接

②钢立柱4个面分别采用2根长1m的φ16mm钢筋斜向与钢筋笼主筋焊牢,焊接长度为100mm,钢筋具有一定的长度形成柔性连接,以便能使格构柱作相对微量调整,如图3-39所示。

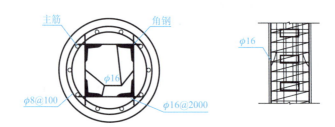

图3-39 钢立柱与钢筋笼固定(尺寸单位:mm)

(4) 格构柱定位

将经定位的 4 个点引测至钢托梁上,垂直方向用 2 台经纬仪进行位置控制,标好位置。在钢筋笼入孔后,格构柱位置安装定位导向架,架高 1500mm,架体为 14 号槽钢对拼焊接,导向架中部定位孔每边比格构柱大 50mm,便于螺栓连接和柱位调整,格构柱顶至导向架,设置与格构柱同规格导柱,导柱与下部格构柱 4 边通过 $\phi 28mm$ 螺栓连接(图 3-40),格构柱在下落过程中用靠尺进行检测(图 3-41),最终保证格构柱中心及方位符合设计要求,并上紧螺杆固定,防止位移,然后在格构柱内下串筒浇筑混凝土。

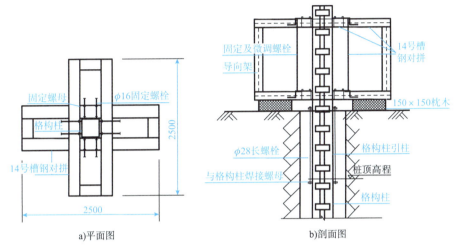

图 3-40 导向架(尺寸单位:mm)

图 3-41 格构柱垂直度检测和控制

3.6.3 袖阀管注浆加固

袖阀管注浆加固法(又称索列丹斯法)为法国 Soletanche 公司首创,于 20 世纪 50 年代开始广泛用于国际土木工程界。袖阀管注浆加固法最初用来解决砂砾石及其黏土的注浆问题,经过大量工程应用后逐渐成熟。它是一种比较先进的注浆加固技术和工艺,适应性强,对砂层、粉土、淤泥层等注浆加固效果较好。20 世纪 90 年代,这种方法在我国广州、深圳等珠江三角洲地区得到广泛应用。该方法综合了劈裂注浆、压(挤)密注浆与渗入注浆三种方法,能达到较好的注浆效果,对地基加固处理和软基处理以及建筑物的纠偏加固效果较为显著。自从广深地区开始建设地铁以来,袖阀管注浆加固法一直被认为是该地区复合地层盾构始发与到达端头加固中较为有效的方法,有较好的地层加固与止水作用。袖阀管注浆加固法的注浆原理如图3-42所示。

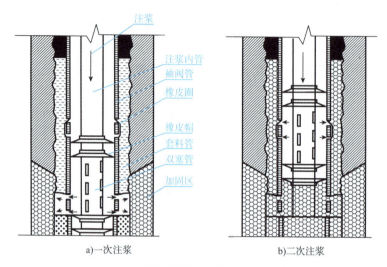

图3-42 袖阀管注浆加固法的注浆原理示意图

1) 施工工序

袖阀管注浆的主要施工工序包括钻孔、插入袖阀管、浇筑套壳料、注浆四个步骤,如图3-43所示。

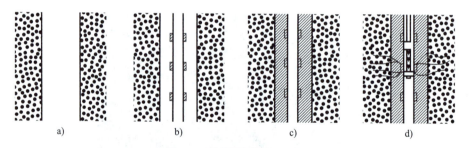

图3-43 袖阀管注浆施工工序

钻孔通常用优质泥浆(如膨润土浆)进行固壁,很少用套管护壁。

为使套料的厚度均匀,应设法使袖阀管位于钻孔的中心。

用套料管置换孔内泥浆,浇筑时应避免套壳料进入袖阀管内,并严防孔内泥浆混入套壳料中。

待套壳料具有一定强度后,在袖阀管内放入双塞的注浆管进行注浆。

2) 套壳料的功能和配方

套壳料的基本功能是封闭袖阀管与钻孔壁之间的环状空间,防止注浆时浆液到处流串,在橡皮袖阀和止浆塞的配合下,迫使浆液只在一个注浆段范围内开环(挤破套壳料),从而进入地层。套壳料的破碎程度越高,注浆率越大,所需的注浆压力越小。

要想比较满意地完成上述注浆工序,需做好两个方面的工作,即选择适宜的套壳料配方和采用正确的施工安装技术。

对于套壳料,其物理力学性质要求如下:

(1)适宜的力学强度,包括抗压、抗拉和抗剪强度等。高强度套壳料对防止浆液串冒是有利的,但是不利于开环;低强度套壳料虽然有利于开环,却容易使浆液向上串冒。因此,套壳料的强度必须兼顾开环和防止串浆的需要。

(2)收缩性要小,凝固后不至于和袖阀管脱开。

(3)脆性较高,以增加开环后的破碎程度。

(4)早期强度增加较快,后期强度缓慢增加。

(5)在向注浆孔中浇筑套壳料时,要求套壳料的黏度较低、析水率较小且稳定性较高。它要求既能在一定压力下压开填料进行注浆,又能在高压注浆时阻止浆液沿孔壁或管壁流出地表。后两项性质的好坏关系着套壳料的均匀程度,对其力学强度及开环质量都有一定的影响。

除了套壳料的强度外,开环压力和开环质量还与一系列因素有关,如地层深度、砂砾石的颗粒级配和孔隙尺寸、套壳料的龄期以及地下水压力等。因此,在确定套壳料配方时,除了做大量的室内试验外,尚需进行现场原位试验。国内外所用的套壳料大都是以黏土为主、以水泥为辅的低强度配方。为了提高套壳料的脆性,有时掺入细砂或采用粉粒含量较高的黏性土。表3-23为广深地区管法注浆常用的套壳料配方。

套壳料配方 表3-23

配方号	材料质量比		
	水泥	土	水
1	1	1.53	1.94
2	2	1.50	1.88

3)袖阀管的基本结构

袖阀管是浆液进入地层的通道,主要由花管及其橡皮套两部分构件组成,如图3-44所示。花管可以采用钢管,也可以采用塑料管,前者比较结实,后者货源充足且价格低廉。袖阀管国外已经普遍采用,我国也有成功应用的工程实例。为了进行注浆,袖阀管每隔一定距离需要钻一组小直径射浆孔,每组小孔的间距为33~50cm,即每米管长钻2~3组射浆孔。每一组孔的纵向长度为10~12cm,花管内径为50~60mm。若花管采用塑料管,则袖阀管应能承受足够的内压力。为保险起见,在袖阀管下入钻孔前需抽样进行耐压试验,以免注浆时出现破裂。

每组注浆孔的外部都包裹1~2层橡皮套。橡皮套的作用是防止泥浆或套料进入袖阀管内。注浆时,橡皮套被注浆压力冲开,使得浆液透过套壳料进入管外;停止注浆时,橡皮套又弹回并压紧袖阀管,防止地层中的流体进入管内。因此,橡皮套在钻孔注浆过程中起到逆止阀的作用。为了防止橡皮套上下错位,在橡皮套的两边焊接定位环圈,其直径约为5mm。

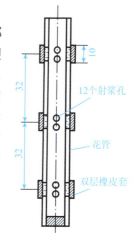

图3-44 袖阀管结构示意图
(尺寸单位:cm)

4)套壳料的浇筑

可采用下述方法浇筑套壳料及埋设袖阀管:

(1)采用套管护壁水冲法钻进成孔,优质泥浆护壁,钻至设计高程。

(2)在孔中插入无孔眼的钢管,并通过此管压入套壳料,直至孔内的泥浆完全被顶出孔外为止。

(3)将浇筑套壳料的钢管拨出。

(4)把底部封闭的袖阀管压入孔内。

套壳料浇筑顺序如图 3-45 所示。

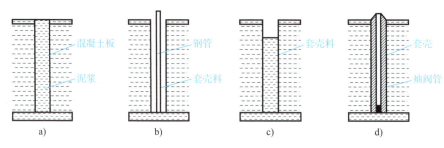

图 3-45 套壳料浇筑程序

5)开环和注浆

所谓开环,是指待套壳料养护 5~7d 并具有一定的强度后,通过注浆泵施加压力把套壳压裂,为浆液进入地层打开通路。

如前所述,套壳料若能在规定的注浆段范围内均匀和充分破碎,就算达到了良好的开环效果。然而,由于种种原因,实际工程中可能出现下述几种不理想的开环情况:

(1)形成纵向贯穿裂缝,使得浆液不能沿预定的路线扩散。

(2)只产生局部的开环,使地层得不到充分的灌注。

(3)套壳料不能在现有的设备条件下开环,这是经常发生的最不利情况。

实践证明,开环方法对开环质量也颇有影响。以下为几种行之有效的开环方法:

(1)慢速法。用清水或浆液开环,泵压由小到大逐渐施加,每一级压力必须稳定 2~3min,并测读每级压力相应的吸水量,直至套壳开始吸水或者压力表的压力有所下降时,即为临界开环压力。

(2)快速法。采用较大的起始泵压、较短的升压间隔时间和较大的压力增值进行开环,开环的标志与慢速法相同。

套壳料的厚度在同一断面上不一定是均匀的,慢速法很可能首先将套壳最薄弱处破坏,导致不均匀破坏;快速法则可在一定程度上克服此缺点,使套壳料的破裂程度和均匀性提高。

(3)隔环法。按 $n+2$ 的次序开环和灌浆,其中 n 为环数。例如当注完 18 环后,不是立即注 19 环,而是注 20 环。这种开环法可降低中间环(如上述 19 环)的开环压力,对处理开环压力特别大的注浆段颇有成效。

(4)间歇法。当采用较大压力仍然不能开环时,可在间歇一定时间后再用同样的压力重复开环,一般重复 2~3 次后即可起到作用,甚至能用比第一次开环时更小的压力达到同样的效果。

实际经验证明,采用上述开环法后,可使得不开环率大大降低,甚至可达到 100% 的开环,而且开环质量也较好。

采用袖阀管时,其上每隔 33~50cm 钻一环注浆孔,一环孔即为一个注浆段。止浆塞必须采用双塞系统,而且一套塞只能包含一环注浆孔。

对于多排注浆孔,不论灌注何种浆液,边排孔以限制注浆量为宜,中排孔则注至不吃浆为止。所谓不吃浆,有其相对意义,是指在达到设计注浆压力后,地层的吃浆量小于 1~2L/min,即可结束注浆工作。

袖阀管法的优点之一是可以重复注浆,某些注浆段甚至可重复 3~4 次,使土体得到均匀和饱满的灌注。

6) 袖阀管法注浆的优缺点

(1) 主要优点
① 可根据工程需要灌注任何一个注浆段,还可以进行重复注浆;
② 可使用较高的注浆压力,注浆时冒浆和串浆的可能性小;
③ 钻孔和注浆作业可以分开,使钻孔设备的利用率提高。

(2) 主要缺点
① 袖阀管被具有一定强度的套壳料胶结,难以拔出重复使用,耗费管材较多。
② 每个注浆段的长度固定为 33~50cm,不能根据地层的实际情况调整注浆段长度。
③ 控制不当容易堵孔、卡管,如浆液不会只按照设定的方向朝地层中扩散,同时也会沿着套料管中滤料之间的缝隙向上扩散,凝固后堵住二次出浆孔,使得下一个注浆段加固时,双塞管中的浆液无法正常向地层外侧扩散,达不到加固的目的。特别是采用双液浆时,袖阀管法注浆有着工程上难以接受的缺点。

3.7 基坑降水与排水

3.7.1 基坑降水

1) 基坑降水的目的

基坑降水的目的是为基坑的土方开挖和地下结构的施工创造无水作业条件,以降低土体的含水率,提高土体的抗剪强度及稳定性,防止土体在开挖过程中发生纵向滑坡。由于降水后下部承压含水层的水头高度降低,故可防止基坑底板管涌、突涌及基底回弹隆起等现象的发生。

2) 降水分析

根据基坑赋存介质的不同,工程沿线地下水主要有两种类型:一是第四系地层中的孔隙潜水,主要赋存于冲洪积砾砂层和残积砾(砂)质黏土层中;另一类为基岩裂隙(构造裂隙)水,主要赋存于强、中等风化带及断裂构造裂隙中,略具承压性。

基坑降水必须遵循"浅层疏干、深层降压"原则,浅埋富水层以疏干为主,深层承压水降压后以抽排为主。降水井主要按减压井和疏干井两种方式设置。

3)降水井方案的选择

在车站设计施工图中,设计单位根据工程地质情况进行了降水设计,包括降水井的平面布置及数量。以往的工程经验大多数采用深井井点降水方案。

基岩开挖深度超过5m时采用大口径管井降水,开挖深度不足5m时则采用轻型井点和明槽集水井排水。

大口径井点参数:

管井数量:根据现场及设计实际决定;

管井直径:$\phi 325 \sim \phi 400$mm;

钻孔直径:$\phi 600 \sim \phi 800$mm;

钻孔深度:35m以下;

井管埋深:同钻孔深度,底部设2m深滤管,中、下部设置10~18m滤管,顶部为实管;

填砾高度:从孔底填到高于滤管顶端5m,孔顶处5m深度采用黏土封堵。

为确保土方施工及内部结构施工过程中的安全,在基坑开挖前20d进行井点降水,确保水位在基坑底以下1m,以便进行基坑开挖施工。

4)管井布置

管井降水采用大口径井管。结合真空深井降水,在坑内地基加固后再进行。

(1)减压井计算公式(按承压非完整井计算)

总水量为:

$$Q = \frac{2.73k \times m \times s}{(\lg R)/r_a + a} \tag{3-1}$$

式中:k——承压水含水层的渗透系数(m/d);

m——承压水含水层的厚度(m);

s——时间(s);

R——影响半径(m);

r_a——引用半径(m);

a——非完整调整系数,$a = [\lg(1 + 0.2m/r_a)] \times (m-l)/l$;

l——降水井深入含水层的深度(m)。

(2)布井方式和间距

①布井方式

在主线、匝道为坑内"之"字形布置,在竖井段沿坑内布置。

②间距

布井间距根据开挖深度确定,其原则是:开挖深度6~13m段沿中线走向,间距为15m;开挖深度在13~16m段沿中线走向,间距为12m;竖井内降水井,间距为9m。

(3)井结构

降水管井由实管、滤管、过滤层、黏土层组成,过滤器采用钢质材料,其长度根据实际确定。图3-46为坑内降水井点的剖面布置。

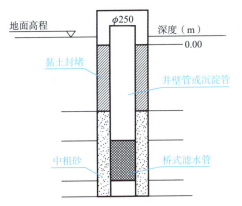

图 3-46 坑内降水井点的剖面布置

5）降压井现场抽水试验

(1) 抽水试验的目的

进场后进行抽水试验目的主要是：

① 通过抽水试验，确定第一承压含水层的水头和单井出水量。

② 通过抽水试验，确定第一承压含水层的水文地质参数，包括渗透系数 k、导水系数 T、储水系数 S、压力传导系数 a、影响半径 R。

③ 根据抽水试验资料，确定降水方案。

(2) 抽水试验井的数量与设置

抽水试验一般设置一个试验井（后期用作降水井）、两个观测井，采用深井潜水泵抽水。

(3) 抽水试验井和观测井的布设

根据现场实际布设井点。

(4) 抽水试验方法

根据《建筑深基坑工程施工安全技术规范》（JGJ 311—2013）和《供水水文地质勘察规范》（GB 50027—2001）的规定，采用定流量非稳定抽水试验方法，应用配线法、拐点法和水位恢复法综合计算含水层水文地质参数。

抽水过程中，抽水井、观测井同步进行水位观测，水位观测时间间隔为：1、2、3、4、6、8、10、15、20、25、30、35、40、50、60、90、120min，以后每隔 30min 观测一次，至 300min 后每隔 60min 观测一次，至 540min 后每隔 120min 观测一次，直至 1440min 停止抽水。抽水停泵后观测恢复水位，各井恢复水位观测时间间隔同抽水试验观测时间间距，至 1440min 停止观测。抽水时流量观测间隔为 1~4h。

6）降水井施工

(1) 降水井的形式

一般在基坑内设置降水井（包括减压井和疏干井），在基坑外设置水位观察井。降水井成孔一般为 $\phi500\sim800\text{mm}$，井管下放 $\phi400\sim700\text{mm}$ 水泥砾石滤水管，降水井深度为进入基坑底 6.5m，井口 2m 以下滤水管均外包双层 40 目尼龙网。地面 2m 以下井深范围内均匀回填粒径 $\phi3\sim7\text{mm}$ 滤料，孔顶处 2m 深度用黏土填塞，以防止地层颗粒流失。

(2) 降水井施工工艺流程

准备工作→测量定位→钻机就位→定位安装→开孔→下护口管→钻进→成孔后冲孔

换浆(稀释泥浆)→吊放井管→回填过滤粗砂→过滤层上口封堵→洗井。

(3)降水井施工方法

①测量定位:一般根据降水井井位平面布置图进行井位测放。当布设的井点受地面障碍物、地下管线、结构梁柱、对撑钢管或其他施工条件影响时,降水井的位置可以进行适当调整。

②钻机就位、安装和定位:降水井定位后,钻机进场就位,机座安装稳固、水平,钻头对准井位中心。

③开孔、下护口管:启动钻机进行开孔施工。开孔施工时要轻压慢转,保证钻机的垂直度。开孔孔径钻孔 $\phi 800mm$,深度至原状土层时,将钻头提出、停机,进行护口管安装。护口管底口应插入原状土层下,管外缝隙采用黏土填实封严,防止施工时管外翻浆,护口管上部应高出地面 50cm。

④钻进成孔:护口管安装完成后,重新启动钻机,开始成孔施工,成孔 $\phi 800mm$。成孔施工采用孔内自然造浆,钻进过程中泥浆相对密度控制在 1.1~1.15。当提升钻具或停工时孔内必须注满泥浆,防止孔壁坍塌。

⑤清孔置换:钻进至设计高程后,将钻杆提升至离孔底 50cm 位置,进行冲孔,清除孔内杂物,同时逐步调整泥浆相对密度至 1.1,直至孔底沉积层厚小于 30cm、返出的泥浆内不含泥块为止。

⑥井管安装:安装井管前,先校核垂直度、测量孔深,待以上检查项目符合设计要求后,开始下井管。使用 $\phi 600mm$ 或 $\phi 700mm$ 外径的无砂水泥砾石滤水管。用木板作为井底以封闭底部,木板与无砂管用竹片与 8 号钢丝绑扎连接,用钻机卷扬平稳吊放于孔内,再依次连接无砂管,接口处均用 8 号钢丝绑扎牢固。井管下到设计深度后必须将成孔滤管稳固于井孔中央,防止发生斜孔。

⑦过滤料填筑:过滤料填筑施工前,在井管内插入钻杆至距离井底 40cm 左右,井管上口加密封盖后,从钻杆向井管内送泥浆冲孔,泥浆从井管内向外由井壁和管壁之间的空隙内返出,边冲孔边稀释泥浆,使空隙内的泥浆逐步稀释到相对密度为 1.05,然后按照降水井的构造和设计要求填入过滤料,边填边测填筑高度,直至砾料填至预定位置为止。

⑧过滤料上口封闭:井管下入后立即填入滤料。滤料沿井孔四周均匀填入,宜保持连续将泥浆挤出井孔。填滤料时,应随填随测滤料填入高度。当填入量与理论计算量不一致时,应及时查找原因。不得用装载机直接填料,应用铁锹下料,以防不均匀或冲击井壁。洗井后,如滤料下沉量过大,应补填至井口下 1.5m 处,其上用黏土封填。滤料必须符合级配要求,合格率要大于 90%,杂质含量不大于 3%。

⑨洗井:成井后,先借助空压机清除孔内泥浆,至井内完全出清水为止;再用污水泵反复进行恢复性抽洗,抽洗次数不得少于 6 次。洗井应在成井后 4h 内进行,以免因时间过长,护壁泥皮逐渐老化而难以清洗,影响渗水效果。洗井后可进行试验性抽水,确定单井出水量及降低水位能否满足设计要求。

7)降水运行

(1)试运行

①试运行之前,准确测定各井口和地面高程、静止水位,然后开始试运行,以检查抽水设备、抽水与排水系统能否满足降水要求。

②降水井在成井施工阶段边施工边抽水,即完成一口井投入抽水运行一口井,力争在

基坑开挖前将基坑内地下水降到基坑底开挖面以下 1.00m 深。水位降到设计深度后,即暂停抽水,观测井内的恢复水位。

③试运行时,观测井的出水量和水位下降值,以验证抽水量与水位下降值能否满足降水设计的要求。

(2)降水运行

①基坑内的降水在基坑开挖前 15d 进行,做到能及时降低基坑中地下水位。

②降水运行过程中,对各停抽的井及时做好水位观测工作,及时掌握井内水位变化情况。

③降水运行期间,现场实行 24h 值班制,值班人员认真做好各项质量记录,做到准确、齐全。

④降水运行过程中,及时对降水运行记录进行分析整理,绘制各种必要的图表,以合理指导降水工作,提高降水运行的效果。降水运行记录每天提交一份,如有停抽的井,要及时测量水位,每天 1~2 次。

8)降水质量保证措施

(1)施工前期准备

①选择适合于工程任务的,能如期完成且满足降水技术要求的洗井、降水的机械设备。

②安设排水管道与集水坑。

③安全施工:

a. 施工工地安设漏电开关;

b. 基坑开挖过程中,注意对管井观测井、监测点的保护。

④施工前,对全体施工人员及管理人员做好施工技术交底工作,特别对施工的关键节点进行详细交底,使全体施工人员明了工程的技术要点,有的放矢做好各项工作。

(2)降水运行技术措施

①做好基坑内的明排水准备工作,以便基坑开挖时遇降雨能及时将基坑内的积水抽干。

②降水运行开始阶段是降水工程的关键阶段,为保证在开挖时及时将地下水降至开挖面以下,在洗井过程中,洗完一口井即投入一口井,尽可能提前抽水。

③在施工前及时做好降水设备(主要是潜水泵与真空泵)调试工作,确保降水设备在降水运行阶段运转正常。

④工地现场要备足抽水泵,并配备一定数量的备用泵。使用的抽水泵要做好日常保养工作,发现坏泵立即修复,无法修复的及时更换。

⑤降水工作与开挖施工密切配合,根据开挖的顺序、开挖的进度等情况及时调整降水井的运行数量。根据信息化的降水要求,按不同基坑深度等级、同一基坑不同开挖深度,合理开启水泵,在保证地下水位始终低于开挖深度 1m 的前提下,尽量减少抽水量,在保证开挖顺利的同时,减少环境变化等负面影响。

⑥降水运行阶段,如遇电网停电,立即启动自发电网,以利于施工顺利进行。

(3)深井降水施工技术要求

①规范要求,井点出水含砂量应小于 1/100000~1/50000。

②砂滤层的砂必须严格按照设计要求选择,一般为 $\phi 2~5mm$ 的清洁石英圆砾。

③孔壁垂直度应控制在1/200,以保证滤管外有足够厚度的砂层。

④井管平面位置偏差不宜大于20cm,井管管顶高程偏差不大于10cm。井管应垂直位于孔中央,吊装时轻起轻放,井管不得碰到孔壁。

⑤井管焊接要求严实,没有渗漏和沙眼。

(4)机械设备选用

机械设备按表3-24选择。

机械设备参考表　　　　　　　　　　　表3-24

编号	设备名称	规格型号	电机功率(kW)
1	工程钻机	GPS-10型	37
2	泥浆泵	3PNL	22
3	86泵	—	7.5
4	空压机	3W-6-7DX	75
5	电焊机	BX1-500-3	10
6	潜水泵	QDX3-20-0.75	0.75/台
7	深井潜水泵	QX25-35-3Z	4.0/台
8	真空泵	2S-230	11/台

3.7.2 基坑排水

根据工程地质、水文地质数据及附近类似工程经验,为最大限度地减少对周边建筑物的影响,地下车站基坑一般采用明沟集排水。为此,可在基坑内设置排水沟,排水沟每隔20~30m设置一个φ800mm的集水井,集水井底低于水沟底0.8m,集水井内的水应随集随排。排水沟和集水井结构如图3-47所示。基坑周边设截水沟与集水井,防止地表水流入基坑,基坑外刷坡并用混凝土护面,每隔25m左右设一集水井,使基坑内渗水与施工废水汇入其中,再用水泵抽入地表沉淀池,经沉淀后排入市政排水系统。边挖边加深截水沟和集水井,保持沟底低于基坑底不少于0.5m,集水井底低于沟底不少于0.5m,如图3-48所示。

动画:基坑明排水

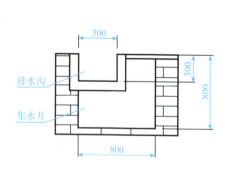

图3-47 排水沟、集水井示意图(尺寸单位:mm)

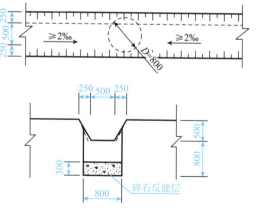

图3-48 地面截水沟、集水井大样(尺寸单位:mm)

每个集水井配备1台水泵,保证做到随集随排,严禁排出的水回流入基坑,备用水泵不少于2个;另外在雨季施工时配备足够的排水设施,以备发生突发事件时使用。

3.8 车站主体结构施工

在围护结构、周边既有建筑物加固、临时格构柱及降水系统施工完成后,将进行车站主体结构的施工。

3.8.1 主要施工工序

对围护结构的施工验收→开挖第一层(顶板以上覆盖层)土方→施作连续墙(排桩)冠梁及第一道支撑(钢筋混凝土支撑)→确定开挖方法(明挖、盖挖)→主体结构施工。

3.8.2 基坑支撑及冠梁

地铁车站的基坑一般为深基坑,支撑为内支撑。当基坑宽度大于20m时,应设临时格构柱。在大部分情况下,格构柱兼作抗浮桩。

1)支撑的形式及布置

目前,基坑内支撑常采用钢筋混凝土支撑及钢支撑。基坑的深度、基坑所处的地质、水文条件及地形,决定了支撑的道数及支撑的形式。为保证安全,所有车站的第一道支撑均为钢筋混凝土支撑,且与冠梁浇筑成一整体。至于其他各道支撑的形式,则应根据坑壁侧压力计算确定是采用钢筋混凝土支撑还是采用钢支撑。

图3-49为某车站的支撑平面布置图。

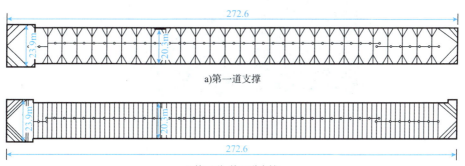

a)第一道支撑

b)第二道~第四道支撑

图3-49 某车站支撑平面布置图(尺寸单位:m)

钢筋混凝土支撑的水平间距一般为9m,且采用两端散开的八字形。钢支撑一般采用 $\phi 609\text{mm}$、$\delta = 14\text{mm}$ 或 16mm 的 Q235 钢管。

2)冠梁及钢筋混凝土支撑施工

(1)施工工艺流程

冠梁及混凝土支撑施工工艺流程如图3-50所示。

(2)施工方法

①开挖及边坡防护

围护结构达到强度后可开挖第一层土方,为施工冠梁和第一道混凝土支撑(图3-51)做准备。

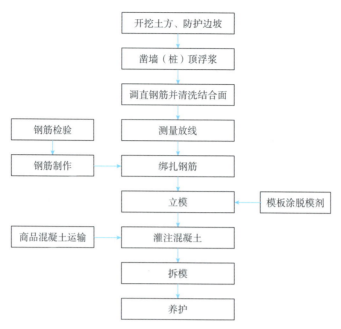

图3-50 冠梁及混凝土支撑施工工艺流程

图3-51 冠梁及第一道混凝土支撑施工

②墙(桩)头破除

测量放线,定出冠梁及钢筋混凝土支撑的中心线、边线和高程。清除墙(桩)顶杂土及浮渣,使用风镐破除冠梁底面高程以上的混凝土,露出新鲜混凝土,将冠梁与围护结构接触面清理干净。

③钢筋绑扎

墙(桩)顶杂土及浮渣清理后,先调直墙(桩)顶锚固钢筋。

冠梁及混凝土支撑钢筋预先在钢筋加工场按设计尺寸加工成半成品,并分类、分型号堆放整齐。施工前,再次对照设计图纸进行检查,无误后运至施工现场。

现场绑扎冠梁及混凝土支撑所用的钢筋,主筋接长采用单面搭接焊,焊缝长度不短于$10d$,同一断面接头不得超过50%。每段冠梁钢筋为下段施工预留出搭接长度,并错开不小于1m。冠梁钢筋接头应避开支撑位置和施工缝。

④模板安装

侧模板采用组合钢模,支撑体系内龙骨采用100mm×100mm方木,间距为300mm,外

龙骨采用 $\phi 48$ mm 双向双层钢管。模板在安装前涂刷脱模剂。混凝土支撑下方的地基应夯实找平,铺设木板底模,并应设置一定拱度。

⑤混凝土浇筑

冠梁及混凝土支撑采用商品混凝土分层浇筑,插入式振捣器振捣。混凝土振捣时,要使振捣棒垂直插入下层尚未初凝的混凝土层中 50~100mm,以促使上下层相互结合,各插点间距不应超过其作用半径的 1.5 倍。操作时,要做到"快插慢拔",各点振捣时间宜为 20~30s,并以混凝土面开始泛浆和不冒气泡为准。混凝土凝固后,应立即洒水和覆盖养护,养护时间不少于 14d。

3) 钢支撑施工

(1) 钢支撑形式

钢支撑一般采用 $\phi 609$ mm、$\delta = 14$ mm 或 16mm 的 Q235 钢管。支撑作用在地下连续墙的预埋钢板上(如为钻孔灌注桩,则作用在钢腰梁上),端头井部位的斜支撑则作用在地下连续墙预埋钢板上焊接斜支座上。

钢管支撑分节制作,管节间采用法兰盘高强度螺栓连接,支撑一端设活络头。

先在地面上按实测基坑的宽度进行钢管支撑预拼装(图 3-52),拼装好后拉线检查顺直度,用钢卷尺丈量长度,并检查支撑管接头连接是否紧密、支撑管有无破损或变形、两个端头支撑是否平整,经检查合格后用红油漆在支撑上编号。

(2) 钢支撑安拆

支撑体系安拆施工工艺流程如图 3-53 所示。

图 3-52 钢支撑预拼装

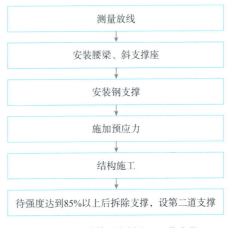

图 3-53 支撑体系安拆施工工艺流程

①测量放线

采用全站仪将钢支撑轴线位置在围护结构上进行标识,根据支撑的中心点确定钢腰梁、斜支座等的位置。

②安装钢腰梁和斜支撑座

按照标定的钢腰梁位置,将钻孔灌注桩顶部混凝土凿至露出主筋,焊接牛腿。将钢腰梁架设在牛腿上并焊接固定,钢腰梁与喷平层之间的空隙采用高等级砂浆充填,使支撑应力均匀地传递到围护结构上。

斜支撑安装前,在钢腰梁上焊接斜支撑支座,支座角度根据设计支撑角度进行调整,保证支座表面垂直于支撑轴线。

③安装钢支撑

将检查合格的支撑用履带式起重机(门式起重机)吊装到位,支撑吊装采用两点起吊(图3-54)。在吊装中必须保持支撑平稳、无碰撞、无变形。钢管支撑吊装到位后,先不松开吊钩,人工辅助将支撑调整到设计位置后,再将支撑用挂钩固定在腰梁(冠梁)上。钢管支撑安装时,其两端支撑中心线的偏心度必须控制在20mm内。

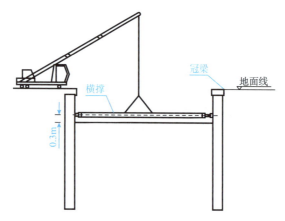

图3-54 支撑安装示意图

④施加预应力

支撑临时固定后,立即开始按设计要求施加预压轴力。施压时,将两台200t液压千斤顶吊放入活络头顶压位置,两台液压千斤顶安放位置必须对称、平行。施加预压轴力时应注意保持两台千斤顶同步对称分级进行。当预加轴力达到设计值时,在活络头中楔紧钢垫块(钢垫块采用30mm厚的钢板),并焊接牢固,然后回油松开千斤顶,解开钢丝绳,完成该根支撑的安装。预应力施加应逐级匀速增加,并做好记录备查。

⑤支撑拆除

结构强度达到设计拆撑强度后方可拆除相应支撑。

拆除时采用两台液压千斤顶加力,松开钢楔后,用汽车起重机(门式起重机)吊出基坑拆卸。钢支撑应间隔拆除,避免瞬间预加应力释放过大而导致结构局部变形、开裂。拆除过程中若发现问题,应立即将支撑还原,分析、解决问题后再行拆除。

⑥换撑

车站后续结构浇筑施工中需要换撑。根据同条件养护试件检测结果,在结构侧墙达到设计强度后,先按钢支撑施工工艺在设计的换撑位置架设好支撑,再拆除上部支撑和腰梁,将围护结构受力转换至结构侧墙。

⑦施工技术措施

a.钢管横撑的设置必须严格按设计工况进行,土方开挖时需分段、分层,并严格控制安装横撑所需的基坑开挖深度。

b.组合千斤顶预加力必须对称同步,并分级加载。为确保对称加载,可通过同一个液压泵站外接T形阀门,分别接至组合千斤顶。

c.预加轴力完成后,应将伸缩腿与支撑头后座之间的空隙采用钢板楔块垫塞紧密,锁定钢支撑预加轴力后,拆除千斤顶。

d. 横撑应对称间隔拆除,以避免因瞬间预加应力释放过大而导致结构局部变形、开裂。

e. 基坑开挖过程中要防止挖土机械碰撞支撑体系,以防支撑失稳,造成事故。为防止基坑内起吊作业时碰撞钢管支撑,每根钢管支撑、钢围檩要求通过钢丝绳固定在围护桩或冠梁上。

f. 施工过程中应加强监测。若因侧压力造成钢管横撑轴力过大,其挠曲变形过大,并接近允许值时,必须及时采取增加临时竖向支撑等措施,防止横撑挠曲变形过大,保证钢支撑受力稳定,确保基坑安全。

g. 基坑竖向平面内需分层开挖,并遵循"先支撑、后开挖"的原则。支撑的安装应与土方施工紧密结合,在土方挖到设计高程的区段内,及时安装支撑并发挥支撑作用。

h. 确保钢管支撑与钢围檩正交,斜撑要确保抗剪蹬角度与斜撑角度一致,钢管横撑安装后应及时施加预应力。

i. 要求专人检查钢管支撑隼,一有松动,及时进行重新加荷打隼。检查钢管支撑属高处作业,需系安全带。

j. 钢管支撑、钢围檩为钢构件,为确保焊缝质量,使用前需进行无损伤焊缝检测。

3.8.3 基坑开挖

基坑开挖与车站主体结构的施工方法(即明挖顺作法、盖挖逆作法、盖挖顺作法等)密切相关,但不管如何,均应遵循"分层、分段、对称、平衡、限时"和"先撑后挖、限时支撑、严禁超挖"的施工原则。

基坑开挖的总体思路为:

(1) 在对车站进行环向施工缝考虑时,应根据承担工程任务单位的实际施工能力,包括管理、劳力、模板及支撑数量、主要用于该工程的机械设备、混凝土用量等资源配置,来确定施工区段长度,一般以15~25m为宜,还要注意避开楼梯口、电梯口、预留孔洞等,一般应设在距离建筑主轴1/3附近为好。

(2) 在进行土方分层开挖时,开挖层高一般为3~4m,挖掘机所处平台宽不小于9m,倒土平台宽3m左右,开挖边坡一般不大于1:2.0~1:1.5,挖至基坑底时最大放坡坡度不应大于1:3。

(3) 每层土挖至支撑底部以下50cm为宜,注意预留底模的高度(钢筋混凝土支撑)。

(4) 当挖至基坑底以上0.3m处时,应采用人工与机械配合方法开挖,尽量减少对原状土层的扰动。

(5) 土方的垂直运输方式有两种:一种是采用长臂反铲分级倒运至地面,另一种是采用门式起重机方式垂直运输。

1) 明挖法开挖

(1) 常规做法之一

土方开挖从一端向另一端进行,采用PC-220挖掘机开挖、装载机配合、重型汽车运输,如图3-55所示。

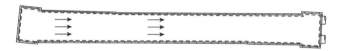

图 3-55 土方开挖平面(一)

(2)常规做法之二

从两端向中间开挖,使用机械同上,如图3-56所示。

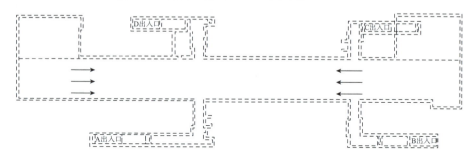

图 3-56 土方开挖平面(二)

(3)常规做法之三

对于长度大于200m,且场地比较开阔的车站,为加快施工进度,可采用从其中一端向中间开挖及从中间向两端开挖的方法,如图3-57和图3-58所示。哈尔滨地铁3号线二期工程河山街车站,站长608m,便采用此种方法开挖。

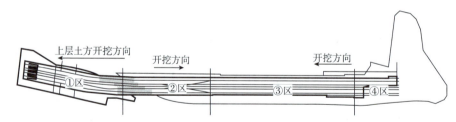

图 3-57 长度较大车站土方开挖平面示意图

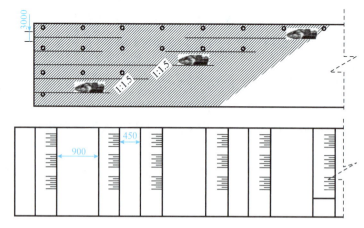

图 3-58 土方放坡开挖示意图(尺寸单位:mm)

(4)特殊车站开挖方式

若车站宽度大于30m,则可采用岛式和盆式法相结合的开挖方式。

第一步:在做好第一道支撑后,在支撑间开挖,深度在 3m 左右,放坡坡度为 1:1.5。
第二步:开挖第一道与第二道支撑之间的土体,挖至第二道支撑底部。
第一步、第二步土方开挖示意图如图 3-59 所示。

 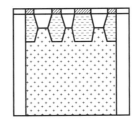

图 3-59　第一步、第二步土方开挖示意图

第三步:施作第二道混凝土支撑。
第四步:在施作好第一道支撑后,在支撑间开挖,深度在 3m 左右,放坡坡度为 1:1.5。
第三步、第四步土方开挖示意图如图 3-60 所示。

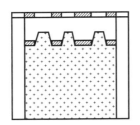 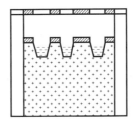

图 3-60　第三步、第四步土方开挖示意图

第五步:开挖第二道与第三道支撑之间的土体,开挖至第三道支撑底部。
第六步:施作第三道混凝土支撑。
第五步、第六步土方开挖示意图如图 3-61 所示。

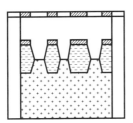 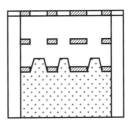

图 3-61　第五步、第六步土方开挖示意图

第七步:在做好第三道支撑后,在支撑间开挖,深度在 3m 左右,放坡坡度为 1:1.5。
第八步:开挖第三道支撑与第四道之间的土体,挖至第四道支撑底部。
第七步、第八步土方开挖示意图如图 3-62 所示。

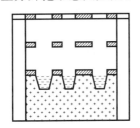 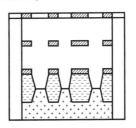

图 3-62　第七步、第八步土方开挖示意图

第九步:施作第四道钢管支撑。

第十步:进行最后的土方开挖,开挖至基坑底以上50cm处停止,改用人工和机械开挖相结合挖土至基坑底。

第九步、第十步土方开挖示意图如图3-63所示,台阶开挖、人工清底及排水如图3-64、图3-65所示。

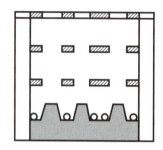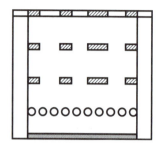

图3-63 第九步、第十步土方开挖示意图

图3-64 台阶开挖　　　　　　　　图3-65 人工清底及排水

2)明挖车站基坑爆破施工

不少车站的底板均坐落在岩石上,当进行石方施工时,应采取爆破作业。因工程多坐落于城市中心区域,环境比较复杂,街道、建筑、楼房、建筑设施、重要建(构)筑物、文物等繁多,车辆、人群密集,施工现场本身的机械及各班组施工作业人员繁多,必须采取科学、严密、安全、有效的爆破方案,"对症下药",才能确保工程安全。

(1)基坑爆破方案设计

①爆破方案

岩石开挖拟采用小台阶垂直浅孔微差爆破方案。台阶高度在1.0~2.5m之间,即对于爆破深度小于2.5m的岩石可一次爆破至基坑底部,对于爆破深度大于2.5m的岩石则分层爆破开挖。一般炮孔为东西向成列布置,南北向成排布置。临近围护结构的炮孔,距离围护结构不应小于1m;临近设计开挖底部高程的钻孔深度超深控制在0.2m以内。

②爆破参数设计

采用轻型凿岩机垂直钻孔,钻头直径为40mm,炮孔平面按矩形布孔。

孔网参数见表3-25。

孔网参数及数值 表 3-25

参数	数值
孔径	$\phi = 40\text{mm}$
孔距	$a = 1.0 \sim 1.5\text{m}$
排距	$b = 0.8 \sim 1.2\text{m}$
堵塞长度	$d = 0.8 \sim 1.2\text{m}$
孔深	$L = 2 \sim 2.7\text{m}$
炸药单耗	$q = 0.3 \sim 0.4\text{kg/m}^3$
单孔装药量	$Q = 1.0 \sim 1.9\text{kg}$

正式爆破前,需进行现场试爆,根据试爆效果,适当调整孔网参数和单孔装药量。对 $1 \sim 3\text{m}$ 之间不同的台阶高度进行不同的爆破设计,见表 3-26。

爆破参数设计表 表 3-26

台阶高度(m)	$a(\text{m}) \times b(\text{m}) \times L(\text{m})$	单孔装药量(kg)	堵孔长(m)	爆破体积(m^3)	炸药单耗(kg/m^3)	每延米爆破量(m^3/m)	每延米管用量(个$/\text{m}^3$)
1	$1 \times 1 \times 1.2$	0.3	0.9	1.00	0.33	0.8	1
1.5	$1.2 \times 1.2 \times 1.7$	0.7	1.0	2.16	0.32	1.0	0.5
2.0	$1.4 \times 1.1 \times 2.2$	1.0	1.2	3.08	0.32	1.2	0.4
2.5	$1.4 \times 1.2 \times 2.7$	1.4	1.3	4.20	0.33	1.4	0.3
3.0	$1.5 \times 1.3 \times 3.3$	1.9	1.4	4.85	0.32	1.6	0.2

③装药结构及堵塞方式设计

基坑开挖采用小卷包装的乳化炸药、连续柱状装药结构,堵塞长度大于 0.8m,且用砂或黏土将孔口堵实,以保证堵孔质量,降低飞石飞出距离。台阶爆破装药结构如图 3-66 所示。

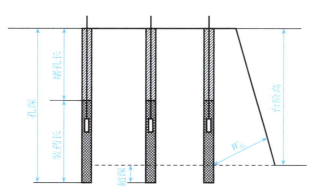

图 3-66 台阶爆破装药结构示意图

④爆破网路设计

选用毫秒延期导爆管雷管作为孔外连接雷管和孔内雷管。基坑开挖爆破一次引爆三排约 70 个炮孔,一次起爆药量在 $20 \sim 100\text{kg}$。为控制爆破振动,采用孔内外微差导爆管雷管簇-串联爆破网路。

爆破网路具体连接形式为:孔内采用 5、7、9 个段位的毫秒延期导爆管雷管,每 3 发导爆管雷管簇连后与双发 3 段毫秒延期导爆管雷管捆绑形成连接节点,各节点雷管依次串联,形成接力式毫秒延期爆破网路,采用专用起爆器引爆雷管。这种接力式起爆网路,孔外每个节点上的雷管最多与3发段位不同的孔内雷管相连接,理论上可实现逐孔起爆,从而达到降低爆破振动的目的。基坑开挖孔内外微差爆破网路连接如图3-67所示。

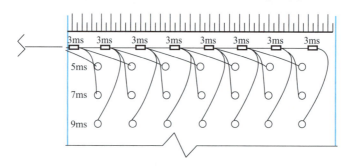

图3-67 基坑开挖孔内外微差爆破网路连接示意图

⑤最大单段安全装药量

最大单段用药量以允许爆破振动速度来控制,并按照《爆破安全规程》(GB 6722—2014)中的萨道夫斯基公式计算。该经验公式表明,测点振速与测点距爆破区域距离和单段最大炸药使用量有关,与爆破方法等因素亦有明显关系,即:

$$v = K \left(\frac{Q^{\frac{1}{3}}}{R} \right)^{\alpha} \tag{3-2}$$

式中:v——允许爆破振动速度控制标准;

K——场地系数;

Q——单段最大装药量(kg);

R——测点与爆破位置距离(m);

α——衰减系数。

根据《爆破安全规程》(GB 6722—2014),不同岩性中K、α值可按表3-27取值。

爆区不同岩性K、α值 表3-27

岩性	K	α
坚硬岩石	50~150	1.3~1.5
中硬岩石	150~250	1.5~1.8
软岩石	250~350	1.8~2.0

根据上述计算式,若假定爆源中心到振速控制点距离为R,则可得单响允许用药量(kg),见表3-28。其中v取2cm/s,K取200,α取1.65。

最大单响药量与距离的关系 表3-28

距离R(m)	15	20	25	30	35	40
单响药量(kg)	0.7	1.8	3.6	6.2	9.9	14.7

⑥爆破飞石危害及控制措施

基坑内大部分石方开挖均在地表下10m以下,若设计参数合理且认真施工,通常飞石不会超过30m。但为了有效控制飞石的飞散距离,达到飞石不出坑的设计目的,还应采取以下措施防止飞石飞溅:

a.用胶管帘覆盖装药炮孔。

b. 采用合理的孔网参数,准确计算每孔装药量,严防超额装药。

c. 保证炮孔有足够的堵塞长度,保证孔口堵塞质量,防止飞石从孔口冲出。

d. 起爆前进行警戒,根据爆区周围环境,警戒距离定为50m。

石方爆破覆盖示意图如图3-68所示。

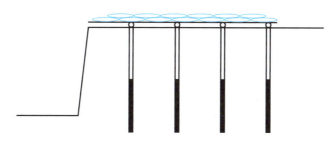

图3-68 石方爆破覆盖示意图

⑦爆破振动安全允许距离

爆破对周边不同类型建(构)筑物、设施设备和其他保护对象的振动影响,应采用不同的安全判据和允许标准。地面建筑物、电站(厂)中心控制室设备、隧道与巷道、岩石高边坡和新浇大体积混凝土的爆破振动判据,采用保护对象所在地基础质点峰值振动速度和主振频率。爆破振动安全允许标准见表3-29。

爆破振动安全允许标准 表3-29

序号	保护对象类别	安全允许质点振动速度 v(cm/s)		
		$f<10Hz$	$10Hz \leqslant f \leqslant 50Hz$	$f>50Hz$
1	土窑洞、土坯房、毛石房屋	0.15~0.45	0.45~0.9	0.9~0.15
2	一般民用建筑物	1.5~2.0	2.0~2.5	2.5~3.0
3	工业和商业建筑物	2.5~3.5	3.5~4.5	4.5~5.0
4	一般古建筑与古迹	0.1~0.2	0.2~0.3	0.3~0.5
5	运行中的水电站及发电厂中心控制室设备	0.5~0.6	0.6~0.7	0.7~0.9
6	水工隧道	7~8	8~10	10~15
7	交通隧道	10~12	12~15	15~20
8	矿山巷道	15~18	18~25	20~30
9	永久性岩石高边坡	5~9	8~12	10~15
10	新浇大体积混凝土(C20) 初凝~3d 7~28d	1.5~2.0 3.0~4.0 7.0~8.0	2.0~2.5 4.0~4.0 8.0~10.0	2.5~3.0 4.0~7.0 10.0~12

注:1. 表中质点振动速度为三分量中的最大值;振动频率为主振频率。

2. 频率范围根据现场实测波形确定或按如下数据选取:硐室爆破 $f<20Hz$;露天深孔爆破 $f=10~60Hz$;露天浅孔爆破 $f=40~100Hz$;地下深孔爆破 $f=30~100Hz$;地下浅孔爆破 $f=60~300Hz$。

3. 爆破振动监测应同时测定质点振动相互垂直的三个分量。

⑧地下管线爆破振动安全判据

我国并未有专门针对地下工程地下管线爆破振动安全判据或标准,地下管线的抗震安全判据或标准均是针对地震而设。

目前,对于结构物或地下管线的抗震普遍趋向于采用多级设防的抗震设计思想,即采用"小震不坏、中震可修、大震不倒"的三级设防。这一抗震设计思想通常表示为以下三个要求:在小震(多遇地震)作用下,结构物不需修理,仍可正常使用;在中震(偶遇地震)作用下,结构物无重大损坏,经修复后仍可继续使用;在大震(罕遇地震)作用下,结构物可能产生重大破坏,但不致倒塌或断裂。

对于埋设于地面以下的管状地下管线而言,水平向振动与垂直向振动对其作用效果是相通的,故可以通过质点振动速度的大小将爆破振动与地震效应对应起来,由地下管线的抗地震安全判据或标准而得到区间隧道爆破对其的抗震安全判据或标准。海城地震和唐山地震的情况分别见表 3-30 和表 3-31。

海城地震(7.3级)不同烈度区给水管道的震害率　　表 3-30

地点	烈度	场地土类	管径(mm)	平均震害率(处/km)	备注
鞍山市	7	Ⅱ	≥100	0.006	不包括输水管
盘山镇	7	Ⅲ	≥100	1.60	
营口市	8	Ⅲ	≥50	2.35	
营口大石桥	9	Ⅰ、Ⅱ	≥75	1.0	
海城市	9	Ⅲ	≥50	10.0	

唐山地震(7.8级)不同烈度区给水管道的震害率　　表 3-31

地点	烈度	场地土类	管径(mm)	平均震害率(处/km)	备注
天津	7~8	Ⅲ	≥75	0.18	
塘沽	8	Ⅲ	≥75	4.18	土壤地质条件比天津差
汉沽	9	Ⅲ	≥75	10.00	土壤地质条件比塘沽差
唐山	9~11	Ⅲ	≥75	4	

大量的地震震害资料表明,地震烈度对地下管线的损害有显著影响。在相同的场地条件下,平均震害率随地震烈度的增大而增大,一般情况下,地震烈度达到 7 度以上可对地下管线造成较明显的破坏。根据国外学者的研究,在中等烈度(如 5 度)地震作用下,已锈蚀的管道也有可能发生破坏。

地震烈度为 7 度时,对应的质点水平振速平均为 13cm/s;而地震烈度为 5 度时,对应质点水平振速平均为 3cm/s。故将地下管线的爆破安全振动速度控制在 3cm/s 以内。

(2)爆破减振控制措施

①爆破振动衰减规律

爆破振动,有时称为爆破地面运动,它是由爆源释放出来的地震波引起的地表附近介质质点的振动。用于表示质点振动的参量有位移、速度、加速度和频率。爆破地震效应是一个比较复杂的问题,它受到多种因素的影响,如爆源的位置、装药量、爆破方式、传播介质和局部场地条件等,同时还与地基特性、约束条件以及施工质量等因素有关。影响爆破振动强度的因素较多,最主要的就是药量(包括总药量和最大段齐发爆破药量)和距离

(即从爆心到结构点的水平距离),此外还应考虑场地的几何形态、地质条件、岩性特征等因素,一般将场地系数加入速度与药量、距离的关系中一并考虑。

②爆破地震效应控制思路

最理想的施工爆破是开挖效果最佳且引起的地面振动最小。为了减轻地面振动,仅减少装药量是不能完全解决问题的,因此,在减少装药量的同时,也必须缩短相应的开挖长度,但这样会使工程进度缓慢,增加费用。为减轻施工爆破引起的地面振动,要采取综合治理措施。

爆破地震效应控制研究思路主要包括以下几方面:

a. 控制一次起爆的最大药量,通过采用微差分段,减小最大起爆药量,控制地震波强度。

b. 从传播途径上减震、消震。在主炮孔与开挖边界之间形成一条预裂面、预裂爆破破碎带。

c. 采用缓冲爆破和其他技术措施减震。

d. 根据地震波的物理特征,对不同段的地震波进行分离,利用相位差进行地震波的相互叠加干扰降振。

3) 盖挖顺作法(或逆作法)开挖

当地铁车站的上方为市内繁华地段,交通密集且无法长期中断交通时,应采取盖挖法施工。其主要做法是:在现有道路上,按由交通密度确定的道路宽度,从地表完成挡土结构后,以定型的预制标准覆盖结构(包括纵梁、横梁和路面板)置于挡土结构上维持交通。

为此,在围护结构及临时格构柱施工完成后,以围护结构为挡土结构,先开挖第一层土方至冠梁底及第一道支撑底约50cm处,在其上设置钢系梁、横梁,浇筑40cm厚钢筋混凝土盖板作为临时路面,维持正常交通。但施作盖板时,应在不影响交通的情况下,选择合适位置预留出土口,采用下吊的挖土机械逐层向下开挖。如为盖挖顺作法施工,则为逐层开挖土,逐层支撑施工,直至挖到设计高程,在施作完综合接地、垫层、防水层及保护层施工后,再从下至上逐层施工车站主体结构;若为盖挖逆作法施工,则为从上至下,挖好一层土方再施作一层主体结构,直至开挖完成。开挖机械可从预留口吊入PC35、PC60挖掘机作业。盖挖逆作法施工工序见表3-2。

3.8.4 主体结构施工

1) 综合接地施工

当基坑开挖至设计面并进行必要的基底处理后,第一道工序便是综合接地施工。其施工流程如图3-69所示。

(1) 施工中应注意的问题

①接地是为电路或系统提供一个参考的等电位点或面,在线路或电气设备发生接地故障时为故障电流流回电源提供一条低电阻路径,防止人身触电伤亡,保证电力系统正常运行,保护设备免遭破坏,预防火灾、雷击等。接地网沟测量按施工图进行,接地网沟开挖宽度0.6m,下宽0.4m,并在沟底的底部再挖0.12m×0.12m的同向降阻剂小槽。垂直接地体施工采用ϕ100mm的地质钻机成孔,其材料为离子接地系统。

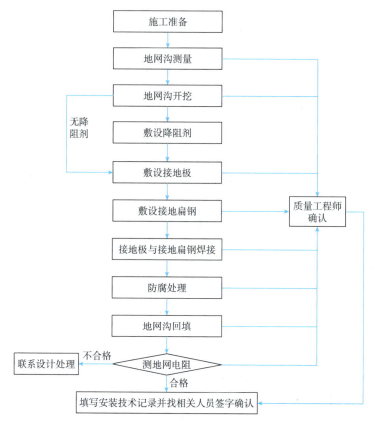

图 3-69 综合接地装置施工流程

②敷设接地极时,接地极引出线引出车站底板大于 0.5m,以便接地扁钢与之焊接。接地引上线不得引入环控回排风道内。设计图中要求采用敷设降阻剂时,应按设计施工图施工。一般情况下,一个车站接地施工分为 3~5 区进行,每区长度 40~50m,每区均需测接地电阻值,当施工完第一区并测定电阻值后,再施工第二区接地网,测试第二区接地网的接地电阻,连接一区、二区接地网,测试一区、二区接地网总的接地电阻,再施工以下区的接地网,直至施工完毕。连成整体后,再测试总的接地电阻值,要求接地电阻不大于 0.5Ω。测试按《接地装置特性参数测量导则》(DL/T 475—2017)所规定的三极法进行。做好隐蔽工程记录,并及时请监理确认签证,签证后的隐蔽工程记录作为竣工基础资料妥善保管。

③接地体采用焊接方式连接,焊接必须牢固,不得有假焊。

④接地体中焊接部分涂抹防腐材料进行防腐处理。

⑤地网沟回填土内不允许夹有石块、建筑垃圾和腐蚀性的物质。

(2)接地网接地电阻测试方法

按照电力行业标准《接地装置特性参数测量导则》(DL/T 475—2017)所规定的方法进行接地网接地电阻测试。

①测试仪器:JD-Ⅱ地网接地电阻测试仪采用变频方法进行测试,是一种先进的大地网接地电阻测试仪器。测试仪器须经检验合格,并且在使用有效期范围内。

②测试线采用 2.5mm^2 的单芯铜线,接地极用长 2m、ϕ40mm 的铜管,采用三极法测试。测量时,在接地网引出线上任取一点,电流线长为接地网对角线长度的 4~5 倍,电压

线为电流线长度的0.5~0.6倍,把电压极沿测量用的电流极与被测接地装置之间连接方向移动三次,每次移动的距离约为电流线长度的5%,测量电压极与接地装置之间的电压。如果三次显示值之间的相对误差不超过5%,则可以把中间位置作为测量用的电压极的位置。此时的电阻值为该地网的接地电阻值。该点测试完成后,再在接地网引出线上任选另一点,用同样的方法进行测试,测试出该点的接地阻值。用同样的方法再测试另一点的接地电阻值。计算出上述各点的平均值,作为该区的接地电阻值。

2) 垫层混凝土

垫层混凝土施工在接地网施工完毕并通过验收后进行,在浇筑垫层混凝土前先埋设高程控制桩,以控制混凝土面高程。

垫层施工前需将基坑底部受水浸泡形成的软土或泥浆清除干净,对局部超挖部位采用砾石、砂、碎石或素混凝土回填。

垫层混凝土采用商品混凝土、串筒、导管等将混凝土传至基坑内,用手推车转接至浇筑点,再用人工摊铺、平板振捣器捣固密实。

垫层混凝土摊铺时,根据预先埋设的高程控制桩控制面层高度,使垫层厚度及强度满足设计要求。在垫层施工完成后进行找平层施工,抹0~30mm厚的水泥砂浆,并将平整度误差控制在2mm以内。

3) 钢筋工程

(1) 施工要求

①钢筋进场应有钢筋质量证明书或试验报告单,每捆钢筋均应有标牌,进场时应按炉罐(批)号及型号分批验收。

②钢筋进场时应按批量抽样做物理力学试验,使用中发生异常情况时要做化学成分分析及试验,经检验合格后方可使用。对不合格的钢筋,严禁使用,并及时清理出场,记录存档。

③钢筋必须顺直,无局部曲折,调直后的钢筋表面伤痕及侵蚀不应使钢筋截面面积减小。如遇钢筋死弯时,应将其切除。

④如需调换或替代钢筋的类别和直径时,必须征得设计单位的同意,并得到监理工程师认可。

(2) 施工方法

①底板钢筋

底板和底板梁通长钢筋接头采用闪光对焊和搭接焊,接头按规范要求错开。底板面筋施工前,将基底杂物清理干净,由测量人员准确放样各结构的外缘尺寸、定位钢筋的位置、预埋件的位置,并且做好清楚的标志线。

底板梁钢筋工程量大,穿插复杂,应与柱、墙插筋配合绑扎,协调一致。绑扎时按从下到上、由主到次的顺序进行,先绑扎主梁,再绑扎次梁,最后穿底板钢筋。底层钢筋绑扎完成后,焊接架立桁架钢筋,间距为2.5m,再绑扎面层钢筋。注意安放好预制细石混凝土垫块,以确保底板钢筋保护层厚度满足要求。

②侧墙、站台板墙及电梯井壁插筋(甩筋)

墙竖向筋全部落在底板钢筋上,上部接头部位钢筋要错开,错开长度为35d,侧墙的外侧钢筋应在底板底层筋绑扎完,而面筋未绑扎之前完成。待面层钢筋绑扎完成后,再绑扎侧墙内侧插筋。为了减少接头数量,侧墙标准段的短筋应比水平施工缝高500mm。

③柱插筋

底板底筋铺设后,即在底板上准确放出柱筋位置,进行柱插筋施工。柱插筋上部接头按50%错开,短筋超出底纵梁顶500mm,错开间距不小于35d。

站台构造柱可以在底板筋施工完毕后进行插筋施工。

为了防止墙钢筋变形,调整2根侧墙水平筋,使两水平筋与暗梁主筋点焊牢固,再插筋。墙的插筋固定在这2根钢筋上,在调整好垂直度后,通过腋角的绑扎固定牢固,内外墙筋间用钢筋短撑固定,以控制主筋间距。柱筋增加两个大箍筋,一个箍筋放底梁的底筋上,另一个放在顶层上,并且与梁筋固定牢固。

底板混凝土浇筑时,严禁振动棒直接接触墙及柱插筋,浇筑时设专人看护,测量工配合,随时检查其位置的正确性,发现移位随时修复。

④墙柱钢筋、顶板钢筋及梁钢筋

墙柱钢筋先将外露钢筋(插筋)调整平顺,清除钢筋表面附着物,再清扫墙、柱根部,采用电渣压力焊焊接墙柱竖向钢筋,绑扎水平筋(柱箍筋)。

在清扫顶板模板后,再施作顶板及梁的钢筋。先将梁柱节点处箍筋就位,配合梁筋绑扎,依次绑扎主梁、次梁、板下层、板上层钢筋。绑扎完毕后按梁、板、柱的保护层厚度放置相应混凝土垫块,按轴线确定梁、墙、柱的位置,保证稳固、不移位、不倾斜。浇筑混凝土时,随时检查墙柱筋位置,发现移位随时修复。

(3)施工工艺

①制作

a.钢筋在钢筋加工场内集中加工。加工前,先对基坑尺寸进行实际测量,再根据施工各段结构实际情况提出加工方案及加工材料表。

b.钢筋表面洁净,黏着的油污、泥土、浮锈等必须清除干净。

c.钢筋用机械调直,经调直后的钢筋不得有局部弯曲、死弯、小波浪形等。

d.钢筋切断时,根据钢筋下料表中的编号、直径、数量、尺寸进行搭配,先断长料,后断短料,尽量减少钢筋接头,节约钢材。

e.钢筋采用弯筋机弯曲(小直径钢筋可采用人工弯曲),钢筋弯钩形式有半圆钩、直弯钩和斜弯钩三种。

②钢筋连接

主体结构钢筋种类繁多、位置复杂,结合施工顺序,钢筋接头应采用不同的连接方式。焊接主要采用电渣压力焊、电弧焊,机械连接主要采用机械压结连接。

a.电渣压力焊:主体结构竖向筋(侧墙、柱)首先考虑使用电渣压力焊,但在电压不稳时和雨天慎用。采用电渣压力焊焊接时应注意以下事项:

(a)正确控制焊接参数(电流、电压、焊接时间)。

(b)钢筋焊接端头要求挺直,以免产生轴心偏移和接头弯折。

(c)正确架立钢筋,并在焊接时始终扶正钢筋,避免产生结合不良、焊包不匀、气孔、灰渣等质量缺陷。

b.电弧焊:电弧焊分为搭接焊和帮条焊两种形式。

(a)搭接焊:主体结构环向施工缝优先采用搭接焊。采用搭接焊时,应对钢筋进行预弯,保证两根钢筋的轴线在同一直线上。

(b)帮条焊：主体结构环向施工缝隙无法预先弯曲的钢筋及柱的竖向筋，均可采用帮条焊。

钢筋接头采用帮条焊或搭接焊时，焊缝长度单面焊为 $10d$，双面焊为 $5d$，焊缝高度 $h \geqslant 0.3d$，并不小于 4mm，焊缝宽度 $0.7d$，并小于 10mm。

c. 绑扎接头：当受力钢筋直径小于 22mm 时，为了方便施工，可采用绑扎接头。绑扎接头两根钢筋搭接长度应符合技术规范要求；各受力钢筋绑扎接头位置相互错开；从任意绑扎接头中心到 1.3 倍搭接长度的区段内，有绑扎接头的受力钢筋截面面积占受力钢筋总截面面积的百分率在受拉区不超过 25%，在受压区不超过 50%。

d. 机械压结连接：ϕ18mm 以上水平或竖向钢筋采用套筒连接（图 3-70），12m 长钢筋与 9m 长钢筋应合理进行机械压结连接。钢筋接头位置按照设计要求错开的原则下料，这样便于施工，加快施工进度，节约钢材。

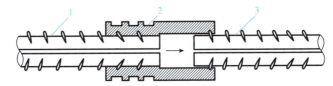

图 3-70 套筒连接示意图
1-已挤压的钢筋；2-钢套筒；3-未挤压的钢筋

机械压结连接具有接头性能可靠、质量稳定、不受气候及焊工技术水平的影响、连接速度快、安全、无明火、节能等优点，可连接各种规格的同径和异径钢筋（直径相差不大于5mm），也可连接可焊性差的钢筋。

③钢筋绑扎

a. 钢筋绑扎前，必须清点钢筋数量、类别、型号、直径，锈蚀严重的钢筋应除锈，弯曲变形的钢筋应校正；清理结构面杂物，调直施工缝处钢筋；检查结构位置、高程和模板支立情况，测放钢筋位置后方可进行绑扎。

b. 结构不在同一高程或坡度较大时，必须自下而上进行绑扎，必要时应适当增设固定点或加设支撑。板的双层钢筋内设置"码凳"架立钢筋，保证钢筋层间距。

c. 钢筋绑扎应采用同等级砂浆垫块支撑，支垫距离为 1m 左右，并按梅花形布置，垫块与钢筋应固定牢靠。

d. 钢筋绑扎搭接长度应满足设计要求，绑扎点应符合下列规定：

（a）钢筋搭接时，中间和两端共绑扎三处，并必须单独绑扎后，再和交叉钢筋绑扎。

（b）对于主筋和分布筋，除变形缝处 2~3 列骨架全部绑扎外，其他可交叉绑扎。

（c）主筋之间或双向受力钢筋交叉点应全部绑扎。

（d）单肢箍筋和双肢箍筋拐角处与主筋交叉点全部绑扎，双肢箍筋平直部分与主筋交叉点可交叉绑扎。

（e）墙、柱立筋与底板水平主筋交叉点必须绑扎牢固，悬臂较长时，交叉点必须焊牢，必要时应加支撑。

（f）箍筋位置应正确并垂直于主筋。双肢箍筋弯钩叠合处，应沿受力方向错开设置，单肢箍筋可按行列式或交错式排列。

（g）钢筋绑扎必须牢固、稳定，不得变形、松脱和开焊。变形缝处主筋和分布筋均不得触及止水带和填缝板，混凝土保护层、钢筋级别、直径、数量、间距等应符合设计要求。

预埋件固定应牢固、位置正确。

(h)受力钢筋的绑扎接头位置应相互错开。从任一绑扎接头中心至1.3倍搭接长度的区段范围内,有绑扎接头的受力钢筋截面面积占受力钢筋总截面面积的百分率:受拉区不得超过25%,受压区不得超过50%。

(4)施工质量要求

钢筋制作安装质量要求见表3-32。

钢筋制作安装质量要求　　　　　　　　　　　　　　表3-32

项目	允许偏差(mm)
受力钢筋顺长度方向全长的净尺寸	±10
弯起钢筋的弯曲位置	±20
箍筋内净尺寸	±5

4)模板工程

模板安装前,首先正确放样。模板安装要求支撑牢固、稳定,无松动、跑模、超标准的变形下沉等现象。模板拼缝应平整、严密,并采取措施填缝,保证不漏浆,模内必须干净。对于超重或大体积混凝土,模板支撑刚度须进行施工设计计算,并经验算。

(1)底板模板安装

底板模板主要为中间翻梁模板、两侧斜角梗肋模板。在两侧斜角梗肋部位专门制作异形模板。模板固定依靠底板钢筋骨架,在底部处利用 $\phi 12mm$ 钢筋与底板钢筋点焊形成对模板挡、压、托的三种作用,保证模板底脚不上浮、不走位。悬空模板的上部利用 $\phi 16mm$ 钢筋作用斜撑,将侧压传递至底板钢筋骨架上,如图3-71所示。

(2)车站主体侧墙模板安装

为使侧墙达到更好的防水效果,侧墙模板不采用对拉螺栓固定,而采用[10槽钢作横竖压楞,采用 $\phi 50mm$ 圆钢作斜撑。在底板上预埋长450mm、$\phi 28mm$ 的钢筋(其中250mm长锚入混凝土内),其间距为500mm,并分两排设置,与侧墙边的距离分别为4m和7m。按顺序先安装夹板,然后压100mm×100mm、长4m方木条(间距为300mm),再安装纵、横[10mm槽钢,最后安装20b(200mm×102mm×9mm)工字钢作为斜撑,间距均为500mm。边墙外侧模板采用100mm×100mm方木(间距为500mm)纵、横加固。方木外侧使用 $\phi 50mm$ 钢管(间距为500mm),直接支顶于围护结构上。工字钢模架如图3-72所示。

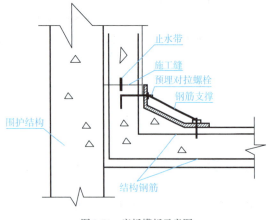

图3-71　底板模板示意图

图3-72　工字钢模架

(3) 顶板模板安装

侧墙混凝土浇筑完毕,混凝土达到一定强度后,即可拆除斜向支撑,拼装顶板支撑。采用 $\phi48mm$ 扣件式钢管脚手架,立杆间排距为 900mm×900mm,水平联杆的竖向排距为 600mm,水平联杆兼作内衬墙的模板顶架。脚手架顶与模板之间设顶托,顶托上木框架由 100mm×100mm 的方木搭设,其上布置纵向方木后铺大块钢模板。脚手架与混凝土底板之间设底托,如图 3-73 所示。

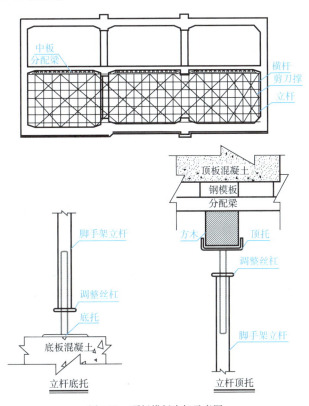

图 3-73 顶板模板支架示意图

(4) 中间翻梁模板安装

中间翻梁模板安装同样采用 $\phi25mm$ 钢筋桩撑住模板体系的底脚,模板侧向压力则由对拉螺栓承受,如图 3-74 所示。

(5) 施工缝处模板安装

施工时需保证侧墙施工缝混凝土结构面平直,不发生接缝错位。

在进行底板及部分侧墙施工后,在施工缝高出底板 300mm 的侧墙部位安装模板时,先紧贴钢筋安装,暂不留混凝土保护层,待混凝土浇筑后拆除模板,将侧边混凝土凿毛。在安装上部侧墙模板时,重新由底部按侧墙线位安装,此时 300mm 高侧墙与模板间有 40mm 左右的空隙,第二次混凝土灌注时,混凝土将沿侧墙流入该空隙将其填满,使得侧墙混凝土面形成一个整体。

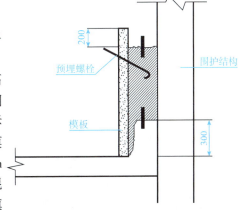

图 3-74 底板翻梁模板支设示意图(尺寸单位:mm)

混凝土浇筑时使混凝土面低于模板顶部200mm,并埋设固定螺栓;侧墙混凝土浇筑后上部模板不拆除,以与上层模板连接,且用固定螺栓将其底部固定。

(6)柱模板安装

车站柱主要为矩形柱。各层柱均一次装模、一次浇筑完成。柱模板采用胶合板,利用压木及对拉螺栓组合而承受侧向压力。为保证柱模板体系的垂直度,在柱模四面用 $\phi 8mm$ 钢筋斜拉模板四角,以确保柱模垂直。此外,为防止柱脚混凝土出现蜂窝及沙眼,模板安装后宜先用水泥砂浆将模板脚处封闭。

柱模板安装如图3-75所示。

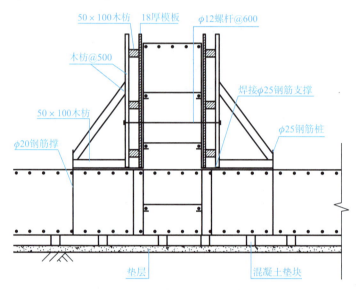

图3-75 柱模板安装示意图(尺寸单位:mm)

5)混凝土工程

(1)施工准备

①商品混凝土供货商的选择

在业主提供的合格混凝土供货商名录中,通过招标方式选择2~5家商品混凝土供应商。

②机具与劳力

a.班前交底,落实浇筑方案,对浇筑的起点及浇筑的进展方向应做到心中有数。

b.为了确保浇筑连续进行,对每次浇筑混凝土的用量应计算准确,对所有机具进行检查和试运转,备品、备件和现场发电机由专人管理,保证人力、机械、材料均能满足浇筑速度的要求。

c.注意天气预报,不宜在雨天浇筑混凝土。在天气多变季节施工时,为防止极端天气影响,应有足够的抽水设备和防雨物资。

d.对模板及其支架进行检查,确保尺寸正确、强度、刚度、稳定性及严密性满足要求。清除模板内的杂物,在浇筑前对木模板浇水,以免木模板吸收混凝土中的水分。

e.对钢筋及预埋件进行检验。检查钢筋的规格、位置、排列方式及保护层厚度是否符合设计要求,并认真做好隐蔽工程记录,由监理验收。

f.实行混凝土浇筑许可证制度,由质检工程师及现场技术、管理人员会签,然后报现场监理工程师签字认可,待监理工程师签发混凝土浇筑许可证后,方可组织混凝土浇筑施工。

(2)混凝土运输

①在运送混凝土时,混凝土搅拌运输车的转动速度为 2~4r/min,整个输送过程中拌筒的总转数控制在 300r 以内。

②从搅拌运输车运送的混凝土中,分别取 1/4 和 3/4 处试样进行坍落度试验,两个试样的坍落度值之差不得超过 3cm。

③混凝土运送至浇筑地点后,如混凝土拌合物出现离析或分层现象,须对混凝土进行二次搅拌。

(3)商品混凝土管理

①确定混凝土配合比:根据设计要求,结合施工经验,并与商品混凝土供应商共同进行多次的配合比试验,提出施工配合比,经监理工程师审核、业主批准后交给供应方实施。

②每辆混凝土运输车都必须有配料单和混凝土使用部位及性能的相关资料,到达施工现场后由工区项目经理部试验人员、监理工程师联合检查,确认合格后进入浇筑工作面。

③同时对每车混凝土的数量、坍落度、和易性、含砂率、混凝土运输时间及混凝土温度进行检查。若不能满足要求,则不签收。

④根据规范及施工要求,制取混凝土试件,做强度试验。

(4)混凝土浇筑

车站主体结构混凝土选用抗渗、耐腐蚀的商品混凝土,并须具备缓凝、早强、高流态的特点,以适应结构混凝土浇筑工艺需要和确保结构混凝土质量。结构混凝土采用"一个坡度,分层浇筑,循序推进,一次到顶"的浇筑方法来缩小混凝土暴露面,以及加大浇筑强度以缩短浇筑时间等措施,防止产生浇筑冷缝,提高结构混凝土的防裂抗渗能力。

①混凝土浇筑前必须认真、仔细检查模板、钢筋、预埋件、预留孔,并做书面记录,最后报监理工程师检查验收。经监理工程师验收签证后,才能进行混凝土浇筑。

②板的浇筑:车站底板、中板及顶板均采用输送泵由中间向两边对称浇筑,用插入式捣固器捣固,严禁使用振捣棒赶料;混凝土出料口至混凝土远端不超过 2.0m;对板的施工缝处止水带下面的混凝土采用提压的方式进行捣固,确保止水带下面的混凝土密实度。

③侧墙浇筑:车站负二层侧墙混凝土采用串筒直接下料入模,负一层侧墙混凝土采用输送泵通过串筒下料入模,用插入式捣固器捣固。边墙各下料串筒间距必须控制在 2.5m 以内,下料口距混凝土面不能大于 1.0m,混凝土分层浇筑厚度不能大于 0.3m。

④柱的浇筑:立柱混凝土单独施工,并水平分层浇筑,分层厚度不超过 50cm,浇筑速度不宜过快,防止模板变形或跑模现象发生。

⑤混凝土浇筑过程中,应随时观测模板、支架、钢筋、预埋件和预留孔洞的情况,发现问题及时处理。

⑥防水混凝土施工缝处采用"二次捣固"工艺施工,即对浇筑后的混凝土在振动界限以前给予"二次振捣",以排除混凝土因泌水在粗集料、水平钢筋下部生成水分和空隙,提高混凝土与钢筋的握裹力,防止因混凝土沉落而出现的裂缝,同时减少内部裂缝,增大混凝土密实度,从而提高抗裂性及抗渗性。

⑦严格控制混凝土的入模温度(小于 30℃),防止混凝土中心与表面温差过大,防止

混凝土表面产生有害裂纹。大体积混凝土施工过程中应进行温升监测,以便及时准确地采取保证措施,确保大体积混凝土施工质量。

⑧每节段施工缝在混凝土浇筑前必须凿毛并清洗干净,浇筑前不能在施工缝处浇筑同强度等级的水泥砂浆。如板的横向施工缝,都采用涂抹混凝土界面处理剂处理,以提高混凝土接缝处的黏结力。

⑨混凝土浇筑过程中,采用插入式捣固器振捣混凝土。在纵梁及钢筋密集区,采用 $\phi32mm$ 小型捣固器由专人捣固,确保混凝土浇筑质量。

⑩当顶板混凝土灌注后,在终凝前进行"提浆、压实、抹光",既可消除混凝土凝固初期产生的收缩裂纹,又能保证结构外防水层黏结牢固。

(5)混凝土养护

对车站板、墙的不同部位采取不同的养护方式,主体结构必须设专人养护小组,养护时间不少于14d。

①板的养护:车站底板、中板及顶板采用洒水或用湿麻袋、草袋等覆盖以及蓄水养护。

②侧墙养护:车站侧墙采取"挂管喷水"养护,并接受混凝土单位的技术指导。

(6)施工缝面处理

模板拆除后,对水平施工缝进行凿毛,对横向施工缝进行水泥浆清除处理,并符合下列要求:

①水平施工缝凿毛面应连续均匀,高度差为 2~3cm。

②拆除横向施工缝的加强模板后,用高压水枪冲洗"快易收口网"面,确保"快易收口网"满足凿毛要求。

③施工缝面处理时要保护好止水带,凿毛时避免凿穿止水带,止水带表面清理干净,损坏处应立即焊补。

④立模前应清理干净施工缝面弃渣,并清除凿毛时松动的混凝土块。浇筑混凝土前对施工缝面洒水湿润。

(7)混凝土防开裂措施

当工程地下水位较高时,为提高车站主体结构的自防水能力、延长结构耐久性,必须采取预防混凝土裂缝的措施。

①提高混凝土施工质量

提高混凝土本身的性能,同时加强对施工人员的培训,掌握混凝土施工工艺,制定严格的管理措施,强化施工过程的质量控制,杜绝违规操作,提高混凝土质量。通过采取控制混凝土下料高度和加强振捣等手段,避免混凝土离析,达到混凝土密实的目的。加强模板拼缝工艺和支撑工艺质量控制,杜绝施工过程中模板漏浆、移位变形,同时避免碰撞预留外露钢筋,保证结构的完整性。

②严格控制水泥用量

混凝土结构裂缝主要是温度裂缝。产生温度裂缝的热量来自水泥的水化热,水化热与水泥用量成正比。要避免或减轻混凝土冷缩开裂,必须确保在保证设计强度、防水要求和施工工艺要求的前提下,减小单位混凝土的水泥用量,降低水化热,降低温差幅度,避免或减轻混凝土的收缩开裂。

③掺加微膨胀剂

掺加微膨胀剂 UEA 可以补偿混凝土的收缩,是防裂防渗的成熟技术。

④合理采用双掺技术

在混凝土中采用双掺(即掺粉煤灰和高效减水剂)技术是降低水化热和防渗、防裂的有效措施。在一般情况下,优质粉煤灰有以下作用:

a. 掺入粉煤灰可改善新拌混凝土的和易性。

b. 粉煤灰可抑制新拌混凝土的泌水。

c. 掺粉煤灰,可以提高混凝土的后期强度。

d. 掺粉煤灰可降低混凝土的水化热。

e. 掺粉煤灰可改善混凝土的耐久性。

⑤合理划分施工区段

车站的底板、中板、顶板要合理划分施工区段,每段长度以 15~25m 为宜,同时避免在剪力、弯矩最大区域设置施工缝。前后段施工时间间隔应不少于 7d,使混凝土有充分的收缩时间。

⑥优化结构设计

与设计单位紧密结合,在结构受力较大的地段及受负弯矩较大的墙腰等部位适当增设钢筋,防止模筑混凝土后期开裂。

⑦严格缝面处理工艺

施工缝应平整,凿毛后露出粗集料,清理缝面凿毛渣料,并在混凝土浇筑前充分湿润施工缝部位的混凝土,保证施工缝面结合良好。

沉降缝面应保证铅垂,缝面平整。充填结构缝面填料时,应预先清理缝内杂物。

⑧控制混凝土入仓温度和施工时间

根据要求对混凝土入仓温度进行控制,综合考虑运输线路、当期气温、混凝土泵送距离等因素,确定混凝土出机口温度,并根据实际情况进行调整。降低混凝土出机口温度,可通过降低集料温度、加冰拌制等办法实现。有条件时,尽可能在夜间等气温较低时段进行混凝土浇筑。

⑨加强后期养护工作

通过及时养护来控制混凝土内部水化热,可以减少混凝土表面开裂。梁、柱等不易养护的位置,采用喷洒养护剂的办法进行养护,其余板面通过覆盖草袋、洒水等方法进行养护。

6)结构防水施工

遵循"以防为主,刚柔结合,多道防线,因地制宜,综合治理"的原则,采取与其相适应的防水措施。

确立钢筋混凝土结构自防水体系,并将其作为系统工程来对待。即以结构自防水为根本,加强钢筋混凝土结构的抗裂防渗能力,改善钢筋混凝土结构的工作环境,进一步提高其耐久性,同时以诱导缝、施工缝、变形缝等接缝防水为重点,辅之以附加防水层加强防水。

主体外包材料一般选用高分子(自黏)防水卷材,其自黏性表现为反应粘接。卷材全厚为 1.7mm,其中高分子主材厚为 1.2mm,黏胶层厚度为 0.5mm,由高分子主材、反应黏胶层、反应黏胶层上的隔离纸三层组成,采用钢板压条固定在围护结构上。

(1)施工缝的防水施作

①施工缝分环向施工缝和水平施工缝。环向施工缝一般间距为 12~25m,可根据施工实际情况确定。水平施工缝的设置根据施工资源的配置情况及结构的层数来确定,不能把水平施工缝设在顶板、中板及底板上。一般来说,一个双层车站,可设 2~3 条水平施

工缝,第一条设在底板牛腿以上50cm附近,第二条设在中板以上50cm处,其间距以4m左右为宜,如图3-76所示。

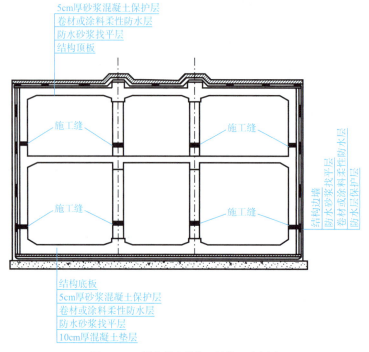

图3-76 双层车站水平施工缝设置示意图

②防水材料:

a.施工缝采用钢板橡胶(丁基橡胶)腻子止水带(宽200mm、厚5mm、钢板厚1.0mm)、规格尺寸15mm×8mm,外设防水卷材加强层,宽度为50cm。

b.防水加强层应采用与主体外包防水相同的材料。

c.应埋设注浆管,间距按设计文件设置,注浆材料选用超早强自流平水泥或高渗透环氧树脂灌浆料。

d.在先浇筑结构面上涂刷水泥基渗透结晶型防水材料作为界面剂。

③施工要求:

a.清除结构表面浮渣、尘土、泥浆及杂物。

b.应将中埋式止水带固定在钢筋上。

c.注浆管按设计铺设,并在两端安设注浆导管。

d.注浆导管与注浆管应连接牢靠,埋入混凝土内的部分至少有一处与钢筋连接牢靠,其外露长度不小于100mm。

e.保护好注浆管和注浆导管,施工时不得被碾压或损坏。

④止水带的技术要求见表3-33。

止水带的技术要求   表3-33

项目	单位	指标
密度	g/(cm·s)	1.4±0.1
高温流淌性	80℃×2h	无流淌
低温柔性	−20℃×2h	无脆裂

遇水膨胀材料与钢板的剪切强度≥0.1MPa；其余水泥基的抗折、抗压强度，砂浆及混凝土的抗渗性能，均应符合《水泥基渗透结晶型防水材料》(GB 18445—2012)的相关要求。

(2)变形缝的防水施作

①车站内一般不设变形缝。但在与附属结构，如出入口、人行道、风亭或车站与区间相接处等结构刚度或地质情况发生突变处，常设变形缝，变形缝宽度为20～30mm。

变形缝采用中埋式止水带及单组分聚氨酯密封胶防水措施，外加防水卷材和防水卷材加强层，并在顶部和侧墙设置不锈钢接水槽，如图3-77所示。

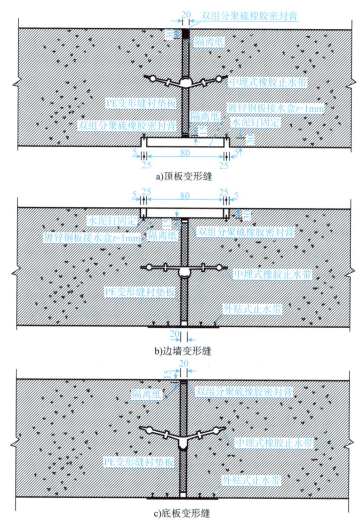

图3-77 变形缝防水示意图(尺寸单位：mm)

在主体结构顶板和底板埋设止水带时，应采用盆式安装方法，以保证混凝土振捣时能使混凝土内部的气泡顺利排出。

②防水材料：

a. 采用与主体外包层相同的防水卷材加强层，宽600mm，厚度同主体防水材料。

b. 采用不锈钢边止水带，宽度350mm。

c. 密封材料优先采用单组分聚氨酯密封胶。

d. 采用优质发泡高压聚乙烯闭孔型泡沫塑料板材为填缝料。

e. 采用不锈钢接水槽。

③施作要求：

a. 平顺、缝宽准确。

b. 填料符合质量要求，不能做成刚性缝。

c. 止水带埋设位置准确。

d. 密封胶粘接可靠、牢固。

e. 变形缝内应清理干净，保持干燥，无钢筋侵入。

f. 止水带两侧钢板应设置预留孔，孔间距为150mm。

g. 加强层与主体外包层应粘贴牢固，不空鼓，不串水。

h. 不锈钢水槽宽一般为80mm，深不小于30mm，钢板厚1mm。其水平槽应设2‰人字坡，采用M8不锈钢膨胀螺栓固定，间距不大于250mm。

(3) 降水井穿透防水层

降水井、抗浮桩、接地线、水漏、穿墙管等穿透防水层的施工，均应按设计图办理。

7) 防迷流(杂散电流)及杂散电流的腐蚀

(1) 定义

在设计规定的电回路以外流动的直流电流为直流杂散电流。由于轨道交通牵引供电系统是以列车走行轨为主要回流通路的直流供电系统，由于钢轨不可能长期完全绝缘于道床，特别是轨道交通投入运营一段时间以后，道床受到污染，道床与钢轨之间的过渡电阻日益减小，不可避免地有直流电流从钢轨漏流至道床结构、车站及隧道等其他结构和金属管线中，这些漏泄电流称为杂散电流，流失于环境(土壤、潮湿混凝土)中的直流杂散电流在金属结构上引起腐蚀称为杂散电流腐蚀，也称电蚀。环境介质中的电流可通过防腐层某处的缺陷进入金属结构，再从结构腐蚀层另一处缺陷部位流出，进入环境介质，这就构成了一种电解腐蚀电流，流入处为阴极，流出部位则为阳极，在阳极处发生强烈的电解腐蚀，此即为杂散电流腐蚀。直流电气化线路引起杂散电流腐蚀原理如图3-78所示。

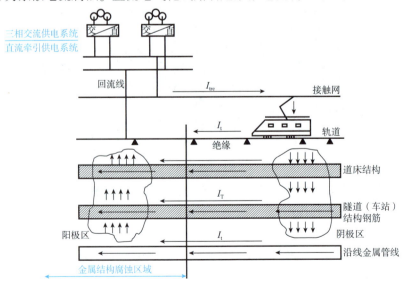

图3-78 直流电气化线路引起杂散电流腐蚀原理

注：I_{tre}-牵引供电；I_T-钢轨电流；I_t-地电流。

(2)主要要求及措施

①主体结构内部主筋实现可靠焊接,在结构两端的变形缝附近(主筋断开处),应按要求焊接引出杂散电流测防端子(简称"引出端子")。引出端子包括结构段连接端子、杂散电流监测系统测量端子、排流端子。所有端子焊接要求一致,引出端子均位于侧墙上,距离轨面 300~500mm。

②防水层应有良好的防水性能和电气绝缘性能。防水材料的体积电阻率 ρ 不得小于 $1\times10^8\Omega\cdot m$。

③地铁线路与其他直流电气化铁路交叉跨越的地方,自交叉位置向路两侧各延长 50m 的区段中,地铁主结构应采取双倍的加强型防水绝缘措施。

④盾构区段的防护一般有两种方式:一种是"隔离法",即管片之间的结构相互之间没有电气连接;另一种是"连通法",即将管片内钢筋焊接牢固,并通过金属附件使管片内钢筋与管片之间的紧固螺栓电气连通,从而形成杂散电流收集网。在我国,采用"隔离法"的地区较多,而"连通法"仅在上海地区用过。

● 复习题

1. 地铁地下车站的施工方法有哪些?
2. 地铁地下车站围护结构的类型有哪几种?
3. 如何进行基坑降水?
4. 盖挖逆作法与盖挖顺做法的区别是什么?
5. 地铁地下车站主体结构施工的主要工序有哪些?
6. 基坑开挖应遵循的施工原则是什么?

单元4　新奥法施工

地铁工程的区间施工分为地上施工和地下施工。地下施工分为新奥法施工和盾构法施工。

新奥法施工是在传统的矿山法施工的基础上发展起来的。20世纪60年代,由于喷射混凝土和锚杆技术的出现创造了新奥地利施工法,简称新奥法(NATM),也称为锚喷法。新奥法的精髓是充分利用围岩的自承能力和开挖面的空间约束作用,以锚杆和喷射混凝土为主要支护手段,及时对围岩进行加固,以约束围岩的松弛和变形,并通过监控量测来指导设计与施工。新奥法施工流程如图4-1所示。

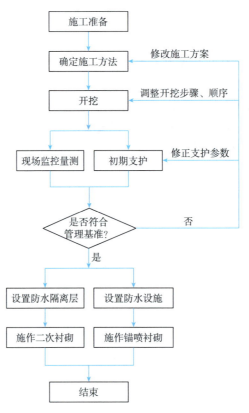

图4-1　新奥法施工流程

新奥法最早应用于奥地利阿尔卑斯山深层隧道施工。到20世纪70年代,国外开始将新奥法应用于浅埋地层隧道施工。80年代,新奥法已基本形成一套完整的技术,德国、日本、美国、法国、意大利、韩国等国家成功地将其应用于城市地铁施工。我国20世纪80年代中期在北京地铁复兴门车站折返线工程中,由王梦恕院士首创了浅埋暗挖法,在不拆迁、不扰民、不破坏环境的情况下,在软弱、浅埋地层中安全施工。此方法后来在北京、广州、深圳、西安、成都、哈尔滨等地铁工程中得到了广泛应用,并总结出浅埋暗挖法的十八字方针,即"管超前、严注浆、短进尺、强支护、早封闭、勤量测"。

城市区间隧道,大多属于浅埋的隧道。所谓浅埋,是指拱顶覆土厚度(H)与结构跨度(D)之比比较小。当$0.6<H/D\leqslant1.5$时,均称浅埋隧道;H/D小于0.6时称为超浅埋隧道。

4.1 围岩分类及岩土开挖分类

根据《铁路隧道设计规范》(TB 10003—2016),隧道围岩划分为六级:

(1) Ⅰ级围岩为饱和抗压极限强度大于60MPa的坚硬岩石,其基本质量指标BQ大于550,一般埋深达100m以上,地铁隧道中很少遇到;

(2) Ⅱ级围岩为微风化硬质岩和饱和抗压极限强度大于30MPa的坚硬岩石,其基本质量指标BQ在550~451之间;

(3) Ⅲ级围岩包括节理较为发育的微风化岩和中等风化围岩,其基本质量指标BQ在450~351之间;

(4) Ⅳ级围岩包括强风化围岩和呈砂土状或碎石状岩石,其基本质量指标BQ在350~251之间;

(5) Ⅴ级围岩为全风化围岩及呈松散和松软状的积土、全风化土,其基本质量指标BQ小于250;

(6) Ⅵ级围岩包括第四系的人工素填土、冲洪积可塑-软塑的淤质黏土、粉质黏土和中砂、粗砂、砾砂、圆砾,呈松散状。

4.2 隧道施工顺序及开挖方法

隧道施工应根据隧道进口、出口、洞身所处的工程地质情况和地理位置以及工期要求,合理规划隧道洞口的平面布置、作业区段的划分、洞口施工的处理,确定切实可行的施工方法,合理、科学调配资源。其主要施工顺序为:洞口平面布局→洞口边仰坡、天沟等排水处理→确定开挖方法及支护类型(超前支护,初期支护)→超前支护→开挖→初期支护→防水层施作→衬砌施作→其他附属工程施工。

根据围岩的不同,隧道施工大体可分为全断面法、台阶法和分部开挖法,如表4-1所示。

隧道施工方法分类　　　　　　　　表4-1

施工方法		特点
全断面法	1　　1	常用在Ⅰ~Ⅱ类硬岩中,利于组织大型机械化作业,提高施工速度,可采用深孔爆破

续上表

施工方法		特点
台阶法	长台阶法	多用于Ⅳ~Ⅴ类较软而节理发育的围岩中。一般上台阶超前50 m以上或大于5倍洞跨，施工中上下部可配属同类较大型机械平行作业或交替作业。在短隧道或Ⅰ~Ⅱ类硬岩长隧道可一次将上半断面挖通后，再挖下断面，施工干扰少，机械配套，测量较简单，可进行单项作业
	短台阶法	上台阶长度小于5倍洞跨，但大于1~1.5倍洞跨，适用于Ⅳ~Ⅴ类围岩；可缩短仰拱封闭时间，改善初期支护受力条件，但上台阶施工干扰较大
	超短台阶法	上台阶仅超前3~5 m，断面闭合较快。此方法多用于机械化程度不高的各类围岩地段，当遇软弱围岩时需慎重考虑，必要时采用辅助施工措施稳定开挖工作面，以保证施工安全
分部开挖法	台阶分部开挖法（环形开挖留核心法）	适用于一般土质或易坍塌的软弱围岩地段。核心土支挡开挖工作面，利于及时施作拱部初期支护，增强开挖工作面稳定。在拱保护下开挖核心土，安全性高，一般环形开挖进尺为0.5~1m，不宜过长，上下台阶可用单臂掘进机开挖。上下台阶距离在洞跨10 m左右时取1倍洞跨，洞跨为5m左右时可取2倍洞跨
	单侧壁导坑法	适用于围岩较差、跨度大、地表沉陷难以控制时。此方法单侧壁导坑超前，中部和另一侧的断面用正台阶法施工，故兼有正台阶法和双侧导坑法的优点，且洞跨可由机械设备等施工条件确定
	双侧壁导坑法	适用于浅埋大跨度隧道，地表下沉量要求严格，围岩条件特别差时配合辅助施工方法安全可靠，但速度慢、造价高

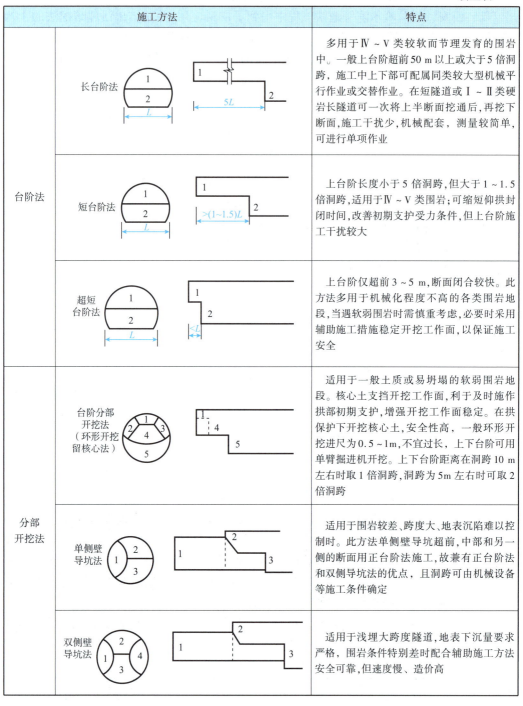

4.2.1 全断面法

对于Ⅰ、Ⅱ级围岩或比较完整、坚硬的Ⅲ$_a$级围岩隧道，为提高工作效率，常采用全断面法施工。开挖方式为爆破法。

全断面法施工工艺流程如图4-2所示。

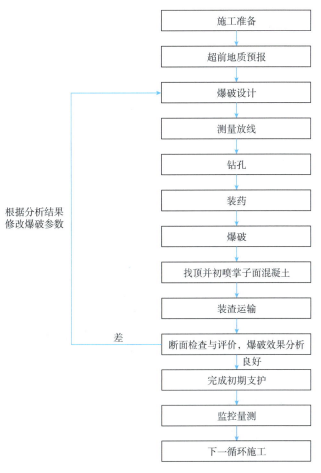

图4-2 全断面法施工工艺流程

1）施工要求

隧道实施光面爆破一次成型，机械化挖装、运输施工。炮孔采用气腿式风动凿岩机YT-28成孔，孔径38~42mm，要求炮眼残留率在90%以上。

2）爆破器材

根据爆破规模及岩石特性，选用2号岩石粉状及乳化炸药为主炸药，药卷直径采用$\phi25mm$和$\phi32mm$两种，长度均为200mm，每卷质量分别为0.1kg和0.15kg。采用毫秒非电导爆管雷管起爆，延期间隔≥50ms。在单次同断面爆破时，可以采用跳段法，如一个分6段的爆破，首先爆破1、3、5段，接着爆破2、4、6段。非电毫秒雷管各段延时见表4-2。

非电毫秒雷管各段延时　　　　　表4-2

段数	延时(ms)	段数	延时(ms)	段数	延时(ms)
1	13	6	150	11	460
2	25	7	200	12	550
3	50	8	250	13	650
4	75	9	310	14	760
5	110	10	380	15	880

3)爆破设计参数选择与计算

(1)周边眼的确定

周边眼的确定应根据设计文件提供的地质资料,首先合理确定最小抵抗线 W,再据此计算出爆破孔距 A,$A = 0.8W$。为达到光爆效果,可适当减小 W 的数值。

(2)确定掏槽眼的形式及数量

掏槽眼常用斜眼掏槽和直眼掏槽两大类,如图 4-3 和图 4-4 所示。

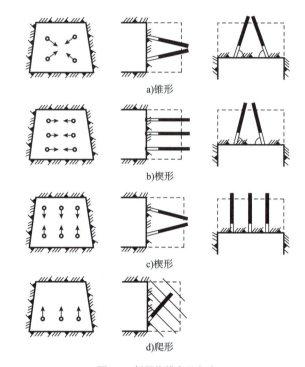

图 4-3 斜眼掏槽布置方式

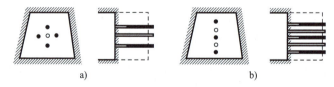

图 4-4 直眼掏槽形式

在布置掏槽眼时,应掌握好炮眼的深度、密度和斜度,简称"三度"。

(3)炮眼长度

炮眼的长度主要取决于设计的爆破开挖进尺,它与岩石的状态、开挖面积的大小及形状等多种因素有关,一般为 1.5~3.5m。

(4)单孔装药量

周边眼的装药量应严格控制,药量沿炮眼全长合理分布,并合理选择炸药品种和装药结构。周边眼宜选用小直径药卷和低爆速炸药,其装药量应具有所需的应力能量,同时又不至于造成对围岩的严重破坏。施工中应根据炮眼孔距 A、最小抵抗线 W、石质及炸药种类等因素综合考虑选择和调整装药量,一般炮眼装药量(即线装药密度)控制在 0.04~0.4kg/m。

(5)炮孔布置

炮孔布置应结合开挖断面的轮廓线,在上述确定了最小抵抗线 W、孔距 A、炮眼长度的基础上,合理布设掏槽眼、辅助眼、周边眼、底板眼,如图4-5所示。

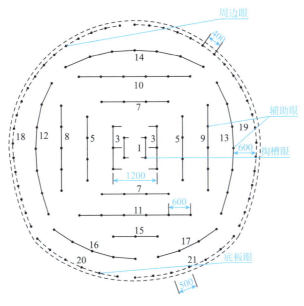

图4-5 全断面法爆破施工炮眼布置(尺寸单位:mm)

表4-3为全断面法爆破参数表。

全断面法爆破参数表　　　　　　　　表4-3

岩石种类	饱和单轴抗压极限强度 R_b(MPa)	装药不耦合系数 D	周边眼间距 A(cm)	周边眼最小抵抗线 W(cm)	相对距 A/W	周边眼装药集中度 G(kg/m)
硬岩	>60	1.25~1.50	55~70	70~85	0.8~1.0	0.30~0.35
中硬岩	30~60	1.50~2.00	45~60	60~75	0.8~1.0	0.20~0.30
软岩	≤30	2.00~2.50	30~50	40~60	0.5~0.8	0.07~0.15

注:1.软岩隧道光面爆破的相对距宜取小值。

2.装药集中度按2号岩石硝铵炸药考虑;当采用其他炸药时,应进行换算,换算指标主要是猛度和爆力(平均值),换算系数 $K=(2$ 号岩石炸药猛度/换算炸药猛度$+2$ 号岩石炸药爆力/换算炸药爆力$)/2$。

(6)装药结构及堵塞

掏槽眼、辅助眼、底板眼可采用孔底集中装药结构,其 A/W 以0.6~0.8为宜,并采用炮泥全长堵塞。周边眼可采用小直径药卷连续或间隔装药结构,导爆索全长铺设,并加强孔口堵塞。掏槽眼、辅助眼、周边眼装药结构如图4-6所示。

(7)起爆顺序

各炮孔起爆顺序:掏槽眼→扩槽眼→辅助眼→周边眼→底板眼。辅助眼由内向外逐层起爆。

(8)起爆网路的连接

采用非电毫秒雷管簇联连接,即并串联联合起

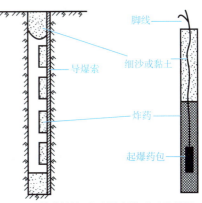

图4-6 装药结构(左为周边眼,右为掏槽眼和辅助眼)

爆,每簇传爆雷管两发,起爆的导爆管数不超过 20 根,用胶布均匀绑扎在传爆雷管的周围,最后用两发电雷管串联,起爆器引爆。起爆网路如图 4-7 所示。

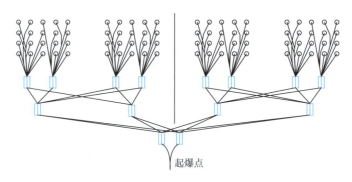

图 4-7 起爆网路示意图

起爆采用电雷管—导爆管雷管—导爆索的非电起爆网路。为了保证后起爆的网路不被先起爆炸断,设计采用孔内微差起爆网路。各炮孔内采用非电毫秒雷管微差起爆,不但能控制同段的最大药量,还能有效地控制每段雷管间的起爆时间,控制爆破震动。在掏槽眼、辅助眼、底板眼及周边眼中,每相邻段别雷管间隔时差为不小于 50ms,这样可以降低爆破震动危害。为保证周边眼起爆的同时性,周边眼每孔均伸出导爆索至孔外 30cm 左右,并与孔外主传爆索相连接,绑扎牢固,确保传爆。主导爆索由非电毫秒雷管起爆。

4) 钻爆作业

(1) 钻孔:采用人工配合凿岩机钻孔,凿岩机采用 YT-28 型。钻孔作业的误差控制:掏槽眼的眼口、眼底间距误差不大于 5cm;周边眼的间距允许误差为 5cm;辅助眼眼口排距、行距误差不大于 10cm。除掏槽眼外,所有炮眼眼底需在同一垂直面上。

(2) 装药起爆:钻眼完毕经检查合格后,方可装药。炮眼装药量严格按设计要求执行,特别是起爆毫秒雷管段别不能弄混。周边眼采用小药卷连续装药或间隔装药结构。

如眼数较多时,一次起爆规模较大,为了减少爆破震动,应采取分段间隔起爆。所有炮眼在装药后均要堵塞,堵塞长度不得短于 200mm。起爆前要对网路进行检查,每束塑料导爆管均要捆扎结实,一切就绪后方能起爆。

(3) 爆破作业要严格执行《爆破安全规程》(GB 6722—2014)及其他有关安全规定。爆破作业必须由经专门培训并经考试合格的人员进行。

4.2.2 台阶法

对于Ⅲ级围岩或岩面较好的Ⅳ级围岩隧道,可采用上下台阶法施工。对Ⅳ级或Ⅴ级围岩隧道,可采用预留核心土台阶法施工。

1) 上下台阶法(短台阶)

(1) 施工流程

上下台阶法施工流程如图 4-8 所示。

(2) 施工步骤

上下台阶法施工步骤见表 4-4。

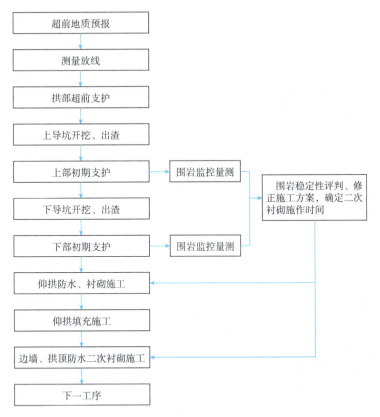

图 4-8 上下台阶法施工流程

上下台阶法施工步骤 表 4-4

序号	施工步骤图	说明
1		1. 上台阶开挖支护 (1) 需打设超前小导管注浆预加固。 (2) 开挖上台阶土体，及时初喷，架设钢格栅，施打锚杆，挂网喷射混凝土
2		2. 下台阶开挖支护 (1) 开挖隧道下半断面土体。 (2) 及时初喷，架立钢格栅，连接筋施工，锚杆施工。 (3) 喷射早强混凝土封闭

续上表

序号	施工步骤图	说明
3		3.底板二次衬砌施工 (1)清理底板基面。 (2)施工底板防水层。 (3)绑扎底板钢筋,立模浇筑混凝土
4		4.拱墙二次衬砌施工 (1)对拱墙部位初期支护进行清理、整平。 (2)施工拱墙防水层。 (3)绑扎拱墙钢筋,立模浇筑拱墙混凝土。 (4)二次衬砌背后注浆

(3)技术措施

①开挖应按设计要求进行超前支护。

②上台阶开挖每循环开挖进尺控制在0.5~1.5m,轮廓线尽可能圆顺,以减少应力集中。

③开挖后应尽早封闭拱顶及掌子面。

④下台阶开挖每一循环进尺视土体的稳定情况在0.5~1.5m之间选择,下台阶落后于上台阶3.0~4.0m。

⑤应使每分部及早封闭成环。

⑥施工过程中做好隧道内引排水工作,保证开挖无水施工。

⑦对于局部松垮地段,开挖时应采用C25喷射混凝土封闭掌子面,必要时采取掌子面注浆的措施,以保持开挖面的稳定及防止拱顶沉降。

⑧及时进行监控量测,及时反馈结果,及时分析洞身结构的稳定性,为支护参数的调整、施作二次衬砌的时机提供依据。

⑨应及时对隧道环境水进行取样化验,对有侵蚀性地段应采用抗侵蚀混凝土。

2)预留核心土台阶法

(1)施工方法

开挖前,先沿初次衬砌拱圈施打φ42mm超前小导管并注浆加固地层,然后环形开挖上台阶土体,预留核心土,其正面投影面积不少于上台阶开挖面积的一半。挂网初喷混凝土,架设初期支护格栅及临时仰拱格栅,施打径向锚杆,挂网喷混凝土。为防止拱脚下沉,拱脚放置钢板并设置锁脚锚杆。上台阶开挖4~5m时,开挖下台阶,初喷混凝土后架设下台阶格栅,施打锚杆,喷混凝土封闭,至此完成一个循环。Ⅲ、Ⅳ级围岩段采取微震控制爆破施工。

以某隧道为例,其预留核心土台阶法施工断面如图4-9、图4-10所示。

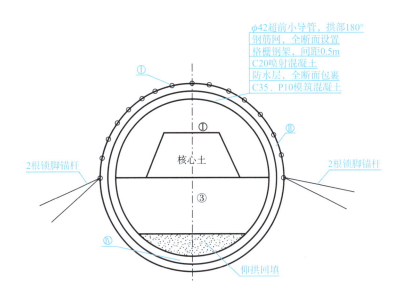

图4-9 预留核心土台阶法施工横断面示意图

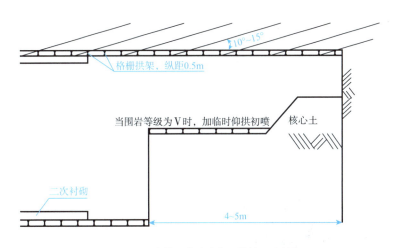

图4-10 预留核心台阶法施工纵断面示意图

当隧道围岩较差,除一般超前支护外,还需加设临时仰拱。

(2)施工流程

预留核心土台阶法施工工艺流程如图4-11所示。

(3)施工步骤

预留核心土台阶法施工步骤见表4-5。

图 4-11 预留核心土台阶法施工工艺流程

预留核心土台阶法施工步骤　　　　　　　　　　　　　　　表 4-5

序号	施工步骤图	说明
1	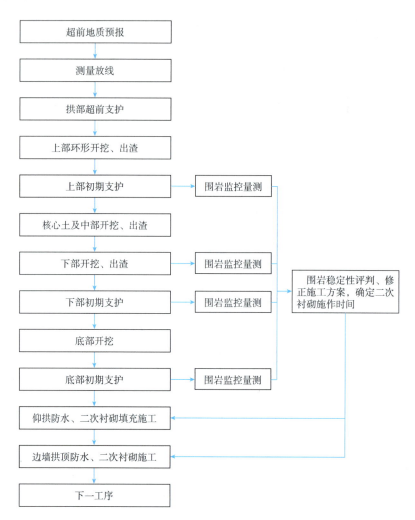	1. 超前支护 (1) 沿隧道拱顶打设超前小导管，预注浆，对土体进行加固。 (2) 对局部松软地段掌子面注浆

续上表

序号	施工步骤图	说明
2		2. 上台阶开挖支护 (1) 环形开挖隧道上半断面土体,预留核心土体。 (2) 初喷,架设钢格栅拱(对于围岩较差的Ⅴ级围岩加设临时仰供施工),进行连接筋施工,施工径向锚杆及锁脚锚杆。 (3) 喷射早强混凝土
3		3. 下台阶开挖支护 (1) 开挖隧道下半断面土体。 (2) 初喷,架钢格栅,施工连接筋、径向锚杆。 (3) 喷射早强混凝土。 (4) 及时对初期支护背后注浆
4		4. 底板二次衬砌施工 在确认变形收敛的前提下: (1) 拆除临时支护,清理仰拱部位初期支护基面。 (2) 施工仰拱防水层。 (3) 绑扎仰拱钢筋。 (4) 仰拱模板安装。 (5) 浇筑仰拱混凝土。 (6) 二次衬砌背后注浆。 (7) 仰拱填充施工
5		5. 拱墙二次衬砌施工 (1) 对拱墙部位初期支护进行清理、整平。 (2) 施工拱墙防水层。 (3) 绑扎拱墙钢筋。 (4) 模板台车就位。 (5) 浇筑混凝土拱墙混凝土。 (6) 二次衬砌背后注浆

3）环形台阶预留核心土法

（1）施工方法

环形台阶预留核心土法是将隧道断面分成上、中、下三个台阶开挖，上部采用留核心土法开挖，中部分左右两部分依次开挖，下部（仰拱）一次开挖。隧道断面较小或地质情况较好的隧道可取消中部台阶，只分两台阶开挖，如图4-12、图4-13所示。

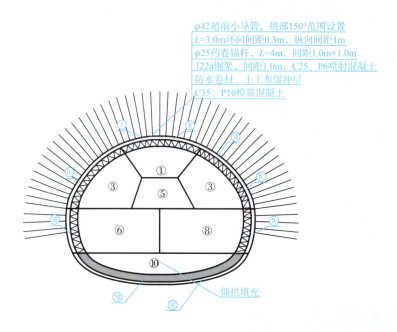

图4-12 环形台阶预留核心土法施工横断面示意图

注：①、③…表示开挖顺序，Ⅰ、Ⅱ、Ⅵ…表示超前、初期支护、二次衬砌施工顺序。

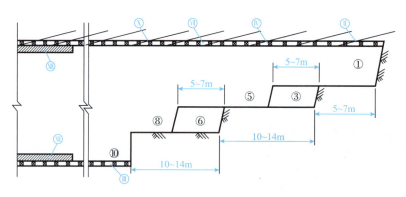

图4-13 环形台阶预留核心土法施工纵断面示意图

（2）施工流程

环形台阶预留核心土法施工流程如图4-14所示。

（3）施工步骤

环形台阶预留核心土法施工步骤见表4-6。

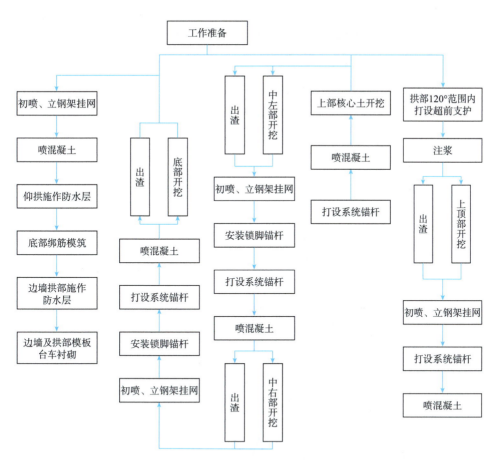

图 4-14 环形台阶预留核心土法施工流程

环形台阶预留核心土法施工步骤　　　表 4-6

序号	施工步骤图	说明
1		拱部120°范围内打设超前小导管,预注浆对土体进行加固;①部开挖,初喷,立钢架挂网,打设锚杆,喷射混凝土
2		上台阶左右③部开挖,初喷,立钢架挂网,打设锚杆,喷射混凝土
3		上台阶⑤核心土开挖

139

续上表

序号	施工步骤图	说明
4	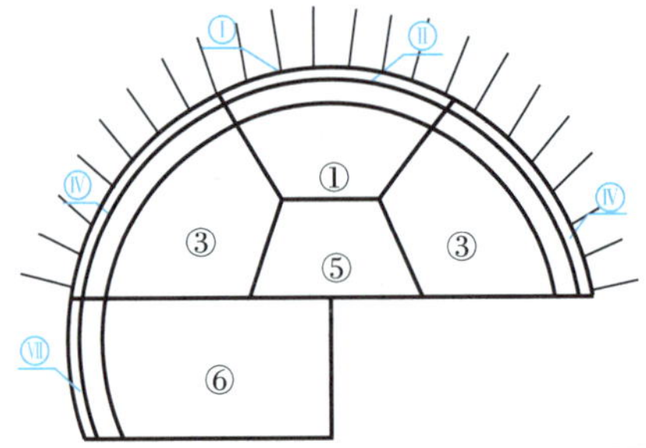	中左部⑥开挖,初喷,立钢架挂网,打设锚杆,喷射混凝土
5	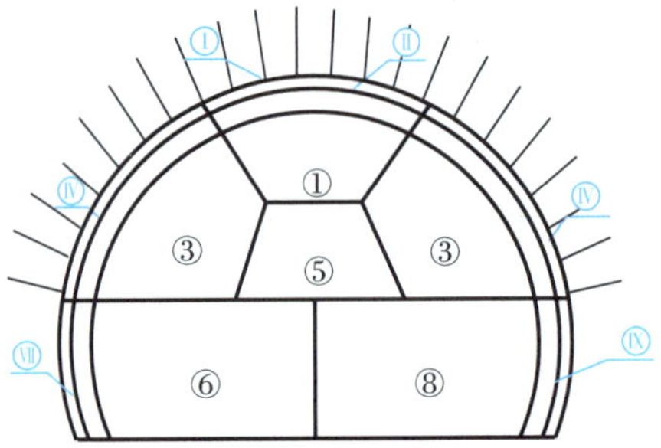	中右部⑧开挖,初喷,立钢架挂网,打设锚杆,喷射混凝土
6	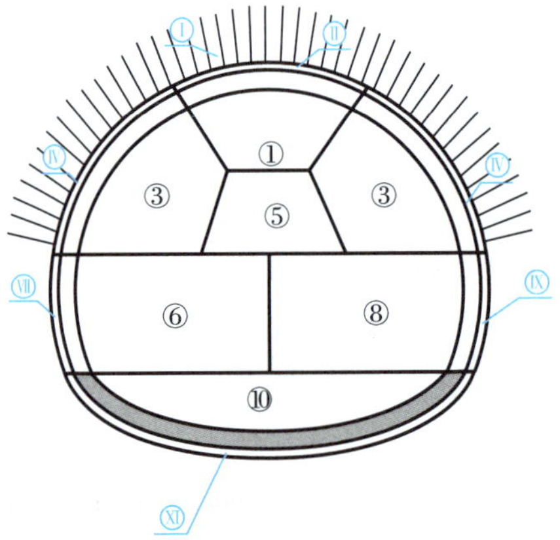	底部⑩开挖,初喷,立钢架挂网,打设锚杆,喷射混凝土
7	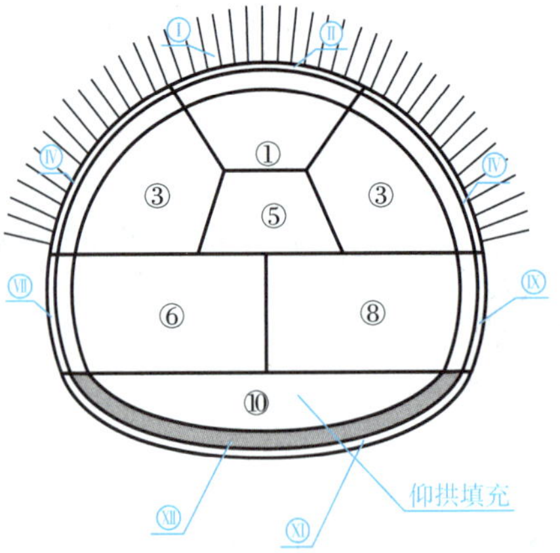	浇筑Ⅶ底板混凝土:基面抹平处理,施作仰拱防水板及无纺布保护层,设置5cm厚砂浆保护层,绑扎仰拱钢筋Ⅴ,浇筑仰拱混凝土及回填

(4)技术措施

①开挖前先采用小导管超前注浆支护。

②采用超前小导管预注浆对地层进行加固后,预留核心土人工开挖,先拱顶、后拱脚,人工翻渣至下台阶,上部每循环开挖进尺控制在0.5m内。轮廓线尽可能圆顺,以减少应力集中。

③开挖后应尽早封闭拱顶及掌子面暴露面。

④同一台阶中的各部开挖相互滞后距离以5~7m为宜。各台阶距离10~14m。

⑤核心土增强了开挖面的稳定,但开挖中围岩要经受多次扰动,而且断面分块多,支护结构形成全断面封闭的时间长,这些都有可能使围岩变形增大。因此,常要结合辅助施工措施对开挖工作面及其前方岩体进行预支护或预加固。

⑥每开挖分部开挖后应及时施作周边初期支护,使每分部及早封闭成环。

⑦施工过程中做好隧道内引排水工作,保证开挖无水施工。

⑧对于局部松垮地段,开挖时采用C25喷射混凝土封闭掌子面,必要时采取对掌子面注浆的措施,保持开挖面的稳定及防止拱顶沉降。

⑨应按有关规范及标准图的要求,及时进行监控量测,及时反馈结果,及时分析洞身结构的稳定性,为支护参数的调整、灌注二次衬砌的时机提供依据。

4.2.3 CD法

1)施工方法

隧道分为左、右导坑进行开挖,每侧导坑又分为两步台阶。为保护好围岩,尽量采用机械开挖为主,辅以人工开挖。每循环进尺为每榀钢架间距长度,施工时先沿隧道拱部开挖轮廓线,打超前小导管加固地层,之后开挖①部土体→初喷混凝土封闭→架设钢架→设置锚杆及锁脚锚管→喷锚支护。①部掘进3~5m后,即可类似开挖支护②部,实现一侧封闭。③、④部施工同①、②部。③部施工与②部错开15m以上距离,④部与③部错开3~5m。CD法主要适用于Ⅲ、Ⅳ级围岩的双线隧道。CD法施工断面见图4-15和图4-16。

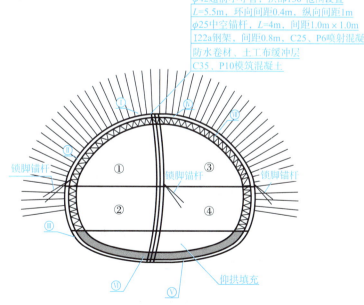

图4-15 CD法施工横断面示意图

注:①、②…表示开挖顺序,Ⅰ表示超前支护,Ⅱ、Ⅵ…表示初期支护及二次衬砌顺序。

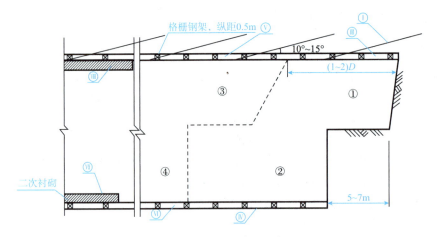

图 4-16 CD 法施工纵断面示意图

2)施工流程

CD 法施工流程如图 4-17 所示。

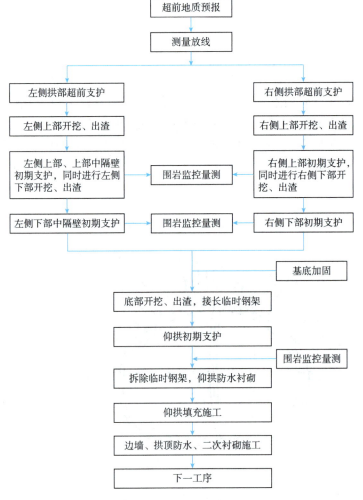

图 4-17 CD 法施工流程

3）施工步骤

CD法施工步骤见表4-7。

CD法施工步骤 表4-7

序号	施工步骤图	说明
1	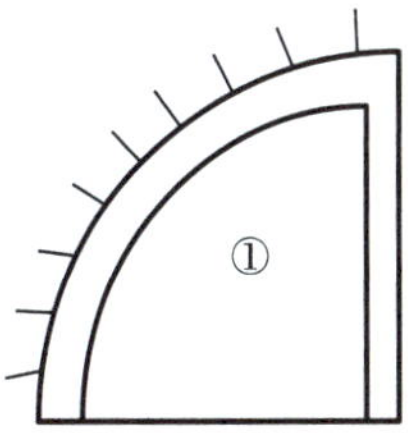	1. ①部开挖支护 (1) 施作 $\phi 42mm$ 小导管注浆超前支护； (2) 开挖①部土体； (3) 外侧挂网； (4) 架立拱部钢格栅，并设置系统锚杆及锁脚锚杆； (5) 上部中隔壁支护； (6) 挂网喷射混凝土
2	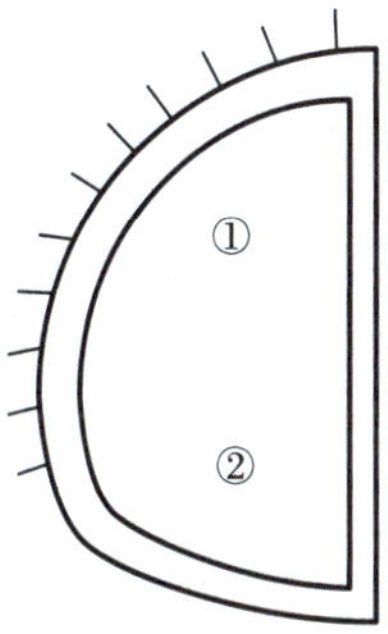	2. ②部开挖支护 (1) ①部开挖支护 3～5m 后，开挖②部土体； (2) 外侧挂网； (3) 架立拱部钢格栅，并设置系统锚杆； (4) 下部中隔壁支护； (5) 挂网喷射混凝土
3	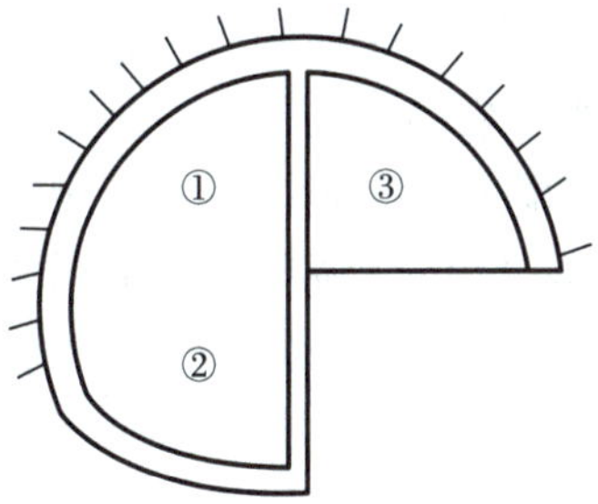	3. ③部开挖支护 (1) 施作 $\phi 42mm$ 小导管注浆超前支护； (2) 开挖③部土体； (3) 外侧挂网； (4) 架立拱部钢格栅，并设置系统锚杆及锁脚锚杆； (5) 挂网喷射混凝土
4	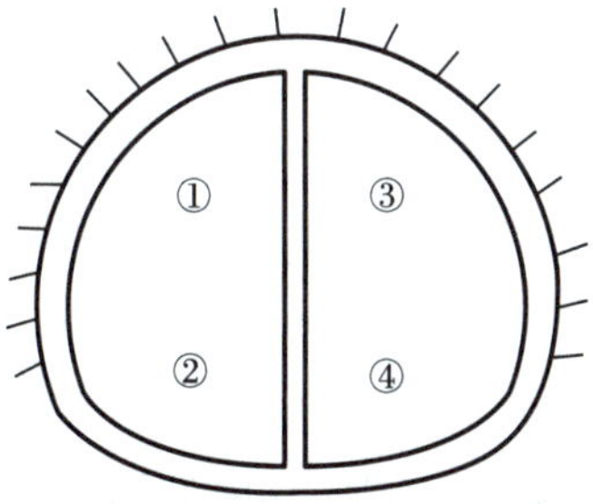	4. ④部开挖支护 (1) ③部开挖支护 3～5m 后，开挖④部土体； (2) 外侧挂网； (3) 架立拱部钢格栅，并设置系统锚杆； (4) 挂网喷射混凝土

续上表

序号	施工步骤图	说明
5		5.浇筑底板混凝土 (1)分段拆除临时中隔壁; (2)基面抹平处理; (3)施作仰拱无纺布及防水板; (4)设置5cm厚砂浆保护层; (5)绑扎仰拱钢筋; (6)浇筑仰拱混凝土及回填
6		6.施作边墙及拱部衬砌 (1)施作拱墙防水层(无纺布+PVC防水板); (2)绑扎边墙及拱部钢筋; (3)立模,浇筑边墙及拱部混凝土

4)技术措施

(1)在①部与③部开挖之前,对拱部周边部位应按设计要求施作超前支护。

(2)按①部先行开挖,随即依次开挖②部、③部、④部的步骤开挖。采用机械及人力配合风镐开挖,出渣车出土。每次开挖进尺为一榀钢架距离。

(3)每一分部开挖后及时施作周边、中壁墙,使每分部及早封闭成环。

(4)步骤变化处的钢架(或临时钢架)应设 $\phi 42mm$ 锁脚钢管,以确保钢架基础稳定。

(5)钢架之间纵向连接钢筋应按要求,及时施作并连接牢固。

(6)右部导洞滞后于左部导洞的开挖距离不小于3~5m。

(7)中隔壁应在全断面成环且各部位的位移收敛后才能拆除。

(8)施工中,应按有关规范及标准图的要求,进行监控量测,并及时反馈结果,及时分析洞身结构的稳定性,为支护参数的调整、灌注二次衬砌的时机提供依据。

(9)应及时对隧道环境水进行取样化验,对有侵蚀性的地段,二次衬砌应采用侵蚀性混凝土。

4.2.4 CRD法

1)施工方法

CRD法施工基本与CD法相同,不同之处在于增设了临时仰拱,增强了开挖过程中掌子面的稳定性。其做法为:

先开挖隧道左侧的①部,施作部分中隔壁和横隔板,再开挖②部并初期支护;然后开挖隧道另一侧的③部并施作初期支护,完成横隔板施工,再施作④部的土方开挖及初期支护;最后开挖最先施工一侧的剩余土体,并延长中隔壁,开挖另一侧剩余土体。为保护好围岩,尽量采用机械开挖,辅以人工开挖围岩的方式,每循环进尺为每榀钢架间距0.5m。CRD法隧道施工断面如图4-18和图4-19所示。

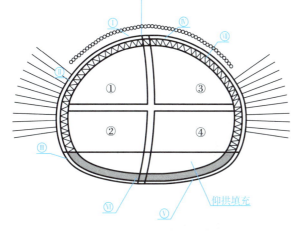

图4-18 CRD法隧道施工横断面示意图

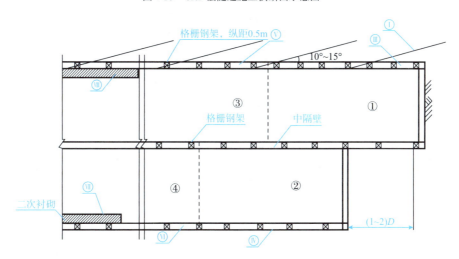

图4-19 CRD法隧道施工纵断面示意图

2) 施工流程

CRD法施工工艺流程如图4-20所示。

3) 施工步骤

CRD法施工步骤见表4-8。

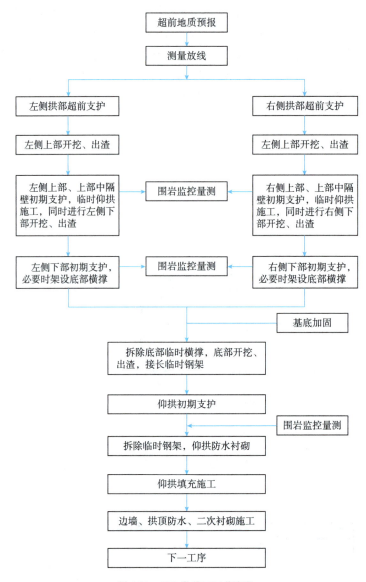

图 4-20 CRD 法施工工艺流程

CRD 法施工步骤 表 4-8

序号	施工步骤图	说明
1	①	1.①部位开挖支护 (1) 施工 $\phi 108mm$ 注浆大管棚(视地质条件而定); (2) 施作 $\phi 42mm$ 小导管注浆超前支护; (3) 开挖①部土体; (4) 外侧挂网; (5) 架设拱部钢格栅及临时支护,设置系统锚杆及锁脚锚杆; (6) 挂网喷射混凝土封闭

续上表

序号	施工步骤图	说明
2		2.②部开挖支护 (1)①部开挖支护3~5m后,开挖②部土体; (2)外侧挂网; (3)架设钢格栅及临时支护,设置系统锚杆; (4)挂网喷射混凝土封闭
3		3.③部开挖支护(在②部开挖支护15m后进行) (1)施工φ108mm注浆大管棚(视地质条件而定); (2)施作φ42mm小导管注浆超前支护; (3)开挖③部土体; (4)外侧挂网; (5)架设拱部钢格栅及临时支护,设系统锚杆及锁脚锚杆; (6)挂网喷射混凝土封闭
4		3.④部开挖支护 (1)③部开挖支护3~5m后,开挖④部土体; (2)外侧挂网; (3)架立钢格栅,设置锚杆; (4)挂网喷射混凝土; (5)初期支护背后注浆
5		5.浇筑底板混凝土 (1)分段拆除临时中隔壁; (2)基面抹平处理; (3)施作仰供防水板及无纺布保护层; (4)设置5cm厚的保护层; (5)绑扎仰供钢筋; (6)浇筑仰供混凝土

序号	施工步骤图	说明
6	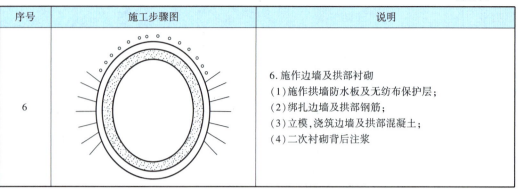	6.施作边墙及拱部衬砌 (1)施作拱墙防水板及无纺布保护层; (2)绑扎边墙及拱部钢筋; (3)立模,浇筑边墙及拱部混凝土; (4)二次衬砌背后注浆

4)技术措施

(1)应注双液浆,即水泥-水玻璃双液浆加固地层及止水。
(2)各部初期支护,中隔壁柱及临时仰拱一定要及时跟上,尽早闭合成环。
(3)锁脚锚杆施工一定要符合施工规范的要求。
(4)一定要保证系统锚杆、钢筋网、钢架、连接钢筋在喷射混凝土后形成整体。
(5)严格开挖工艺,保证开挖过程中土体的稳定。

4.2.5 双侧壁法

1)施工方法

双侧壁法是将隧道断面分成左右两个侧壁坑和中洞核心三大部分开挖。视土质情况,侧壁坑可以分两层或三层开挖,中洞核心部分也可分两层或三层开挖。先开挖左侧壁坑并进行初期支护,然后开挖右侧壁坑及施作初期支护,最后开挖中洞核心。双侧壁法施工断面如图4-21和图4-22所示。

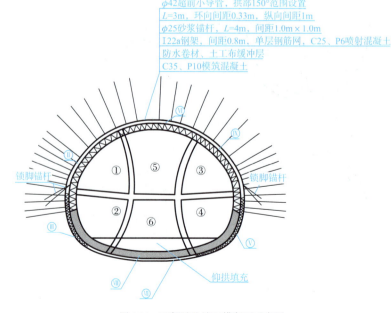

图4-21 双侧壁法施工横断面示意图

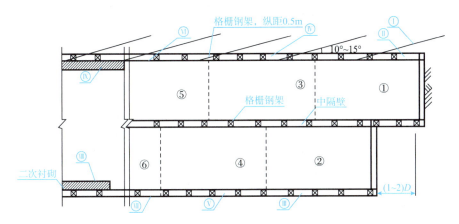

图 4-22 双侧壁法施工纵断面示意图

2) 施工流程

双侧壁法施工流程如图 4-23 所示。

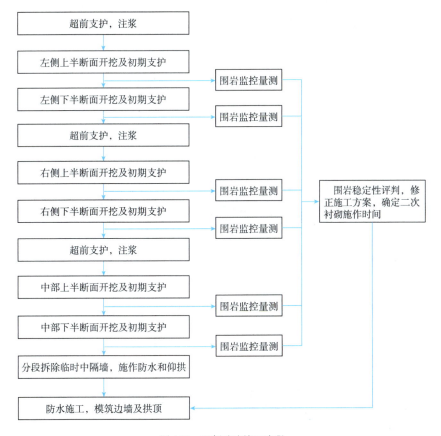

图 4-23 双侧壁法施工流程

3) 施工步骤

双侧壁法施工步骤见表 4-9。

双侧壁法施工步骤　　　　　　　　　　　表 4-9

序号	施工步骤图	说明
1	（φ42mm超前小导管、①、锁脚锚杆）	(1) 拱部超前小导管注浆。 (2) 组合将加固地层。 (3) 开挖①部土体。 (4) 施作初期支护及中隔墙、中隔板，打锁脚锚杆
2	（φ42mm超前小导管、①、②、锁脚锚杆）	(1) 开挖②部土体。 (2) 施作初期支护及中隔墙
3	（φ42mm超前小导管、①、②、③、锁脚锚杆）	(1) 施作③部超前小导管。 (2) 注浆加固地层。 (3) 开挖③部土体。 (4) 施作初期支护及中隔墙、中隔板，打设锁脚锚杆
4	（φ42mm超前小导管、①、②、③、④、锁脚锚杆）	(1) 开挖④部土体。 (2) 施作初期支护及中隔墙

续上表

序号	施工步骤图	说明
5	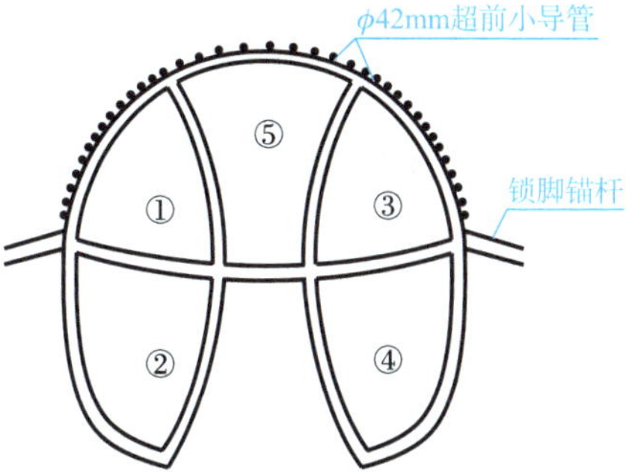	(1)施作⑤部超前小导管。 (2)注浆加固地层。 (3)开挖⑤部土体。 (4)施作初期支护及中隔板,打设锁脚锚杆
6	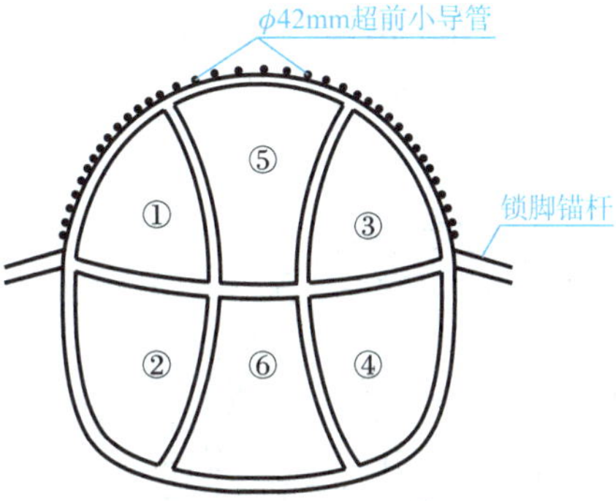	(1)开挖⑥部土体。 (2)施作初期支护
7	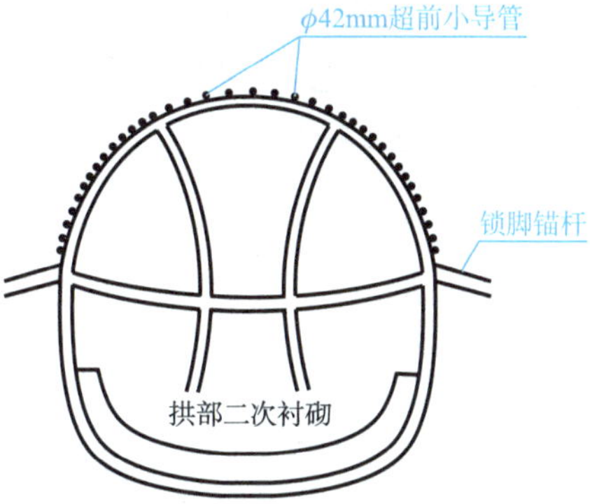	纵向分段拆除下半部分中隔壁与底部的初期支护连接,施作底部防水层及二次衬砌。在拆除中隔壁前,先把中隔壁上的喷射混凝土打掉再试割,并观察围岩稳定情况,当围岩稳定后方可拆除
8	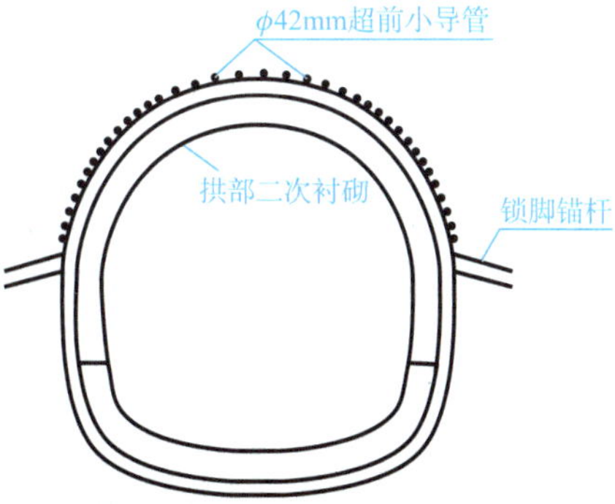	纵向分段拆除剩余中隔壁和临时仰拱。采用台车施工边墙和拱部二次衬砌。在拆除中隔壁前,先把中隔壁、中隔板上的喷射混凝土打掉再试割,观察围岩稳定情况,当围岩稳定后方可拆除。施工二次衬砌每环纵向进尺不超过6m

单元 4 新奥法施工

4）技术措施

（1）机械开挖各部导坑时，为保证土体稳定，采用人工配合整修，必要时喷 5cm 厚混凝土封闭掌子面。

（2）做好型钢钢架和 I20 临时钢架的接长及连接，及时安装锁脚锚管，挂钢筋网，复喷混凝土至设计厚度。

（3）加强监控量测及对监控量测结果的分析。只有待初期支护变形稳定后，才能拆除临时支护，施作仰拱及二次衬砌。

4.2.6 偏洞法

1）施工方法

偏洞法多适用于双线或多线隧道施工。施工中先采用 CRD 法开挖正线右线的单洞，并进行初期支护，浇筑底板及二次衬砌结构，再采用 CRD 法开挖较大的单洞，并进行初期支护，浇筑底板及二次衬砌结构。偏洞法施工横断面如图 4-24 所示。

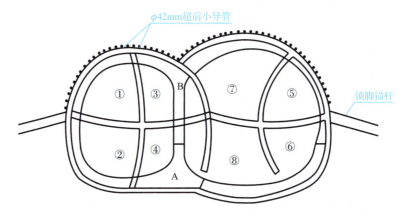

图 4-24　偏洞法施工横断面示意图

2）施工步骤

偏洞法施工步骤见表 4-10。

偏洞法施工步骤　　　　表 4-10

序号	施工步骤图	说明
1		按图示施工顺序，施工临时小导管加固地层，开挖土体。及时施作初期支护及临时支护格栅喷层，封闭支护体系。各部纵距不大于 4.0m

续上表

序号	施工步骤图	说明
2	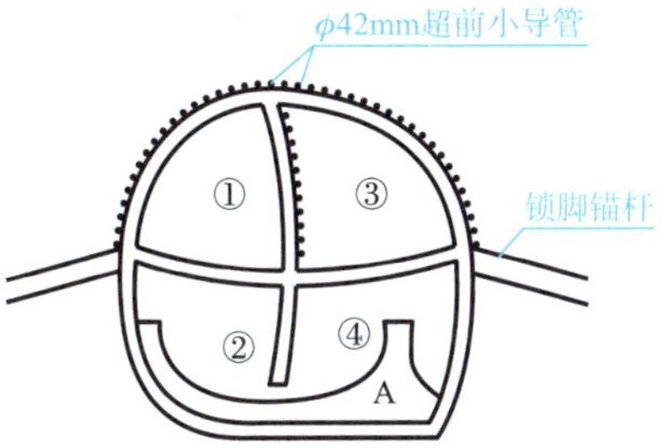	分段拆除②、④部之间临时仰拱,一次拆除长度不大于4.0m。施作底板防水层,浇筑底板结构混凝土(A部分),预留结构防水层、钢筋接头
3	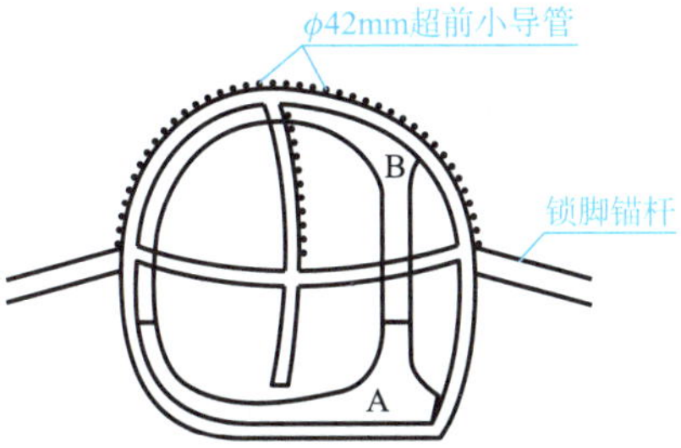	分段拆除剩余临时支撑,一次拆除长度不大于4.0m。施作防水层,浇筑边洞剩余结构混凝土(B部分),预留结构防水层、钢筋接头
4	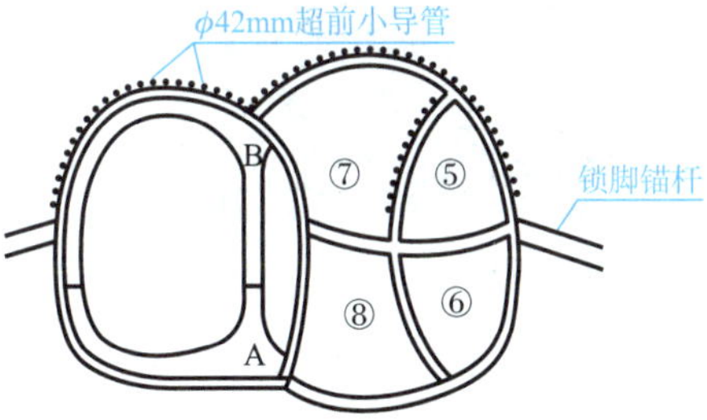	按图示施工顺序,施工临时小导管加固地层,开挖土体。及时施作初期支护及临时支护格栅喷层,封闭支护体系。各部纵距不大于4.0m
5	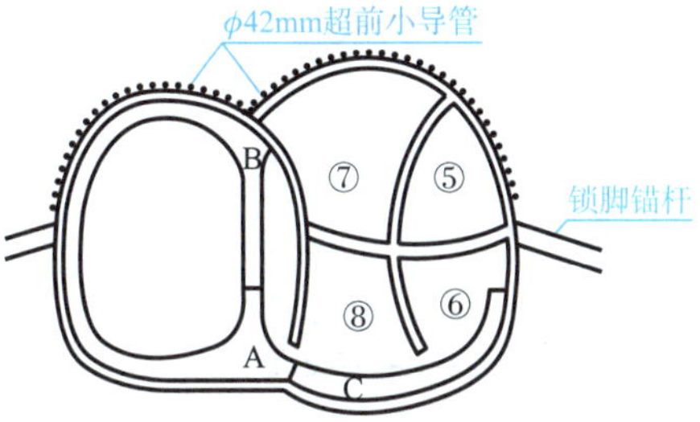	分段拆除两道临时中隔壁,一次拆除长度不大于4.0m。施作底板防水层,浇筑底板结构混凝土(C部分),预留结构防水层、钢筋接头
6	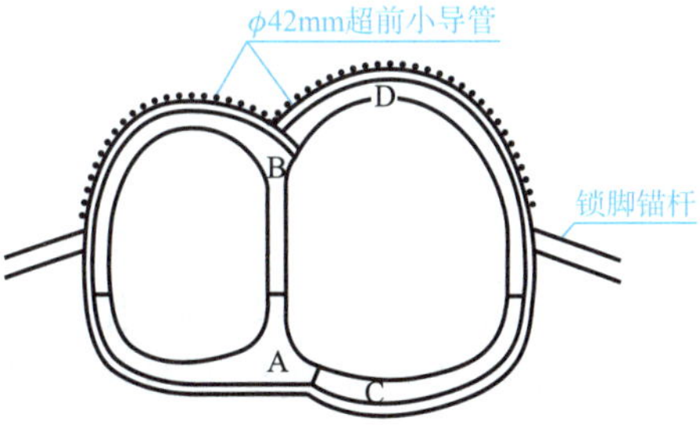	分段拆除剩余临时支撑,一次拆除长度不大于4.0m。施作防水层,浇筑结构混凝土(D部分),完成全部二次衬砌浇筑

单元 4 新奥法施工

153

3)技术措施

(1)施工中,左右洞按单洞前后错开施工。

(2)先施工的单洞中墙部分、顶部围岩应根据具体情况加强支护。

(3)后施工的单洞应特别注意不对称受力点的影响。

①开挖后要及时施作二次衬砌,最大限度地缩短不对称结构,确保结构在时间和空间上的安全性。

②在开挖靠中墙部分的围岩时,应通过控制爆破,减少对中墙的破坏。下台阶开挖时,可先施工远离中墙一侧围岩,以增大靠中墙一侧围岩的爆破临空面。

4.2.7 中导洞法

对于隧道开挖断面面积为 $100\sim300m^2$,围岩为Ⅲ级或Ⅳ的大断面隧道,如为双线且含有渡线或安全线等三线以上的隧道断面(其断面形式常采用双连拱形式,如图 4-25 所示),则可采用中导洞法施工(图 4-26)。

图 4-25 双连拱隧道断面

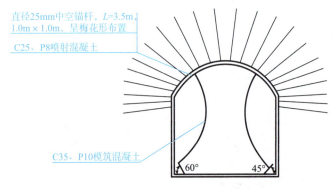

图 4-26 中导洞法断面示意图

1)施工方法

先将中导洞贯通,再施工两侧隧道。中导洞采用上下台阶法施工,右侧大洞隧道采用双侧壁法施工,左侧小洞隧道采用 CD 法施工。

2)施工步骤

(1)开挖中导洞上台阶,及时初喷,架设钢格栅,施打锚杆,挂网喷混凝土。

(2)开挖中导洞下台阶,及时初喷,架设钢格栅,连接筋施工,锚杆施工,喷射早强混凝土封闭。

(3)浇筑中导洞中隔墙。

(4)待中隔墙达到设计强度后,采用 CD 法分四步开挖施工左侧隧道。CD 法施工步骤详见表 4-7。

(5)当左侧隧道施工完成 15~30m 后,再用 CRD 法施作右侧隧道。CRD 法施工步骤详见表 4-8。

3)技术措施

(1)施工双连拱隧道时对周边围岩存在多次扰动,可能会使中隔墙顶部存在受力复杂的塑性区。因此,施工时应特别重视中隔墙的受力平衡及其稳定。

(2)中导洞初期支护施作完后,应尽快施作中隔墙。

(3)中导洞下台阶开挖每一循环进尺视土体的稳定情况在 0.5~1.0m 间选择,下台阶落后于上台阶不宜大于 3.0~4.0m。

(4)工序变化之处的钢架(或临时钢架)应设 $\phi 42mm$ 锁脚钢管,以确保钢架基础稳定。

(5)在进行左侧隧道 CD 法施工及右侧隧道 CRD 法施工时,应同时遵守前述的措施。

(6)加强监控量测,及时分析监测数据,只有在断面变形稳定后,方能拆除临时支护及中隔壁。

4.3 超前支护

4.3.1 超前大管棚施工

超前大管棚施工工艺流程如图 4-27 所示。

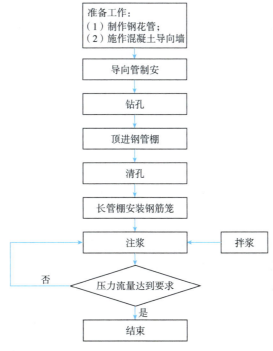

图 4-27 超前大管棚施工工艺流程

1) 施工准备

根据用于管棚施工的机械设备情况,在开挖至管棚施工段时,预留下台阶不开挖,作为管棚施工操作平台。

2) 套拱施工

采用 C25 混凝土套拱作为管棚的导向拱。套拱在隧道衬砌的外轮廓线以外。护拱内设 2~3 榀用 I20a 工字钢制作的钢架,作为环向支撑,管棚的导向管焊接固定在钢架上。

套拱及套管布设如图 4-28 所示。

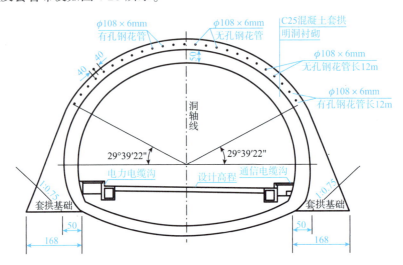

图 4-28　套拱及套管布设横断面示意图(尺寸单位:cm)

3) 管棚制作

管棚采用 $\phi108(\phi60)$mm 钢管制作,壁厚 6mm,管壁打孔,布孔采用梅花形,孔径为 10~16mm,孔间距为 15cm,钢管尾留 2~3m 不钻孔作为止浆段。

加工后的钢花管大样图见图 4-29。

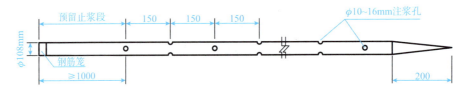

图 4-29　钢花管大样图(尺寸单位:mm)

4) 钻孔

采用管棚钻机钻孔。为减小因钻具移位引起的钻孔偏差,钻进过程中经常采用测斜仪量测钻杆钻进的偏斜度,发现偏斜超过设计要求时及时纠正。

钻孔直径:$\phi108$mm 管棚采用 $\phi127$mm 的钻孔直径。

钻孔平面误差:径向不大于 20cm。

5) 清孔、顶管、放钢筋笼

用高压风或清水清孔。钻孔检测合格后,将钢管连续接长(钢管搭接方式采用螺纹连接),用钻机旋转顶进,将其装入孔内。在钢管中增设钢筋笼,以增强钢管的抗弯能力。钢筋笼由 4 根 $\phi22mm$ 主筋和固定环组成。

管棚钢筋笼布设如图 4-30 所示。

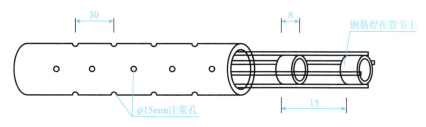

图 4-30　管棚钢筋笼布设示意图(尺寸单位:cm)

6)注浆

注浆浆液采用 42.5 级普通硅酸盐水泥,水泥浆水灰比为 0.5∶1~1∶1。当地下水发育时,注浆浆液改为水泥-水玻璃,水玻璃浓度为 35~40°Bé。注浆压力采用 0.8~1.0MPa,施工中应根据实际情况调整。

注浆实施过程中,应采用全孔压入方式向大管棚内压注水泥浆,选用大功率注浆泵注浆。注浆前先进行现场注浆试验,确定注浆参数及外加剂掺入量后再用于实际施工。注浆按先下后上、先稀后浓的原则进行。注浆量由压力控制,达到标准后关闭止浆阀,停止注浆。

7)施工有关注意事项

(1)孔口位于开挖轮廓外边缘,外插角为 1°~1.5°,钻孔最大下沉量控制在 20~30cm。

(2)管棚钢管不得侵入隧道开挖线内,相邻的钢管不得相撞,也不得相交。

(3)钻孔过程中,在开孔后 2m、孔深 1/2 处、终孔处进行三次斜度量测。如误差超限,应及时改进钻孔工艺,进行纠偏。至终孔仍超限时,则需封孔重钻。

(4)钢管与管箍丝扣必须上满,使各管节连成一体,受力后保证不脱开。

(5)注浆压力一般为 0.5~1.0MPa,并稳定 15min。若注浆量超限,未达规定压力,则仍需继续注浆,并调整浆液,直至符合注浆质量标准方可终止注浆,确保管棚与围岩固结紧密,增强其整体性。

4.3.2　小导管施工

在隧道工作面开挖前,沿隧道拱部开挖轮廓线外打入带孔小导管,并通过小导管向围岩压注起胶结作用的浆液,在隧道轮廓线外形成一个 0.6~1.2m 厚的弧形加固圈。在此加固圈的保护下即可安全进行开挖作业。

1)小导管结构

小导管前端加工成锥形,以便插打,并防止浆液前冲。小导管中间部位钻 $\phi10mm$ 的注浆孔。注浆孔呈梅花形布置(防止注浆出现死角),间距为 15cm,尾部 1m 范围内不钻孔以防漏浆,末端焊直径为 6mm 的环形箍筋,以防打设小导管时端部开裂,影响注浆管连接。

加工成形后的小导管构造见图4-31。

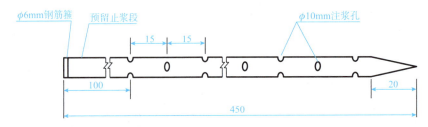

图4-31 小导管构造(尺寸单位:cm)

2)注浆材料

双液浆:又称为CS浆。

水灰比:0.8:1~1.5:1。

水玻璃浓度:35~40°Bé。

3)注浆工艺

(1)小导管安设:

①用YT-28风钻或用重锤将小导管送入孔中,然后检查导管内有无充填物。如有充填物,用吹管吹出或掏钩勾出。

②用塑胶泥(由40°Bé水玻璃和52.5级水泥拌和而成)封堵导管周围及孔口。

③严格按设计要求打入导管,管端外露20cm,以安装注浆管路。

(2)注浆浆液配制及搅拌:

①水泥浆搅拌在拌合机内进行。根据拌合机容量大小,严格按要求投料。水泥浆浓度根据地层情况和凝胶时间要求而定,一般应控制在1.5:1~1:1。

②搅拌水泥浆的投料顺序为:在加水的同时将缓凝剂一并加入并搅拌,待水量加够后继续搅拌1min,最后将水泥投入并搅拌3min。

③缓凝剂掺量根据所需凝胶时间而定,一般控制在水泥用量的2%~3%。

④注浆用水玻璃的浓度一般为35°Bé,浓水玻璃液的稀释采用边加水、边搅拌、边用波美计测量的方法进行。

⑤制备水泥浆或稀释水玻璃时,严防水泥包装纸及其他杂物混入,注浆时设置滤网过滤浆液,未经滤网过滤的浆液不得进入泵内。

(3)小导管注浆采用双液注浆法,使用双浆泵将浆液输入至孔口混合器,经分浆器流入导管进入地层。注浆施工时应注意以下几点:

①注浆口最高压力须严格控制在0.5MPa以内,以防压裂工作面。

②进浆速度不宜过快,一般控制每根导管双液浆进浆量在30L/min以内。

③导管注浆采用定量注浆,即每根导管内注入400L浆液后即结束注浆。如压力逐渐上升,流量逐渐减少,虽然未注入400L浆液,但孔口压力已达到0.5MPa时也应结束注浆。

(4)注浆时,水泥浆与水玻璃浆的体积比应按所需凝结时间选定,一般应控制在1:0.6~1:1。

(5)注浆结束后应及时清洗泵、阀门和管路,保证机具完好、管路畅通。

小导管注浆施工工艺流程如图4-32所示。

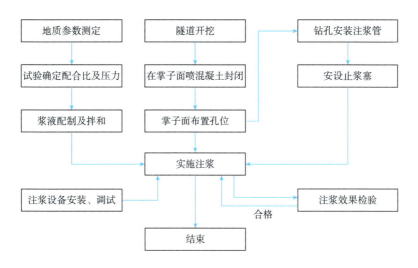

图 4-32 小导管注浆施工工艺流程

(6) 注浆量的估算：

为了获得良好的固结效果，必须注入足够的浆液量，确保有效扩散范围。注浆范围为开挖轮廓线外 0.3～0.5m，并使浆液在地层中均匀扩散。浆液单孔注入量 Q 和围岩的孔隙率有关，根据扩散半径及岩层的裂隙进行估算，其值为

$$Q = \eta \pi R^2 L \ (\mathrm{m}^3) \tag{4-1}$$

式中：R——浆液扩散半径(m)，取相邻孔距的一半加 0.1m；

L——压浆段长度(m)；

η——扩散系数，根据地质勘探报告选用。

4.4 初期支护

隧道衬砌大多采用复合式衬砌结构，由以锚杆、钢筋网、喷射混凝土和钢架为初期支护，以模筑钢筋混凝土为二次衬砌组成。各种断面支护衬砌参数结合工程类比和数值分析计算的方法，按照设计文件确定。各隧道衬砌支护参数见表 4-11 和表 4-12。

单线隧道复合衬砌设计参数 表 4-11

围岩级别	初期支护					二次衬砌厚度(cm)	
	喷射混凝土厚度(cm)		锚杆			钢筋网	拱架	拱、墙	仰供
	拱、墙	仰供	位置	长度(m)	间距(m)				
Ⅱ	4	—	—	—	—	—	—	25	—
Ⅲ	6	—	局部设置	2.0	1.2～1.5	—	—	25	—
Ⅳ	10	10	拱、墙	2.0～2.5	1.0～1.2	必要时设置	—	30	—
Ⅴ	14	14	拱、墙	2.5～3.0	0.8～1.0	拱、墙、仰拱	必要时设置	35	35
Ⅵ	通过试验确定								

双线隧道复合衬砌设计参数 表 4-12

围岩级别	初期支护							二次衬砌厚度(cm)	
	喷射混凝土厚度(cm)		锚杆			钢筋网	拱架	拱、墙	仰供
	拱、墙	仰供	位置	长度(m)	间距(m)				
Ⅱ	5	—	—	2.0	1.5	—	—	30	—
Ⅲ	10	10	局部设置	2.0~2.5	1.2~1.5	必要时设置	—	35	35
Ⅳ	15	15	拱、墙	2.5~3.0	1.2~1.5	拱、墙、仰拱	必要时设置	35	35
Ⅴ	24	20	拱、墙	3.0~3.5	0.8~1.0	拱、墙、仰拱	拱、墙、仰拱	40	40
Ⅵ	通过试验确定								

新奥法区间隧道初期支护有锚杆、型钢钢架或格栅钢架、挂钢筋网和喷射混凝土等，根据隧道断面和围岩级别选择不同的支护组合。初期支护施工程序如图 4-33 所示。

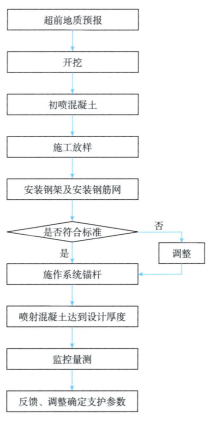

图 4-33 初期支护施工程序

4.4.1 锚杆施工工艺

隧道使用的锚杆有中空注浆锚杆、砂浆锚杆、药卷锚杆和自进式对拉锚杆等类型。各类型锚杆施工方法如下：

1) 中空注浆锚杆

中空注浆锚杆是一种可测长排气的中空注浆锚杆。中空注浆锚杆由锚头与锚杆体连接。锚杆体上设有止浆塞、垫板及紧固螺母,具有沿锚杆体轴向设置、位于锚杆体外侧并与锚杆体连接的测长排气管。测长排气管前端封头与锚头平齐,测长排气管后端开口,并伸出锚杆体,测长排气管管壁上遍布可阻止水泥砂浆进入的气孔。测长排气管结构简单,使用方便,既可在锚杆施工后方便地检查锚杆体真实长度,确保锚固施工质量,又可在注浆施工时排出锚孔中的空气,有利于注浆施工的进行。

工程中常采用带排气装置的 $\phi 25mm$ 中空锚杆。锚杆设置钢垫板,垫板尺寸为 150mm×150mm×6mm。中空注浆锚杆施工工艺流程如图 4-34 所示。

中空注浆锚杆钻孔使用手风钻或凿岩台车。钻孔前,根据设计要求定出孔位,钻孔保持直线并与所在部位岩层结构面尽量垂直,钻孔直径 42mm,钻孔深度大于锚杆设计长度 10cm。

中空注浆锚杆施工程序如下:钻孔完成后,用高压风吹净孔内岩屑;将锚头与锚杆端头组合后送入孔内,直达孔底;固定好排气管,将止浆塞穿入锚杆末端与孔口齐平,并与杆体固紧;锚杆末端戴上垫板,然后拧紧螺母;采用锚杆专用注浆泵向中空注浆锚杆内压注水泥浆,水泥浆的配合比为 1:(0.3~0.4),注浆压力为 1.2MPa,水泥浆随拌随用。

2) 砂浆锚杆

系统锚杆和临时支护常采用 $\phi 22mm$、$\phi 25mm$ 两种直径的砂浆锚杆,其施工工艺流程如图 4-35 所示。

图 4-34 中空注浆锚杆施工工艺流程   图 4-35 砂浆锚杆施工工艺流程

(1) 准备工作

检查锚杆类型、规格、质量及其性能是否与设计相符。根据锚杆类型、规格及围岩情况准备钻孔机具。

(2) 钻孔

砂浆锚杆钻孔采用手风钻或凿岩台车,孔眼间距、深度和布置应符合设计参数的要求,其方向垂直于岩层层面。

(3)锚杆安装及注浆

砂浆锚杆由人工配合机械安装,采用砂浆锚杆专用注浆泵往孔内压注早强水泥浆。砂浆配合比(质量比):砂灰比宜为 1:2~1:1,水灰比宜为 0.38~0.45。

注浆开始或中途停顿超过 30min 时,应用水润滑注浆管路。注浆孔口压力不得大于 0.4MPa。

注浆时,注浆管要插至距孔底 5~10cm 处,随水泥浆的注入缓缓匀速拔出,随即迅速将杆体插入,锚杆杆体插入孔内的长度不得短于设计长度的 95%。若孔口无砂浆溢出,将杆体拔出后重新注浆。

3)药卷锚杆

系统锚杆和临时支护有时采用 φ25mm 的药卷锚杆,其施工工艺流程如图 4-36 所示。

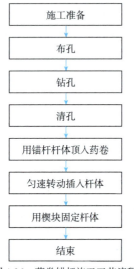

图 4-36 药卷锚杆施工工艺流程

(1)准备工作

检查锚杆类型、规格、质量及其性能是否与设计相符。根据锚杆类型、规格及围岩情况准备钻孔机具。

(2)钻孔

药卷锚杆钻孔采用手风钻或凿岩台车,孔眼间距、深度和布置应符合设计参数的要求,其方向垂直于岩层层面。钻孔完成后,用高压风水洗孔。

(3)锚杆安装

安装前,先将"药卷"在水中浸泡,浸泡时间按说明书确定,不能浸泡过久,保证在初凝前使用完毕。安装时,用锚杆的杆体将药卷匀速地顶入锚杆安装孔,边顶边转动杆体,使药卷在杆体周围均匀密实,但不可过搅。安装好后,用楔块将锚杆固定好。

4)自进式对拉锚杆

为增强岩体的稳定性,在两条隧道间距较小的部位常设置若干根自进式对拉锚杆。

(1)自进式对拉锚杆采用气腿钻机或潜孔钻机钻进。自进式对拉锚杆安装前,先检查锚杆体中和钻头的水孔是否畅通。若有异物堵塞,须及时清理干净。

(2)锚杆体钻进至设计深度后,先用水和空气洗孔,再将钻机和连接套卸下,并及时在锚杆两端头安装垫板及螺母,临时固定杆体。

(3)锚杆灌浆料宜采用纯水泥浆或 1:1 水泥砂浆,水灰比宜为 0.4:1~0.5:1。采用水泥砂浆时,砂粒径不应大于 1.0mm,并通过试验确定。

(4)自进式对拉锚杆钻孔在确认达到施工图纸或监理人指示的要求后,及时进行注浆锚固。注浆后,在砂浆凝固前不得敲击、碰撞和拉拔锚杆。浆体强度达设计要求后,可上紧螺母,并按设计要求用扭力扳手张拉。

自进式对拉锚杆施工工艺流程如图 4-37 所示。

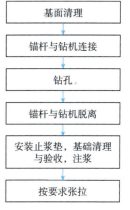

图 4-37 自进式对拉锚杆施工工艺流程

4.4.2 型钢钢架及格栅钢架制作安装

（1）新奥法隧道工程施工所用钢架可采用型钢、工字钢、钢管或钢筋制成,现场通常采用工字钢和 $\phi 25mm$ 钢筋制作,如图 4-38 和图 4-39 所示。

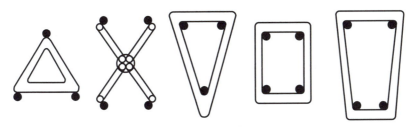

图 4-38 格栅拱架断面形式

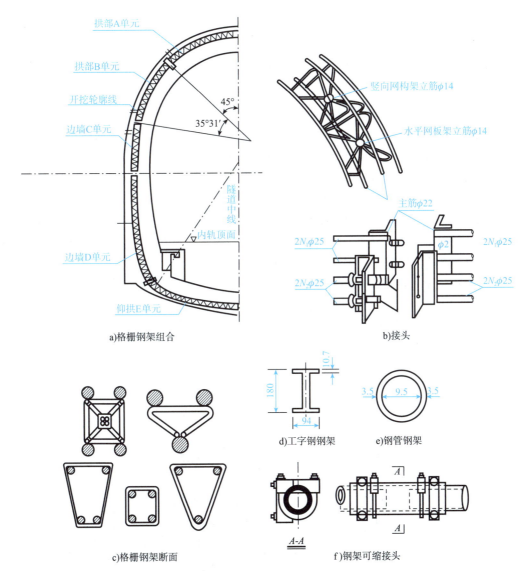

图 4-39 钢架构造(尺寸单位:cm)

(2)钢架安装工艺流程如图4-40所示。

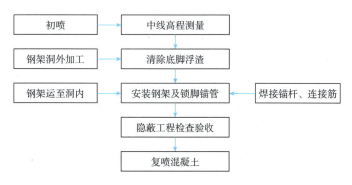

图4-40 钢架安装工艺流程

钢架按设计要求预先在洞外钢构件场地加工成型,在洞内用螺栓连接成整体。型钢钢架采用冷弯成型;格栅钢架采用胎模焊接。钢架加工焊接不得有假焊,焊缝表面不得有裂纹、焊瘤等缺陷。每榀钢架加工完成后,放在水泥地面上试拼,周边拼装允许误差为±3cm,平面翘曲小于2cm,施工图纸有要求时按图纸要求执行。钢架在初喷混凝土后应及时架设。

钢架安装前清除基底虚渣及杂物。钢架安装允许偏差:钢架间距、横向位置和高程与设计位置的偏差不超过±5cm,垂直度允许误差为±2°,施工图纸有要求时按图纸要求执行。钢架拼装可在开挖面以外进行,各节钢架间以螺栓连接,连接板密贴。沿钢架外缘每隔2m用混凝土预制块楔紧。钢架底脚置于牢固的基础上。钢架尽量密贴围岩并与锚杆焊接牢固,钢架之间按设计要求设置纵向连接筋。

采用分部开挖法施工时,钢架拱脚打设锁脚锚杆或锁脚锚管。下半部开挖后,钢架及时落底接长,封闭成环。钢架与喷混凝土形成一体,钢架与围岩间的间隙用喷混凝土充填密实;钢架全部喷射混凝土覆盖,保护层厚度应满足设计要求。

(3)常用钢架支护设计参数见表4-13。

常用钢架支护设计参数表 表4-13

围岩级别	核载系数μ	钢架类型	每榀轴线间距(m)
Ⅳ	0.25	三肢格栅钢架	1.0
	0.4	三肢格栅钢架+喷射混凝土	
	0.3	工字钢架	
	0.35	工字钢架+喷射混凝土	
Ⅴ	0.2	四肢格栅钢架	0.8
	0.6	四肢格栅钢架+喷射混凝土	
	0.4	工字钢架	
	0.45	工字钢架+喷射混凝土	
Ⅵ	0.1	四肢格栅钢架	0.6
	0.15	四肢格栅钢架+喷射混凝土	
	0.1	工字钢架	
	0.1	工字钢架+喷射混凝土	

(4)除应控制好安装误差,保证节点连接平顺并打好锁脚锚杆外,还应注意以下几点:

①钢架的安设应在开挖后的2h内完成。

②钢架应尽可能多地与锚杆露头及钢筋网焊接,以增强其联合支护效应。

③可缩性钢架的可缩性节点不宜过早喷射混凝土,待其收缩合拢后,再补喷射混凝土。

④喷射混凝土时,应注意将钢架与岩面之间的间隙喷射密实。

⑤喷射混凝土应分层分次完成。初喷混凝土应尽早进行,复喷混凝土应在量测指导下进行,以保证其适时、有效。

(5)钢筋网施工。

挂网使用的钢筋须经试验检测合格,使用前除锈,在洞外钢筋加工场区制作成钢筋网片,用起重机经施工竖井吊入,然后用汽车运输到工作面,采用机械配合人工安装,安装时搭接长度为1~2个网格。钢筋网应贴近岩面铺设,并与锚杆和钢架焊接牢固。按照设计图纸要求,钢筋网焊接在钢架靠近岩面一侧或内外双层布置,以确保整体结构受力合理。喷混凝土时,减小喷头至受喷面距离和控制风压,以减少钢筋网振动,减小回弹量。钢筋网喷混凝土的内外保护层厚度须符合设计要求。钢筋网施工工艺流程如图4-41所示。

图4-41 钢筋网施工工艺流程

(6)喷射混凝土。

喷混凝土料采用商品混凝土,通过混凝土搅拌运输车直接向洞内送料,或用混凝土搅拌运输车运输到洞口后,用起重机械经施工竖井吊入,转由小型汽车运输至洞内。喷混凝土量较少时,经建设单位同意,也可在工点生产区适当位置设立混凝土搅拌机,现场拌制喷混凝土料。喷射混凝土采用湿喷工艺。湿喷混凝土施工程序如图4-42所示。

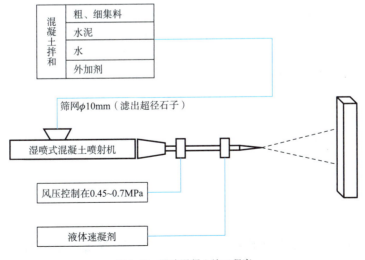

图4-42 湿喷混凝土施工程序

①原材料要求。

选用颗粒坚硬、干净的中、粗砂,其符合国家二级筛分标准,细度模数应大于2.5,含水率控制在5%~7%,含泥量不大于3%;选用坚硬耐久、最大粒径不大于15mm的碎石,其含泥量不大于1%;用R42.5普通硅酸盐水泥;使用的外加剂根据设计要求的确定。

速凝剂等外加剂选择质量优良、性能稳定的产品。速凝剂在使用前,要做与水泥的相容性试验及水泥净浆凝结效果试验,保证喷射混凝土凝结时间控制在规范要求的范围内。

②湿喷混凝土施工方法。

混凝土喷射机安装调试好后,在料斗上安装振动筛,以避免超粒径集料进入喷射机;喷射前首先清除基面松动岩块,凿除个别欠挖部分,补平个别超挖部分喷射混凝土;用高压水冲洗基面,对遇水易潮解的岩层,则用高压风清扫岩面;检查喷射机工作是否正常;要进行喷射试验,一切正常后可进行混凝土喷射工作。混凝土喷射送风之前先打开计量泵(此时喷嘴朝下,避免速凝剂流入输送管内),以免高压混凝土拌合物堵塞速凝剂环喷射孔;送风后调整风压,控制在0.45~0.7MPa,若风压过小,粗集料则冲不进砂浆层而脱落,风压过大将导致回弹量增大。可按混凝土回弹量大小、表面湿润易黏着力度来掌握。根据喷射仪表反馈的信息及时调整风压和计量泵,控制好速凝剂掺量。

③为保证喷射混凝土的厚度和质量,喷射混凝土分两次完成,即初喷和复喷。初喷在刷帮、找顶后进行,喷射混凝土厚度4~5cm,及早快速封闭围岩,开挖后由人工在渣堆上喷护。复喷是在初喷混凝土层加固后的围岩保护下,完成立拱架、挂网、锚杆等作业后进行的。

喷射混凝土分段、分片、分层进行,由下向上,从无水、少水向有水、多水地段集中。在有水或多水段,采用干喷止水或用小导管引流后再喷混凝土。施喷时,喷头与受喷面基本垂直,距离保持在1.5~2.0m,并根据喷射效果适时调整。

设钢架时,钢架与岩面之间的间隙用喷射混凝土充填密实,喷射顺序为先下后上,对称进行,先喷钢架与围岩之间的空隙,后喷钢架之间部分,钢架应被喷射混凝土覆盖,保护层不得小于4cm或符合设计要求。喷前先找平受喷面的凹处,再将喷头呈螺旋形缓慢均匀移动,每圈压前面半圈,绕圈直径约30cm,力求喷出的混凝土层面平顺光滑。一次喷射厚度控制在5~8cm,每段长度不超过6m,喷射回弹物不得重新用作喷射混凝土材料。新喷射的混凝土按规定洒水养护。回弹量取决于混凝土的稠度、喷射技术、集料级配等因素。要将边墙部分回弹率控制在15%以内,拱部回弹率控制在20%以下。施工前应制定作业指导书,并在施工中根据实际情况不断完善。

在实际工作中,应尽快掌握有关工作风压、喷射距离、送料速度三者之间的最佳参数值,使喷射的混凝土密实、稳定、回弹量最小。必要时,在混凝土中掺加硅粉或粉煤灰,以增加混凝土的和易性,减少回弹。

4.5 全断面注浆加固

当隧道穿越富水地段时,为确保施工安全,应采用全断面注浆加固或半断面注浆加固,其范围为至隧道断面轮廓外4m。

4.5.1 全断面加固方案

全断面注浆纵向长度一般为12m,径向加固范围为隧道开挖工作面及开挖轮廓线以外4m。为减少注浆盲区,在前8m注浆盲区内增设补浆孔。全断面超前预注浆断面(以圆形断面为例)如图4-43所示。

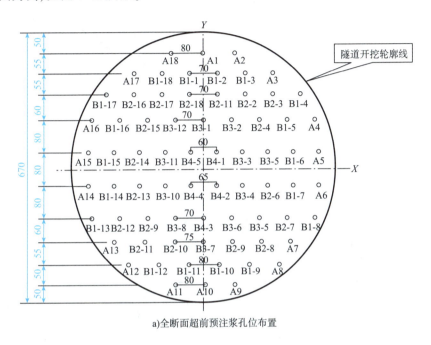

a) 全断面超前预注浆孔位布置

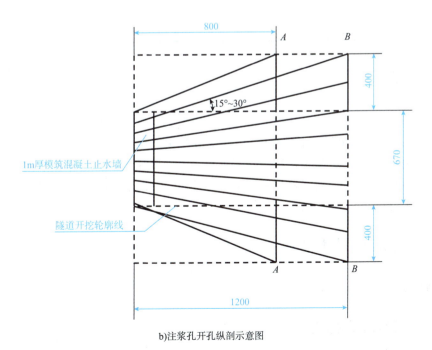

b) 注浆孔开孔纵剖示意图

图 4-43

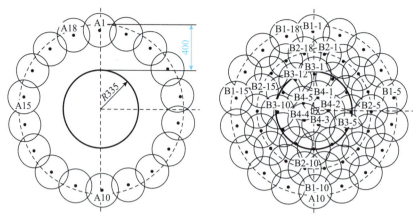

c) $A\text{-}A$、$B\text{-}B$ 断面终孔交圈

图 4-43　全断面超前预注浆断面(尺寸单位:cm)

4.5.2　注浆材料

注浆材料以普通水泥-水玻璃双液浆为主,以普通水泥、超细水泥单液浆为辅。普通水泥为 R42.5 硅酸盐水泥,水玻璃浓度为 35°Bé,模数为 2.4~2.8,浆液配合比见表 4-14。

浆液配合比表　　　　　　　　　　　　　　　　　表 4-14

序号	名称	注浆配合比	
		水灰比	体积比
1	普通水泥-水玻璃双浆液	0.8:1~1:1	1:1~1:0.3
2	普通水泥单浆液	0.8:1~1:1	
3	超细水泥单浆液	0.8:1~1.2:1	

4.5.3　注浆参数

选择双液注浆。水泥浆水灰比 1:1,即 15 袋水泥搅拌 $1m^3$ 浆液,用 750L 水。水玻璃浆浓度为 30~35°Bé,实际注浆过程中,根据浆液变化及压力变化情况,可适当调浓或调稀一级,以确保施工质量,施工过程做好施工记录。注浆压力设计值根据断面、地面隆起情况取 3~5MPa。注浆时要严格控制注浆压力,防止因注浆压力过大造成地面隆起而破坏地面结构。根据现场监测情况,可适当调整注浆压力。

4.5.4　注浆有效扩散半径

注浆有效扩散半径 $R = 1.5m$。

4.5.5　注浆结束标准

按设计要求达到注浆压力,并持续 30min,且进浆量明显减少。

4.5.6 封闭死角注浆

检查孔不出水后,在断面底部按断面45°方向进行死角注浆封闭。全断面注浆参数见表4-15。

全断面注浆参数表 表4-15

序号	参数名称	参数值		备注
1	加固范围	纵向	12m	
		径向	工作面及开挖轮廓线4m	
2	扩散半径	1.5m		
3	注浆终压	3~5MPa		
4	注浆孔直径	开孔 ϕ125mm,灌浆 ϕ83mm		
5	注浆速度	5~10L/min		
6	终孔间距	1.7m		
7	注浆方式	前进式、后退式、PVC管孔底注浆		分段长度1~2m
8	注浆孔数量	71个		根据断面大小确定
9	孔口管	L=1.5mm,ϕ108灌浆,壁厚5mm		

4.5.7 注浆作业

注浆根据从下向上、间隔跳孔、先外圈后内圈的顺序进行。

4.5.8 注浆工艺流程

全断面注浆工艺流程如图4-44所示。

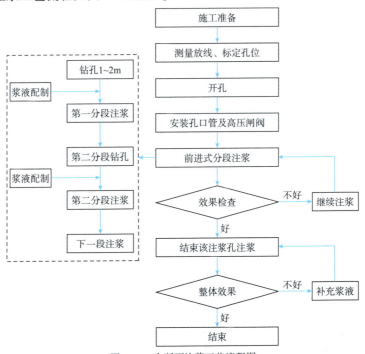

图4-44 全断面注浆工艺流程图

1) 施工准备

根据现场情况,焊接搭设钻机平台。平台结构为双层工字钢结构,每层高度为 3.2m,其他尺寸根据现场和钻机布置需要而定,保证平台强度以便架立钻机打孔,确保安全。

2) 测量放线及标定孔位

施工前,测量组根据设计图纸放出断面中心点,现场按设计要求在掌子面上标出开孔位置,采用罗盘仪确定注浆外插角,调整钻机至满足设计钻孔方向要求。

3) 开孔

采用低压力、满转速钻机,采用直径为 130mm 的钻头开孔,钻深 2m,退出钻杆,安装孔口管。

4) 安装孔口高压管及高压闸阀

开孔完成后,在孔口上安装孔口高压管及高压闸阀。

孔口高压管及高压闸阀必须事先加工好,如图 4-45 所示。

图 4-45 孔口管加工示意图

5) 注浆

钻孔至设计位置后,按照注浆方式和注浆工艺流程进行注浆作业。

6) 注浆效果检查

(1) 注浆结束后,在注浆薄弱区域钻设检查孔,检查孔数量按设计注浆孔数量的 5%~10% 考虑。检查孔要求不涌泥、不涌砂,出水量小于 0.2L/(min·m),否则应补孔注浆。

(2) 浆液充填率反算:通过统计总注浆量,反算浆液充填率。浆液充填率要求达到 70% 以上。

7) 主要机械设备及注浆材料配置

主要机械设备及注浆材料配置见表 4-16。

主要机械设备及注浆材料配置　　　　表 4-16

类别	器具名称	型号及规格	数量	单位	备注
机械设备	钻机	DH90	1	台	履带式全液压
	注浆泵	KBY-50/70	2	台	
	注浆桶	RJ-300	2	个	
	储浆桶	自制	2	个	
	清水混凝土	自制	2	个	
	止浆塞	锥形橡胶制浆筛	10	个	
	抽水泵		2	台	备用
	喷浆泵		1	台	备用
注浆材料	球阀	$\phi 32mm$	20	个	
	快速接头	$\phi 125mm$	50	套	
	孔口管	$\phi 108mm$	300	m	

续上表

类别	器具名称	型号及规格	数量	单位	备注
注浆材料	PVC 塑料管	$\phi 30mm$	80	m	
	超细水泥	$D < 20\mu m$		t	根据需要选用
	普通水泥	R42.5		t	根据需要选用
	水玻璃	35°Be′,模数为 2.4~2.8		t	根据需要选用
	麻丝			kg	根据需要选用
	锚固剂			kg	根据需要选用
	应急材料	方木、木丁、扒钉、斧头、聚氨酯、砂袋等			

8) 主要人员配备

主要人员配备见表 4-17。

主要人员配备　　　　　　　　　表 4-17

序号	工种	人数	职责
1	技术人员	1	对注浆施工负责,协助监测工作
2	工班长	1	负责安排劳动
3	制浆	3	负责制浆和配制浆液
4	机修工	1	负责排除机械故障
5	钻工	1	负责操作钻机
6	泵工	1	负责操作注浆泵
7	杂工	4	钻孔、注浆及其他工作
合计		12	

9) 质量保证措施

(1) 在钻孔过程中如发生涌水、涌砂,应及时退钻,并安装好注浆压盖,强力注浆。

(2) 当采用后退式分段注浆时,待钻至设计深度后,应及时安设止浆塞及法兰盘,将止浆塞放入孔口管内,并用法兰盘固定牢固。钻杆要保持匀速转动,并按设计分段的长度和注浆量进行退钻。

(3) 配制浆液时要严格按照制浆要求顺序投料,不得随意增减数量。为避免杂物堵管,应设置滤网过滤。浆液搅拌好后放在储浆桶中,在吸浆过程中不停搅拌,防止沉淀,以免影响注浆效果。

(4) 注浆过程遇突然停电,要立即拆下注浆管,用高压水清洗管内浆液。注浆过程发现注浆量很大,但注浆压力长时间不上升时,可通过调整浆液配合比、缩短凝结时间来达到控制注浆范围的目的。

(5) 如注浆过程压力突然上升,应立即停止注浆,打开泄浆阀泄压,查明原因并经处理后继续注浆。

(6) 注浆过程如发生与其他孔串浆,可关闭该串浆孔继续注浆。若此现象频繁发生,应加大注浆孔间距或钻一孔注一孔,减少串浆现象的发生。

(7) 严格按照设计定长进行分段注浆,不得任意延长分段长度,必要时可以进行重复注浆,以确保注浆质量。

(8)注浆时,应根据地质情况调整注浆参数和工艺,严格控制结束标准,保证注浆质量和效果。

10)安全保证措施

(1)施工时应做好排水准备工作及抢险准备工作,防止大量涌水、涌砂。
(2)钻孔、灌浆人员应熟练掌握有关作业规程,并佩戴好防护用具。
(3)在扫孔时,人员应撤离至安全地带,防止由孔口吹出的土石块伤人。
(4)每次注浆完成后,先泄压,再拆管,防止注浆管内高压伤人。
(5)加强地表巡视,发现冒浆及时通知注浆人员。
(6)加强地表监测,尤其是对周边建筑物、管线的监测。如发现指标超限,应及时报警,并采取相应措施。

4.6 防水层施工

4.6.1 总体布设

新奥法区间隧道防水应遵循"以防为主,刚柔结合,多道设防,因地制宜,综合治理"的原则。

区间结构采用全包防水夹层防水。区间隧道的防水材料一般为无纺布+PVC 防水板,全包设置。二次衬砌采用 P8~P12 防水钢筋混凝土,并掺入外加剂,以减少混凝土微裂缝。

动画:暗挖隧道防水

在二次衬砌内每纵向 2m 设置 2~3 根预埋注浆管(注浆管不得穿透防水层),便于后续注浆堵漏处理,注浆材料为 1:0.5~1:0.4 普通水泥砂浆;注浆压力宜根据实际情况确定,一般控制在 0.2~0.5MPa 范围内。

隧道防水设计体系见表 4-18。

隧道防水设计体系表 表 4-18

防水体现		要求内容
结构自防水	混凝土抗渗等级	初期支护要进行系统注浆,形成初道止水帷幕; 二次衬砌:工程埋深 10~20m 时,抗渗等级为 P8; 工程埋深 20~30m 时,抗渗等级为 P10; 工程埋深≥30m 时,抗渗等级为 P12
	裂缝控制	裂缝宽度不大于 0.20mm,且不得有贯穿裂缝
	耐腐蚀要求	处于侵蚀性介质中时,防水混凝土的耐侵蚀要求应根据介质的性质按《混凝土结构耐久性设计标准》(GB/T 50476—2019)相关标准执行
接缝防水		施工缝、变形缝、穿墙管、后浇带及各类型接头的接缝不得渗漏水
附加防水层		应能抵抗工程埋深的水压,如采用单质塑料片材,需设置分区注浆系统

隧道防水结构如图 4-46 所示。

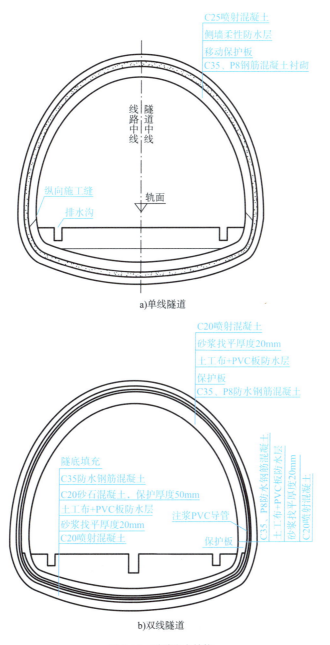

图 4-46　隧道防水结构

4.6.2 防水层施作

1) 砂浆找平层施工

在防水层与初期支护之间设置一层砂浆找平层。找平层使用 1∶1 水泥砂浆。

砂浆找平层施工主要工作是凿除初期支护喷射混凝土表面"葡萄状"结块，用电焊或氧焊将初期支护外露的锚杆头和钢筋头等铁件齐根切除，在割除部位用细石混凝土抹平覆盖,以防刺破防水板。凸出部位应凿除,并用1∶1的水泥砂浆找平;凹坑部位应采用1∶1水泥砂浆填平,使基面洁净、平整、圆顺、坚实,不得有疏松、起砂、起皮等现象。

2) 防水层施工

区间隧道防水层采用无纺布+PVC防水板。防水层采用无钉铺设工艺。防水层铺设施工工艺流程如图4-47所示。

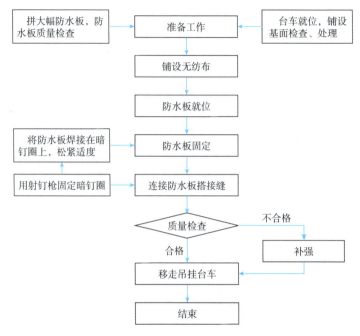

图4-47 防水层铺设施工工艺流程

3) 施工要领

(1) 施工准备

测量隧道断面,利用作业台车对断面再次进行修整。基层平整度采用1m的靠尺进行检测。当靠尺至弧形中部的距离小于图纸及规范要求,或圆弧的最小半径大于图纸及规范要求时,即满足要求。在砂浆找平层面上标出拱顶中线和垂直于隧道轴线的断面线。

检查防水板的质量,看是否有变色、老化、波纹、刀痕、撕裂、孔洞等缺陷;在防水板边缘划出焊接线和拱顶中线;防水板按实际轮廓线长度截取,对称卷起备用。纵向铺设长度按二次衬砌边拱混凝土长度外大于50cm安排。

防水施工作业台车模型如图4-48所示。

(2) 无纺布铺设

首先在隧道拱顶标出隧道纵向中线,将无纺布用射钉、塑料垫片固定在找平层基面上,并使无纺布的中心线与隧道中心线重合,其搭接宽度不小于15cm;侧墙无纺布的铺设位置在施工缝以下250mm,以便搭接。塑料垫片在拱部的间距为0.5~0.7m,在边墙的间距为

图4-48 防水施工作业台车模型

1.0~1.2m,呈梅花形布设。对于变化断面和转角部位,钉距应适当加密。

(3) 防水板铺设

防水板铺设长度与无纺布的相同。先在隧道拱顶部的无纺布缓冲层上正确标出隧道纵向中心线,再使防水板的中心线与隧道中心线重合;铺设时,与无纺布一样,从拱顶开始向两侧下垂铺设,边铺边用圆垫片热熔焊接。附属洞室铺设防水板时,按照附属洞室的大小和形状加工防水板,将其焊接在洞室内壁的喷锚支护上,并与边墙防水板焊接成一个整体。

防水板的铺设要松紧适度,既能使之紧贴在喷射混凝土表面上,又不致因过紧而被撕裂。如果过松,将会使无纺布防水板褶皱堆积,形成人为蓄水点。

为防止电热加焊器将防水板烧穿,可在其上衬上隔热纸。防水板一次铺设长度需根据混凝土循环灌注长度确定,一般应领先于衬砌施工2~3个循环。

仰拱防水层铺设完毕后,应立即浇筑50mm厚的C20细石混凝土保护层,侧墙防水层须采取临时保护措施,避免防水层受到破坏。

(4) 防水板接缝焊接

防水板接缝采用爬行热焊机双缝焊接。将两幅防水板的边缘搭接,通过热熔加压来有效黏结。防水板搭接宽度不小于15cm,单条焊缝的有效焊接宽度不小于1.5cm。热合器预热后,放在两幅防水板之间,边移动融化防水板、边顶托加压,直至接缝黏结牢固。

竖向焊缝与横向焊缝成十字相交(十字形焊缝)时,在焊接第二条焊缝前,先将第一条焊缝外的多余边削去,将台阶修理成斜面并熔平,修整长度应大于12mm,以确保焊接质量和焊机顺利通过。

焊缝质量与焊接温度、电压和焊接速度密切相关。施焊前必须先试焊,以确定焊接工艺参数。焊接时,不可高温快焊或低压慢焊,以免造成假焊或烧焦、烧穿防水板。加压时应均匀,不可忽轻忽重,以免轻压处产生假焊现象。焊缝若出现假焊、漏焊、烧焦、烧穿现象应进行补焊。防水板损坏处,必须用小块防水板焊接覆盖。

(5) 防水板质量检查

①外观检查

防水板应均匀连续铺设,焊接采用双焊缝,焊缝应平顺、无褶皱、均匀连续,无假焊、漏焊、过焊、焊穿或夹层等现象。

②焊缝质量检查

防水板搭接部位焊缝为双焊缝,中间留出空隙以便充气检查。检查方法为:先堵住空气道的一端,然后用空气检测器从另一端打气加压。用5号注射针头与打气筒相连,并在针头处设压力表。当打气筒充气压力达到0.25MPa时,停止充气,稳压15min。压力下降幅度在10%以内为合格焊缝,否则说明有未焊好之处,应用肥皂水涂在焊接缝上检查,对产生气泡的地方重新焊接,直到不漏气为止。采取随机抽样的原则检查,每10条焊缝抽试一条。

在绑扎钢筋时要对防水层进行防护。所有靠防水板一侧的钢筋弯钩及绑扎钢丝接口均应设在背离防水板一侧。焊接钢筋时,必须在其周围设防火板遮挡,以免电火花烧坏防水层。混凝土振捣时不能触碰防水板。

4.6.3 施工缝及变形缝防水

1) 施工缝防水处理

(1) 环向施工缝设置间距一般取9~12m,纵向施工缝可根据实际情况考虑。

(2) 施工缝防水材料:采用反应性止水带或缓膨性止水胶,要求防水可靠、耐久、施工方便、有弹性,与混凝土黏结牢固,不得产生缝隙。止水带安装在钢筋混凝土结构厚度的1/2处,止水带严密连接,不得断开。

(3) 施工缝防水设置预注浆系统,与反应性止水带和缓膨性止水胶形成完整的防水。在后浇混凝土衬砌块内预埋注浆管,后浇衬砌完成后,向施工缝内注浆。

(4) 施工缝外设置防水卷材加强层,宽度为500mm,材质与外包防水卷材相同。

2) 变形缝防水处理

区间隧道与车站的结合部位,以及区间隧道与风道、横通道及联络通道相交处应设置变形缝,变形缝宽度为30mm(图4-49)。变形缝设钢边(不锈钢)橡胶止水带。

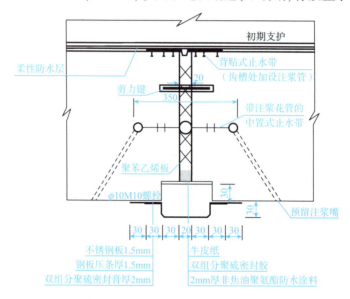

图 4-49　变形缝防水结构(尺寸单位:mm)

变形缝防水处理施工程序和技术要求如下:

(1) 首先安设钢边橡胶止水带,安设位置要准确,其中间空心圆环与变形缝中心线重合,并安设到防水钢筋混凝土衬砌厚度的1/2处,做到平、直、顺。止水带之间连接橡胶采用黏结法,钢板采用焊接,要求连接缝严密、牢固,钢边橡胶止水带两侧钢板应设置预留孔。预留孔间距为250mm,两侧错开布置,以便用铁丝穿孔和钢筋固定牢靠。

(2) 当一侧混凝土达到一定强度后拆模。拆模时防止破坏橡胶止水带,在变形缝的缝间设置聚苯板,要求填缝紧密、平直,与设计缝宽相同。止水带部位的混凝土必须振捣充分,保证止水带与混凝土咬合密实。振捣时严禁振捣棒触及止水带。

(3) 拆模后,将槽体(深30mm)内和封口处的预埋泡沫板清除干净,混凝土面平顺、干净、干燥,两侧钢筋不允许侵入槽体内。

(4) 槽体内嵌入单组分聚氨酯密封胶。采用胶枪(专用工具)将单组分聚氨酯密封胶填充在槽体内,先打底胶后填密封胶,并用隔离层将密封膏与槽内上下嵌缝材料隔开,只能与槽内两侧混凝土黏结。

(5) 底板变形缝槽口内填充聚合物防水砂浆。

(6) 顶、侧墙变形缝槽口设不锈钢接水槽,并用M8不锈钢膨胀螺栓钉固定在结构上,侧墙用单组分聚氨酯密封胶封堵钢板与混凝土间缝隙,防止槽体内的水流出。

(7)变形缝外设柔性防水加强层,宽度为600mm,材质与外包防水层相同。

3)穿墙管件防水措施

穿墙管件穿过防水层的部位需采用止水法兰和双面胶黏带以及金属箍进行防水密封处理。先将止水法兰焊接在穿墙管件上,然后浇筑在模筑混凝土中,必要时在止水法兰根部粘贴遇水膨胀腻子条;双面胶黏带先粘贴在管件的四周,然后将塑料防水板粘贴在双面胶黏带表面,将防水板的搭接边用手工焊接密实,最后用双道金属箍件箍紧。

4.7 衬砌施工

新奥法区间隧道二次衬砌分为仰拱和边墙拱部进行施工,分块浇筑长度一般为9~12m。仰拱衬砌采用定型组合钢模,用钢管脚手架支撑。边墙拱部衬砌分为两种方式:变截面段边墙拱部衬砌采用简易钢平台+定型钢架作支撑体系+定型组合钢模(变断面双线隧道采用小钢模)的模板体系;标准断面边墙拱部衬砌采用钢模液压台车。混凝土采用泵送入模。边墙拱部衬砌滞后仰拱2~3个循环段。

4.7.1 仰拱及仰拱回填

在二次衬砌施工时,仰拱、仰拱回填须超前施工。单线隧道待隧道贯通后施工仰拱及仰拱回填;双线隧道及大断面隧道待初期支护全断面施作完成后及时施工仰拱及回填。仰拱衬砌采用上挂式移动衬砌模板。上挂式移动仰拱衬砌模板如图4-50所示。双线隧道由于出渣运输与仰拱施工存在干扰,无法正常作业,为此采取简易栈桥或自行式仰拱液压栈桥作为临时通道,以保证掌子面正常施工。仰拱栈桥如图4-51所示。

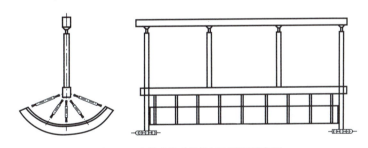

图4-50 上挂式移动仰拱衬砌模板示意图

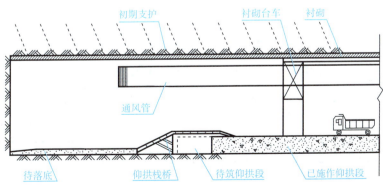

图4-51 仰拱栈桥示意图

仰拱施工步骤见表4-19。

仰拱施工步骤　　　　　　　　　表4-19

序号	施工步骤图	说明
1	(前坡桥、栈桥、后坡桥；前走行轮、后走行轮；A1、仰拱)	栈桥就位后准备浇筑A1段混凝土
2	(前坡桥、栈桥、后坡桥；前走行轮、后走行轮；A1、仰拱)	A1段仰拱混凝土浇筑完毕后,提起前坡桥、后坡桥
3	(前坡桥、栈桥、后坡桥；前走行轮、后走行轮；A1、仰拱)	前坡桥、后坡桥抬起后,伸出其后走行轮,液压缸顶起栈桥,准备移位
4	(前坡桥、栈桥、后坡桥；前走行轮、后走行轮；A2、A1、仰拱)	栈桥自动走行至A2位置后,收起前、后走行轮、落栈桥,放下前后坡桥
5	(前坡桥、栈桥、后坡桥；前走行轮、后走行轮；A2、A1、仰拱)	浇筑A2段仰拱混凝土

自行式仰拱栈桥走行轮可以90°旋转,这样栈桥既可纵向走行,也可横向走行,利于半幅清理仰拱,全幅一次灌注。

仰拱部位端头采用钢制大模板,混凝土由中心向两侧对称浇筑,仰拱与边墙衔接处应捣固密实。仰拱一次施工长度应与二次衬砌确定的长度相匹配。仰拱施工完毕后,进行仰拱回填混凝土施工。混凝土采用混凝土泵泵送入仓,用插入式振捣器捣固。

4.7.2 二次衬砌施工

二次衬砌的施作时间应安排在围岩和初期支护变形基本稳定、量测监控数据表明位移率明显减缓时,但是对于破碎围岩或浅埋段等情况,应尽早施作二次衬砌。衬砌施工中应注意及时埋设回填注浆的预埋注浆管及其他附属设施的预埋件。新奥法区间二次衬砌主要使用钢模台车施工,根据单洞单线、单洞双线隧道的断面形式配置相应尺寸的钢模台车。如部分新奥法区间隧道断面尺寸变化频繁、隧道岔口多、断面不规则,则不适合使用钢模台车浇筑。对不适用钢模台车的洞段,应架设满堂式脚手架支撑,使用组合钢模板或定型钢模板浇筑。二次衬砌施工工艺流程如图 4-52 所示。

图 4-52　二次衬砌施工工艺流程

1)衬砌台车

隧道二次衬砌采用整体式液压衬砌台车施工,台车长度一般为 9~12m,挡头模板采用木模。衬砌台车配置数量需满足工期要求。区间长度较短且该段工期相对较长的地段,可考虑与其他工作面共用一台台车。衬砌台车如图 4-53 和图 4-54 所示。

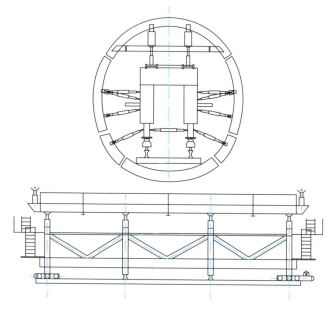

图 4-53 单洞单线衬砌台车示意图

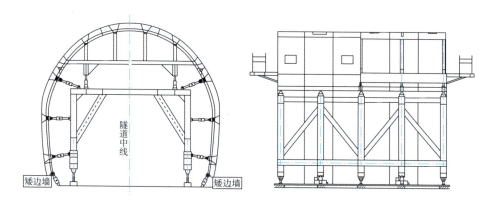

图 4-54 单洞双线衬砌台车示意图

2)脚手架支撑

在不适用钢模台车浇筑的洞段,分段搭设钢管脚手架支撑,在支撑端头设置可调节丝杠,以便调节模板位置。脚手架搭设严格按照相关规范进行,搭设完成并经检查验收后,再根据隧道断面形式安装定型钢模板或组合钢模板。

3)钢筋制作及安装

(1)钢筋在洞外下料加工,弯制成型,洞内绑扎。

(2)钢筋焊接:洞内主筋、箍筋采用电弧焊。

(3)钢筋冷拉调直:采用钢筋调直机在洞外进行钢筋的冷拉和调直。

(4)钢筋下料:根据设计图纸的规格尺寸,在下料平台上放出大样,然后进行钢筋的下料施工。

(5)钢筋成型:在钢筋加工平台上根据钢筋制作形状焊接一些辅助设施,钢筋弯曲加工成型。

(6)钢筋骨架绑扎:严格按照图纸尺寸进行绑扎。

4)混凝土拌制及运输

隧道衬砌混凝土均为商品混凝土,采用混凝土搅拌运输车运输。运输过程中,要避免出现离析、漏浆,并要求浇筑时有良好的和易性,坍落度损失减至最小或者损失不至于影响混凝土的浇筑与捣实,确保入模混凝土的质量。

5)混凝土浇筑

混凝土的入模采用输送泵。灌注混凝土之前,模板外表面需涂抹脱模剂。灌注混凝土时,先从台车模板最下排工作窗口左右两侧对称灌注,混凝土快要平齐工作窗时,关闭工作窗,然后从第二排工作窗灌注混凝土,以此类推,最后于拱顶输料管处关闭阀门封顶。脚手架支撑模板段混凝土浇筑顺序与钢模台车浇筑段的相同。

采用插入式振捣棒振捣,按"快插慢拔"操作。混凝土分层灌注时,其层厚不超过振动棒长的1.25倍,并插入下层不小于5cm,振捣时间为10~30s。振捣棒应等距离插入,均匀捣实全部混凝土,插入点间距应小于振捣半径的1倍。前后两次振捣棒的作用范围应相互重叠,避免漏捣和过捣。振捣时严禁触及钢筋和模板。

6)衬砌质量控制

合格的原材料、优质的混凝土拌合料和严格的施工控制,对确保混凝土质量来说缺一不可。衬砌质量主要控制措施如下:

(1)混凝土拌合料的监督管理

通过市场调查、比选,选择信誉良好、产品质量稳定可靠的厂商。供货厂商必须具备相应的资质、能力,确保满足工程混凝土使用数量、高峰强度及质量要求,必须提供产品质量合格证明材料等。

混凝土浇筑开始前,根据施工图纸和相关规范的要求,将混凝土计划浇筑时间、地点、数量、用料强度、级配、强度等级、防水等级、出机口温度及坍落度等相关参数递交给混凝土供应厂商,供应厂商据此进行配合比设计和试验,提供符合要求的混凝土拌合料。委托具有相应资质的试验检测中心对商品混凝土按规范要求进行抽样检测,不合格料禁止用于工程。

(2)运输和泵送

混凝土在运送途中,运输车应保持2~4r/min的慢速转动。为减少混凝土坍落度损失,保持混凝土必要的工作性,应尽量缩短混凝土运输延续时间。对运到浇筑地点的混凝土应进行坍落度检查,并不得有明显偏差。泵送混凝土操作应符合泵送混凝土的相关规定,先用同水灰比砂浆润滑管道,避免人为因素造成堵管。

(3)浇筑

隧道衬砌施工多在起拱线以下的边墙上出现麻面、水泡和气泡等表面缺陷,严重影响混凝土外观质量及防水性能。缺陷的产生与浇筑和振捣环节的控制有关,应采取综合措施加以改进。为防止混凝土表面缺陷的出现,可采取以下措施:

①分层分窗浇筑。泵送混凝土入仓应自下而上,从已灌注段接头处向未灌注方向分层对称浇灌,防止偏压使模板变形。

②灌注下层混凝土时,应开启台车中层窗口,以利排气;同理,灌注中层混凝土时,应开启台车顶层窗口。灌注混凝土时,应在泵管前端加长若干米的软管,进入窗口时应伸入窗内并使管口尽量垂直向下,以避免混凝土直接泵向支护面,造成墙角和边墙出现蜂窝麻面。

③混凝土浇筑时的自由倾落高度不宜超过2m。当超过2m时,应采用滑槽、串筒等

器具或通过模板上预留的孔口浇筑,杜绝超高度浇筑。

④严禁在泵送处加水。水灰比是混凝土强度的第一保证要素,有意加水会严重影响混凝土的技术指标。混凝土封顶时应严格操作,尽量从内向端模方向灌注,以排除空气,保证拱顶灌注饱满和密实。

⑤加强施工组织管理,保证混凝土连续浇筑,避免间歇时间过长。若间歇时间超过 2h,则必须按浇筑中断进行工作缝处理。

(4) 振捣

插入式振捣器的移动间距不宜大于其作用半径的 1.5 倍,且插入下层混凝土中的深度宜为 5~10cm。每个振点的振捣持续时间,以混凝土不再显著沉落、不再出现气泡和表面明显出现浮浆为度。在振捣过程中要使振捣棒避开钢筋,但要保证钢筋周围的混凝土均匀受振。附着式振捣器开动时刻为混凝土浇满附着式振捣器振捣范围时,每次振动时间为 1~2min,谨防空振和过振。操作人员还要注意加强观察,防止漏振和过振。

(5) 拆模及养护

选择合理的拆模时间,利用全液压衬砌台车液压系统进行脱模。混凝土达到拆模控制强度所需时间应通过试验确定。脱模后要防止衬砌表面受到碰撞。混凝土洒水养护时间不得少于 14d。

(6) 拱顶填充密实

在模板台车上预留观察(注浆)孔,间距为 3~5m,观察孔用 $\phi 50mm$ 锥形螺栓紧密堵塞,混凝土初凝后拧开螺栓,探测拱顶是否回填密实。如果有空洞,在混凝土具备一定强度后且于模板拆除前压浆回填。

如果混凝土灌注过程中拱顶回填不满,则采取二次浇筑的方法,首先在挡头板位置预留排气孔,然后由内向挡头板方向压灌混凝土。

在挡头板、拱顶下 $L/4$ 处预埋注浆管,间距为 3m。如果发现有空洞,在混凝土具备一定强度后且于模板拆除前压浆回填。

(7) 施工注意事项

①衬砌施作前先检查断面尺寸,并报请监理工程师检查。检查合格后,根据有关测量数据将衬砌台车就位,并调试、配套有关设备。

②首先测量定位。测量工程师和隧道工程师共同进行水平、高程测量放样。通过轨道将台车移至衬砌部位,调好高程,按隧道衬砌内轮廓线尺寸调整好模板支撑杆臂。将基础内杂物和积水清除干净,斜坡基底要修凿成水平或台阶状,确保边墙混凝土基础稳固。

③根据技术交底的中线和高程铺设衬砌台车轨道,要求使用标准枕木和接头夹板,轨距与台车轮距一致,左右轨面高差小于 10mm,启动电动机使衬砌台车就位,涂刷脱模剂。

④启动衬砌台车液压系统,根据测量资料使钢模定位,保证钢模衬砌台车中线与隧道中线一致,拱墙模板成型后固定,测量复核无误。

⑤清理基底杂物、积水和浮渣,装设挡头模板,按设计要求装设橡胶止水带,并自检防水系统设置情况。自检合格后,报请监理工程师做隐蔽检查,经监理工程师签证同意后灌注混凝土。

⑥当衬砌段地下水较大时,要加强对地下水的检测,采取注浆封闭,做好防水处理后再进行衬砌。

⑦施工缝端头必须进行凿毛处理,用高压水冲洗干净。

⑧按设计要求预留沟、槽、管、线及预埋件,同时施作附属洞室混凝土衬砌。

⑨混凝土衬砌灌注过程中,要杜绝破坏防水层现象。施工缝接头处要严防漏浆,确保接缝质量。

4.7.3 回填注浆

在二次衬砌施工完成后,为防止二次衬砌与防水层之间形成空洞,需及时进行二次衬砌后的注浆。纵向注浆管设于拱顶模筑衬砌外缘、防水板内侧,纵向注浆管孔径为 $\phi 20mm$,采用聚乙烯管。在防水板敷设完成后,将注浆管胶粘于防水板内侧,结合 9～12m 的衬砌段施工缝,按设计要求布置,两端分别与预设的 $\phi 20mm$ 镀锌钢管注浆口连接。镀锌钢管突出衬砌内缘 3～5cm,以便于连接注浆管。环向间距为 2～3m,纵向间距为 2.5m。

回填注浆材料采用 1:1 水泥浆液。水泥浆采用浆液搅拌机拌和,单液注浆泵注浆。注浆采用隔孔注浆方式;当发生各孔串浆现象时,采用群孔注浆方式。注浆压力一般为 0.2～0.3MPa。注浆严格按设计和施工规范进行。注浆材料、注浆方式及注浆压力等参数根据注浆试验结果及现场情况调整。注浆作业中认真填写注浆记录,随时分析和改进作业。

4.8 附属结构施工

4.8.1 竖井施工

竖井是为增加新奥法施工的工作面而设置的,属临时结构,如图 4-55 所示。

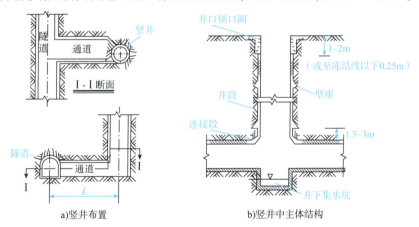

图 4-55 竖井布置及主体结构

1) 竖井施工工艺流程

竖井施工工艺流程如图 4-56 所示。

2) 施工注意事项

(1) 做好场地的平整及总体规划,包括井架布设、拌和站位置的摆布、材料堆放、钢筋焊接及排水等,均应统筹规划好。

(2) 严格控制好锁口梁的施工质量,这是施工过程中进出洞的第一道卡。

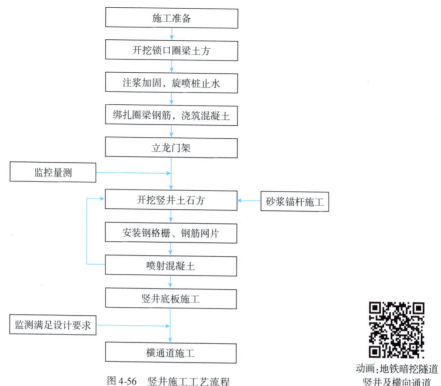

图 4-56　竖井施工工艺流程

动画:地铁暗挖隧道竖井及横向通道

(3) 做好维护结构施工或井壁支护施工。

(4) 如采用格栅钢架加固井壁,一定要按设计要求使格栅钢架闭合成环,且与锚杆、连接钢筋成一整体。

(5) 混凝土喷射一定要保证喷射厚度及喷射质量。

(6) 做好洞口排水及井内施工中的排水。如发现漏水,一定要先堵漏再施工。

(7) 严格把控竖井与横通道接口处(即马口)的施工质量,切忌将竖井一下施工到底,再回过头来施工横通道,要根据横通道开口部分的施工进度,逐渐将竖井施工到设计高程。

(8) 做好附属设施的预留,包括下井楼梯和正洞施工时的风、水、电等的管线安装路径规划。

(9) 做好监控量测,随时观察竖井工作时的变形及位移情况。

(10) 井架设计合理。井架的起吊能力、斗容量应根据承担的工程内容、工作量大小、工期要求,综合、科学计算确定。

4.8.2 工作风井施工

当区间长度超过600m时,须在区间适当部位设立工作风井,其宜与联络通道、泵房三者合设。工作风井是永久结构,其寿命按100年考虑。

图 4-57 为某区间工作风井剖面图。

此基坑分两级,一级大基坑采用锚杆土钉加固,二级深坑采用桩基围护结构,其施工方法已在围护结构施工中讲述。和区间相连的通道,一般采用新奥法施工。

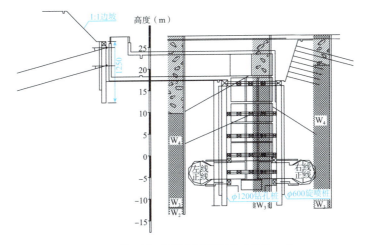

图 4-57　某区间工作风井剖面图(尺寸单位:cm)

4.8.3　联络通道及泵房施工

当地铁区间较长时,常设一处或多处联络通道及泵房。图 4-58 为某工程的一个叠式线路的联络隧道及泵房。

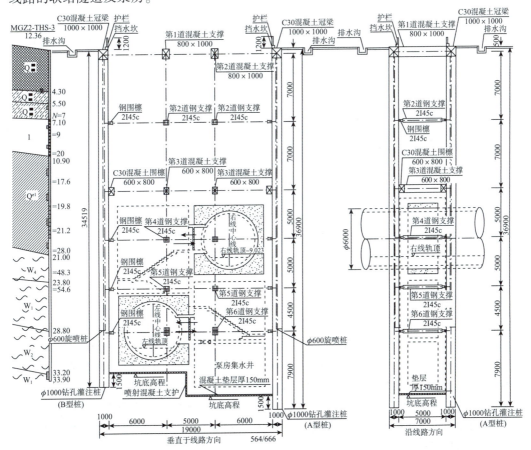

图 4-58　叠式线路的联络通道及泵房(尺寸单位:mm;高程单位:mm)

联络通道及泵房一般采用新奥法施工。某些情况下,也采用冷冻法施工。以下重点讲述位于盾构区间内的联络通道施工。在盾构区间管片拼装完一个月左右后,即可按设计部位进行联络通道及废水泵房的施工。联络通道施工步骤见表4-20。

联络通道施工步骤　　　　　　　　　　表4-20

序号	施工步骤图	说明
1		(1)加固暗挖段地层; (2)打设小导管超前支护并注浆; (3)安装临时钢架和竖向支撑,切除部分特殊管片
2	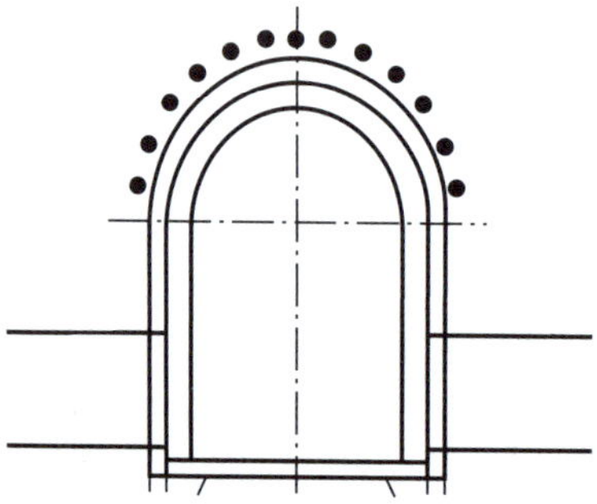	(1)根据地层情况,按每循环进尺0.5~0.75m开挖联络通道土方; (2)封闭掌子面并初喷5cm厚混凝土; (3)打设注浆锚管并注浆; (4)架格栅,挂网喷射C20混凝土
3		(1)施作联络通道底板防水及二次衬砌; (2)施作泵房检查井,并打设垂直套管; (3)施作联络通道拱、墙防水及二次衬砌

1)地层加固

(1)旋喷桩地基加固

根据工程地质条件及其他施工条件,采用"旋喷桩临时加固土体,新奥法暗挖构筑"的施工方案,加固必须在盾构机到达前进行。加固范围为旁通道上下各3m,沿隧道轴线方向9m。旋喷桩桩径为$\phi 800mm$,间距为600mm,采用梅花形布置。要求旋喷桩水泥浆液压力不小于20MPa,并可根据需要加入适量的外加剂及掺和料,用量应通过试验确定,水泥浆液的水灰比为1.0:1~1.5:1。加固后的土体应有很好的均质性、自立性,其无侧限抗压强度不小于1MPa,渗透系数小于$1\times 10^{-5}cm/s$。另外,还可以采用洞内深孔注浆以及冷冻法施工。

联络通道加固区域如图4-59所示。

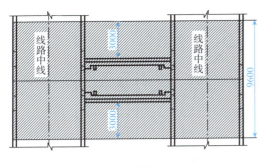
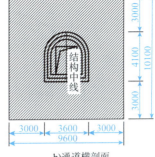

a)总平面　　　　　　　　　　b)通道横剖面

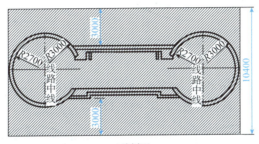

c)总剖面

图 4-59　联络通道加固区域(尺寸单位:mm)

(2)简易预应力隧道支架安装

开挖施工之前,需在通道开口处隧道中设置简易预应力隧道支架,以减少联络通道开挖对隧道产生不利的影响。简易预应力隧道支架为圆形支架,每榀钢支架间距为 2.5m,在联络通道两侧沿隧道方向对称布置,两榀支架间用 67mm×67mm 等边角钢搭焊组合。

支架架设时要有专人负责指挥,拼装时螺栓必须拧紧,每榀支架有 8 个支点,由 6 个 50t 螺旋式千斤顶提供预应力。施加预应力时每个千斤顶要同时慢慢平稳加压,且以压实支撑点为宜。高处千斤顶应固定在支架上,防止脱落。要定期检查千斤顶压力情况,发现情况要及时处理。

2)开挖与结构施工方案

联络通道开挖构筑施工占用一侧隧道,在联络通道开口处搭设工作平台,利用隧道作为排渣及材料运输通道。经探孔试挖确认可以进行正式开挖后,先切开特殊环管片,然后根据"新奥法"的基本原理进行暗挖法施工。联络通道采用矿山全断面法施工,二次衬砌(现浇混凝土)在初期支护完成后施作。

联络通道施工流程如图 4-60 所示。

(1)开管片

管片表面用切割机切割分块,然后用风镐破除,管片破除顺序如图 4-61 所示(先破除一号,接着破除二、三、四号,待通道贯通后再破除五、六号)。

开管片时,准备 2 台 32t 千斤顶,5t、10t 和 2t 手拉葫芦各一个。两台千斤顶架在被开管片两侧,中间用一根横梁直接相连。在管片破除过程中要注意观察管片外移情况,并随时注意调整 2t 手拉葫芦的拉紧程度和方向。

图 4-60　联络通道施工流程

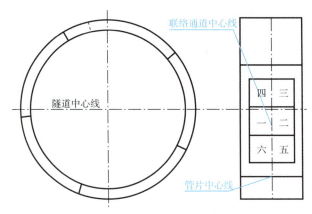

图 4-61 管片破除顺序示意图

(2) 开挖顺序

根据工程结构特点,联络通道开挖掘进采取分区分层方式进行,其施工顺序如图 4-62 所示(先开挖"1"通道,再开挖"2、3"喇叭口)。

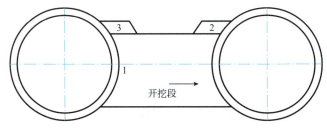

图 4-62 联络通道施工顺序

开挖掘进采用短段掘进技术,开挖步距控制在 0.5m 左右。由于旋喷桩加固强度高,普通手镐无法施工,须采用风镐进行挖掘。为了提高挖掘效率,加快施工进度,缩短土体暴露时间,风镐尖需做特殊处理,并要求每个掘进班配备 5~6 把风镐,以避免不能正常工作而影响施工进度。在掘进施工中,根据外露土体的加固效果以及监控监测信息,及时调整开挖步距和支护强度,确保施工安全。

(3) 支护方式

采用二次支护方式。首先采用小导管超前注浆,第一次支护(临时支护)采用型钢支架加砂浆锚杆,挂网喷射混凝土;第二次支护(永久支护)采用现浇钢筋混凝土。

(4) 结构施工

应按防水施工→钢筋捆扎→模板定位→混凝土灌注的顺序组织施工。

(5) 应注意的问题

①在隧道的一条线路中搭设管片割除及联络通道施工的平台,尽量不影响正常区间施工时的交通。

②在管片切割处的上下两侧应进行管片加固,加固长度为两侧各 6~7 环。采用型钢框架结构加固最好。

③正式开口切除管片前,一定要确认土体加固、注浆堵漏等施工质量可靠,做到施工时不坍塌、不漏水。

④严把锁口处的施工质量,做好超前支护及锁口梁的施工。

⑤加强监控量测。

4.9 地质预报

根据新奥法施工区间地质条件,采用红外探测仪、地质雷达、超前钻孔探测及地质素描等综合地质预报技术,长距离预报与短距离预报相结合,预测开挖工作面前方一定范围内的工程地质。施工中将超前地质预报工作纳入施工步骤管理,由专人负责。

超前地质预报主要设备配置见表4-21。

超前地质预报主要设备配置表　　　　　　　　表4-21

序号	设备名称	探测距离
1	STR-3000型地质雷达	15~20m
2	红外探水仪	20~30m
3	GLP150型全液压钻机(超前水平地质钻机)	5m

超前地质预报的重点内容是预测开挖面前方地质情况,如围岩整体性、断层、软弱围岩破碎带有无涌水、突泥等,不良地质的前方位置和对施工的影响,地下水活动情况等。

4.9.1 超前地质预报计划

施工过程中必须将超前地质预报纳入施工步骤管理,做到先探测后施工。不探测不施工。超前地质预报施工流程如图4-63所示。

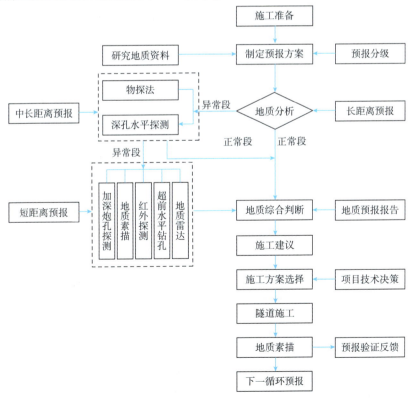

图4-63 超前地质预报施工流程

实施超前地质预报计划总的思路:地质预报与设计勘查地质资料相结合,一般地段采用地质素描、超前钻孔对前方地质情况在设计勘查基础上进一步细化、补充和验证,地质复杂、周围环境敏感地段采用地质雷达、红外探水仪以及孔内成像等先进技术手段,对前方复杂地质进行综合分析研究,拟定相应对策,以指导施工。多管齐下,力争把发生地质灾害的概率降至最小。

超前地质预报计划见表4-22。

超前地质预报计划表 表4-22

预测预报手段	仪器	预报内容	预报频率及计划
地质素描	罗盘仪、地质锤、放大镜、皮尺、数码相机等简单工具	对开挖面围岩级别、岩性、围岩风化变质情况、节理裂隙、产状、破碎带分布和形态、地下水等情况进行观察和测定后,绘制地质素描图,通过对洞内围岩地质特征变化分析,推测开挖面前方地质情况	地质素描在每次开挖后进行
地质雷达周边探测	SIR-3000型地质雷达	重点进行隧道周边的地质体探测,查找地质破碎带及其他不良地质体,防止开挖通过后,隧道顶板、底板及侧壁出现灾害性的突水突泥	每隔30~40m
红外探水	红外探水仪	根据构造探测结果,趋近不良地质体和地质异常体时,利用便携式红外线探水仪进行含水构造探测。当洞内个别区段渗水量较大时,亦用红外探水仪探测预报,探明隧道周边隐伏的含水体	每隔20~30m对掌子面进行一次含水构造探测
钻孔射频透视技术	KSY-1型钻孔窥视仪	利用钻孔射频透视法探测掌子面前方隧道开挖断面内的水型导水通道,查找其空间分布,以便制定相应措施,在施工时预防和整治	利用钻孔射频透视法探测掌子面前方隧道开挖断面内的水类型、导水通道,查明其空间分布,以便制定相应措施,在施工时预防和整治
水平超前钻孔	钻机选型用GLP150型全液压钻机	将超前钻孔作为主要的探测手段,用以验证超前地质预报的精度,并直接探明前面围岩地段的涌水压力及其含量。按隧道全长进行探测,孔径50mm	每次钻孔深度30m,必要时进行取芯分析

4.9.2 预报方法

1)地质素描预测法

地质素描预测法是根据岩体节理产状确定不稳定块体出露位置。地质素描预测法分为岩层岩性及层位预测法、条带状不良地质体影响隧道长度预测法以及不规则地质体影响隧道长度预测法三种。对掌子面已揭露出的岩层进行地质素描（观察岩石的矿物成分及其含量，结构构造特征和特殊标志），给予准确定名，测量岩层产状和厚度。测量该岩层距已揭露的标志性岩层或界面的距离，并计算其垂直层面的厚度。

将该岩层与地表实测地层剖面图和地层柱状图相比较，确定其在地表地层（岩层）层序中的位置和层位。依据实测地层剖面图和地层柱状图的岩层层序，结合隧道地震勘探（TSP）探测成果，反复比较分析，最终推断出掌子面前方一定范围内即将出现的不良地质在隧道中的位置和规模。

施工过程中，每次爆破后由地质工程师进行地质素描，内容包括掌子面正面及侧面稳定状态、岩层产状、岩性风化程度、节理裂隙发育程度（产状、间距、长度、充填物、数量）、喷射混凝土开裂及掉块现象、涌水情况、水质情况、水的影响、不良气体浓度等，同时定期对地表水文环境进行观测和监测记录，及时了解隧道施工对地表水的影响，确定施工控制措施，最终绘制出掌子面地质素描图和洞身地质展示图。

及时对洞内涌水进行水质分析和试验，提交分析和试验结果，对影响隧道衬砌结构的水质提出处理意见，并上报技术部门，以利于采取有效的防护措施。

2）地质雷达预报

(1) 地质雷达或 ZGS 型智能工程探测仪是通过发射天线 T 将高频电磁波以脉冲形式发射至地层中，再由天线 R 接收反射回的信息，最后通过分析，达到对短距离进行超前预报的目的。地质雷达或 ZGS 型智能工程探测仪探测范围为前方 30m 内，可作为补充设计地质勘察的辅助手段。

(2) 数据处理及资料判释：地质雷达数据处理的目的是排除随机和规则的干扰，以最大可能的分辨率在图像剖面上显示反射波，提取反射波的各种参数（包括振幅、波形、频率等）帮助判释。

(3) 地质雷达反映的是地下介质的电性分布，将其转化为地质体分布时必须把地质、钻探、地质雷达记录三方面资料有机结合，以获得检测对象的整体状况。

3）红外探测

(1) 探测内容

地下岩体、水体由于分子振动和转动，每时每刻都在向外界发射红外波段的电磁波，从而形成红外辐射场。物理场具有密度、能量、方向等信息特征，所以地质体不同，红外辐射场也不同。红外探测仪通过探测隧道前方地段红外辐射场强的变化来确定是否存在地质异常体。

红外探测仪可以测出沿隧道轴线一定范围内的围岩场强值，根据这些场强值可绘出一系列的曲线。当隧道掌子面前方围岩的介质相对正常时，所获得的红外探测曲线近似为直线，离散度较小，该红外辐射场就为正常场意味着被探隧道掌子面前方 20~30m 范围内不存在含水构造的地质异常体。当掌子面前方或隧道外围存在含水构造时，曲线上的数据产生突变，含水构造产生的红外辐射场叠加到围岩的正常辐射场上使探测曲线发生弯曲，形成异常场。

但红外探测仪也存在局限性，它只能探测含水断层、含水破碎带、含水溶洞、含水陷落柱、地下暗河等,更多定量的信息则难以得到。

(2) 现场探测

进入探测地段,沿隧道边墙以5m点距用粉笔或油漆标好探测顺序号,直至掘进工作面。在掘进工作面,先对前方进行探测。在返回的路径上,每遇到一个顺序号,就在隧道中央分别用仪器的激光器打出光斑,使光斑落在左侧边墙中心位置、拱部中线位置、右侧边墙中心位置、隧底中线位置,并扣动扳机分别读取探测值,做好记录,然后转入下一序号点,直至全部探完。也可以在掘进断面上自上而下测5排数据,每排5个点,做好记录,进行对比。

(3) 资料处理

将探测数据输入计算机,由专用软件绘成顶板探测曲线、底板探测曲线和两边墙探测曲线,断面上测的4排探测数据也分别绘制成曲线。通过分析,对隧道前方的地质情况做出预报。

红外探测曲线以直角坐标系表示,其中纵轴表示红外辐射场场强值,横轴表示以某点为起点的隧道距离(断面曲线图横轴则表示隧道断面上的5个测点及间距)。探测曲线大致平行于横坐标表示正常,反之则表示异常。

4) 超前水平钻探法

超前水平钻探法是隧道施工期超前地质预测预报最直接、最有效的方法,也是对其他探测手段成果的验证和补充。通过钻孔钻进速度测试、对钻孔岩芯的观察及相关试验可获取隧道掌子面前方岩石的强度指标、可钻性指标、地层岩性、岩体完整程度及地下水等方面的资料。与地震波反射法、地质雷达探测法相比,超前水平钻探法具有更直观、更准确的特点。超前水平钻探法主要用于探测煤层、瓦斯、断层、溶腔、突水、涌泥等不良地质。超前水平钻探法探测的距离长,探明的不良地质距工作面较远,便于提前调整施工方案和技术措施。

超前水平钻探法地质预报为单孔地质预报,孔深一般为10~20m,采用水平地质钻机接杆钻孔。

为防止超前水平钻探遇高压水时突水失控,开孔采用ϕ120mm钻头,孔内放入3.0m长的ϕ108mm钢管作为孔口管,孔口管伸出掌子面50cm,孔壁间用环氧树脂加水泥浆锚固,孔口管伸出部分安装封闭装置,并与注浆泵连接,以便遇高压水时及时封堵并注浆。

钻孔时,作业平台要平稳、牢固,钻机施工时不晃动。

施钻过程中,由地质工程师详细记录钻速、水质、水量变化情况,并对岩芯进行统一编录、收集,综合判断预报前方水文、地质情况。

4.9.3 预报效果检查

开挖到预报位置时,将实际地质进行素描,与预报地质资料进行对比,以此来评价预报的准确性,积累经验,为以后的预报提供参考,并及时将预测数据、结果反馈至设计单位,作为调整设计、改变施工方案的依据。

复习题

1. 新奥法的思想是什么?
2. 浅埋暗挖法的十八字方针是什么?
3. 隧道的分部开挖法有哪几种?
4. CRD 法与 CD 法施工的区别是什么?
5. 隧道施工中超前支护的方法有哪些?
6. 仰拱是如何施工的?
7. 竖井是如何施工的?
8. 隧道复合式衬砌结构由哪几部分组成?

单元 5 盾构法施工

盾构法施工与传统的隧道掘进技术相比,具有安全可靠、机械化程度高、工作环境好、土方量少、进度快、施工成本低等优点,尤其在地质条件复杂、地下水位高而隧道埋深较大时,只能依赖盾构施工。

随着隧道工程对施工质量和环保要求的逐步提高,现代盾构(盾构机简称盾构)已演变成为一种高度智能化,集机械、电子、液压、激光、计算机技术为一体的大型工程机械装备。

21世纪我国盾构技术发展进入了快速上升的阶段,因此,盾构施工将在今后地铁建设中发挥不可替代的作用,具有广阔的发展前景。

5.1 盾构机分类

盾构种类繁多,根据不同的参照标准有不同的分类方法:按开挖断面大小分为全断面盾构和部分断面盾构;按盾构的头部形状分为刀盘式盾构和护盾式盾构;按盾壳数量分为单护盾盾构和双护盾盾构;按适用土质分为软土盾构、硬岩盾构及复合盾构。

按盾构切削断面形状,盾构可分为圆形、非圆形两大类:圆形又可分为单圆形、半圆形、双圆搭接形、三圆搭接形;非圆形又可分为马蹄形、矩形(长方形、正方形、凹、凸矩形)、椭圆形(纵向椭圆形、横向椭圆形)。

按盾构机的尺寸大小,盾构机可分为超小型(直径小于1m)、小型(直径1~3.5m)、中型(直径3.5~6m)、大型(直径6~14m)、特大型(直径14~17m)、超特大型(直径大于17m)。

根据盾构工作原理的不同,盾构一般分为手掘式盾构、挤压式盾构、半机械式盾构(局部气压、全局气压)、机械式盾构(开胸式切削盾构、气压式盾构、泥水平衡盾构、土压平衡盾构、混合型盾构、异形盾构),如图5-1所示。

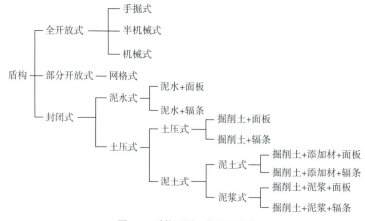

图5-1 盾构不同工作原理分类

按开挖方法盾构可分为敞开式、机械切削式、网格式和挤压式等。为了减少盾构施工对地层的扰动,可先借助千斤顶驱动盾构使其切口贯入土层,然后在切口内进行土体开挖与运输。

手掘式及半机械式盾构均为半敞开式开挖,适于地质条件较好、开挖面在掘进中能维持稳定或在有辅助措施时能维持稳定的情况。其开挖一般是从顶部开始逐层向下挖掘。若土层较差,还可借用千斤顶加撑板对开挖面进行临时支撑。采用敞开式开挖,处理孤立障碍物、纠偏、超挖均比其他方式容易。为尽量减少对地层的扰动,要适当控制超挖量与暴露时间。

机械切削式盾构采用与盾构直径相仿的全断面旋转切削刀盘开挖方式,如图 5-2 所示。根据地质条件的好坏,大刀盘可分为刀架间无封板及有封板两种。刀架间无封板适用于土质较好的条件。大刀盘开挖方式,在弯道施工或纠偏时不如敞开式开挖便于超挖;此外,清除障碍物也不如敞开式开挖。使用大刀盘的盾构,机械构造复杂,消耗动力较大。目前国内外较先进的泥水平衡盾构和土压平衡盾构,均采用这种开挖方式。

网格式盾构特点:开挖面由网格式盾构网格梁与格板分成许多格子,如图 5-3 所示。开挖面的支撑作用是由土的黏聚力和网格厚度范围内的阻力而产生的。当盾构推进时,土体就从格子里挤出来。根据土的性质,可调节网格的开孔面积。采用网格式盾构开挖时,在所有千斤顶缩回后,会产生较大的盾构后退现象,导致地表沉降,因此,在施工中务必采取有效措施,防止盾构后退。

图 5-2 机械切削式盾构　　　　图 5-3 网格式盾构

全挤压式盾构和局部挤压式盾构开挖,由于不出土或只部分出土,对地层有较大的扰动,因此在施工轴线时,应尽量避开地面建筑物。采用局部挤压式盾构施工时,要精心控制出土量,以减少和控制地表变形。采用全挤压式盾构施工时,盾构已把四周一定范围内的土体挤密实。

泥水平衡盾构法施工,是指在盾构开挖面的密封隔仓内注入泥水,通过泥水加压和外部压力平衡,保证开挖面土体的稳定。盾构推进时,开挖下来的土进入盾构前部的泥水室,经搅拌装置进行搅拌,搅拌后的高浓度泥水用泥水泵送到地面,泥水在地面经过分离,然后进入地下盾构的泥水室,不断排渣净化使用。泥水平衡盾构在其内部不能直接观察到开挖面,因此要求盾构从推进、排泥到泥水处理按系统化作业。通过对泥水压力、泥水浓度等的测定,计算出开挖量,全部作业过程均由中央控制台综合管理。泥水平衡盾构如图 5-4 所示。

动画:泥水盾构地面泥水分离

土压平衡盾构属封闭式盾构,盾构推进时,其前端刀盘旋转掘削地层土体,切削下来的土体进入土仓。当土体充满土仓时,其被动土压与掘削面上的土、水压基本相同,故掘削面实现平衡。土压平衡盾构如图5-5所示。盾构靠螺旋输送机将渣土排送至土仓,运至地表。由装在螺旋输送机排土口处的滑动闸门或旋转漏斗控制出土量,确保掘削面稳定。

图 5-4 泥水平衡盾构

图 5-5 土压平衡盾构

5.2 盾构机的构造

5.2.1 盾体构造

现代盾构机使用最多的是土压平衡盾构机和泥水平衡盾构机两种。土压平衡盾构机基本组成如图5-6所示,泥水平衡盾构机基本组成如图5-7所示。泥水平衡盾构的总体构造与土压平衡盾构相似,仅支护开挖面的方法和排渣方式有所不同。土压平衡盾构机和泥水平衡盾构机的盾构主体结构均包括盾壳、人闸舱、盾尾密封、刀盘刀具、刀盘驱动系统、推进系统、管片拼装机械手、出土器、可编程逻辑控制器(PLC)控制系统和激光导向系统。

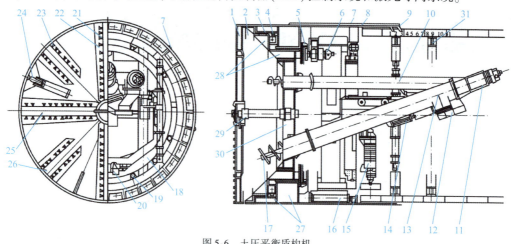

图 5-6 土压平衡盾构机

1-切削刀盘;2-泥土仓;3-密封装置;4-支撑轴承;5-驱动齿轮;6-液压马达;7-注浆管;8-盾壳;9-盾尾密封装置;10-小螺旋输送机;11-大螺旋输送机驱动液压马达;12-排土闸门;13-大螺旋输送机;14-闸门滑阀;15-拼装机构;16-盾构千斤顶;17-大螺旋输送机叶轮轴;18-拼装机转盘;19-支撑滚轮;20-举升臂;21-切削刀;22-主刀槽;23-副刀槽;24-超挖刀;25-主刀梁;26-副刀梁;27-固定鼓;28-转鼓;29-中心轴;30-隔板;31-真圆保持器

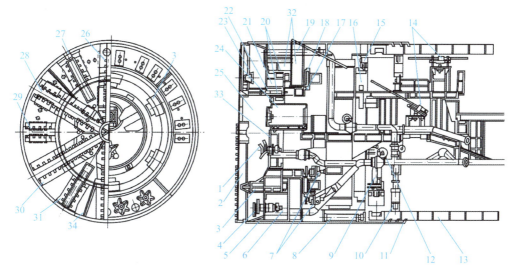

图 5-7 泥水平衡盾构机

1-中部搅拌器;2-切削刀盘;3-转鼓凸台;4-下部搅拌器;5-盾壳;6-排泥浆管;7-刀盘驱动马达;8-盾构千斤顶;9-举重臂;10-真圆保持器;11-盾尾密封;12-闸门;13-衬砌环;14-药液注入装置;15-支撑滚轮;16-转盘;17-切削刀盘内齿圈;18-切削刀盘外齿圈;19-送泥浆管;20-刀盘支撑密封装置;21-转鼓;22-超挖刀控制装置;23-刀盘箱形环座;24-进入孔;25-泥水室;26-切削刀;27-超挖刀;28-主刀梁;29-副刀梁;30-主刀槽;31-副刀槽;32-固定鼓;33-隔板;34-刀盘

1) 盾壳

盾壳分为前盾、中盾和盾尾。盾体的钢结构是根据每个实际工程具体土压和水压等荷载而设计制造的。前盾和中盾间采用法兰连接,方便组装和拆卸;盾尾通过铰接油缸和中盾相连接,铰接接头设有可调密封条和遇水膨胀密封条。

前盾体内用隔板分隔出密封仓和土压仓或泥水压力仓,隔板上设有专门供人进入土压仓或泥水压力仓进行检查和更换刀具工作的闸门;中盾内布置了推进油缸、铰接油缸和管片拼装机架;后部为盾尾,尾壳内有盾尾密封装置。盾壳是盾构机受力支撑的主体结构,在其内部可安装各类设备,并保护内部操作人员的安全。

2) 人闸舱

在工作面能自稳且地下水不丰富的情况下,人员可直接通过人孔进入土压仓或泥水压力仓检修设备、更换刀具、排除孤石等。在工作面不能自稳或地下水丰富的情况下,需要设置人孔气压舱,并配备气压自动保持系统,人员可以通过人孔气压舱增压或减压进出,以保证进入土压仓或泥水压力仓人员的安全。

盾构机配有双室人闸舱,双室人闸舱的连接法兰安装在前体上。连接法兰能使人通过舱壁密封门进入土仓,双室人闸舱的中间被一个供人进出的压力门隔开。

装在盾壳上的空气压缩系统用于调节开挖面的支撑压力和调节人闸舱的空气压力。空气压缩系统包括空气压缩机、压力调节器、压力传感器、控制阀。空气压缩系统只能调节所供应的空气,土仓内过高的压力由溢流阀来调节。安装在土仓内的压力传感器用来监测土压的实际值,压力调节器用来比较实际值和预设值,并打开供气阀门校正压力。

在进行换刀等施工过程中,在舱内设置照明系统,并配备有毒气体检测装置,保证作业环境的安全,同时利用空压机不断向舱内加压,通过压力调整装置来保证舱内压力平衡,维持开挖掌子面的稳定。

3) 盾尾密封

盾尾密封通常由三道钢丝刷密封和六道弹簧钢板密封组成,用以防止地层中的水和注浆材料从盾尾间隙进入盾构机,如图5-8所示。配备有盾尾刷注脂装置,推进时在每两道密封之间自动注入密封用油脂,提高密封效果,并减小钢丝刷与隧道管片外表面之间的摩擦力,延长密封件的寿命。

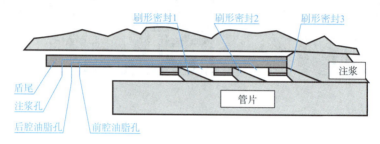

图5-8 盾尾密封示意图

4) 刀盘和刀具

刀盘和刀具技术是盾构的核心技术之一,对盾构机的施工效果有着决定性的影响,可以影响到总造价的4%~8%。刀盘是转动的盘状掘削器,如图5-9所示,由掘削地层的刀具、稳定掘削面的面板、出土槽口、驱动机构和轴承机构等组成。

a) 刀盘　　　　　　b) 主轴承　　　　　　c) 主驱动

图5-9 盾构刀盘

刀具布置方式和刀具形状在盾构机设计中是非常重要的内容。刀具布置方式及刀具形状是否适合应用工程的地质条件,直接影响盾构机的切削效果、出土状况和掘进速度。我国地域广阔,地质差异大,且长大隧道多,需要针对不同的地层地质状况和工程环境条件,选择不同的刀盘结构和刀具结构布置方式。

按切削原理,盾构机的刀具一般分为切削刀和滚刀两种,其余形式的刀具为辅助刀具,如图5-10和图5-11所示。切削刀又分为齿刀、刮刀和先行刀等。刀具与刀盘的连接方式有焊接、栓接和直接插入三种。按刀具所在位置和作用,刀具为超前刀、导向钻头、外沿保护刀、修边刀和其他各种保护刀等。切削刀由刀体和刀头构成,用硬质合金钢作为刀头,用高耐磨合金钢作为刀体。

a)周边刮刀　　　　　b)小边缘刮刀　　　　　c)六孔刮刀

d)齿刀　　　e)方柄齿刀　　　f)齿刀　　　g)中心齿刀

图5-10　各种切削刀

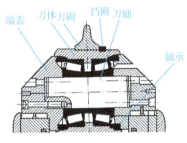  

图5-11　滚刀组成

对于不同地层的开挖，通常采用不同形式的盾构刀具：开挖地层为硬岩时，采用盘形滚刀；地层为较软岩石时，采用齿刀；地层为软土或破碎软岩时，可采用切刀（或刮刀）。目前，盾构机上常用的刀具主要有切刀、刮刀、齿刀、双刃滚刀、单刃滚刀、扩孔刀等。

刀具布置有两种方式：第一种为刀具整体连续排列方式，因其切削阻力较大、盾构机密封仓内土体流动性差，现已很少使用，仅偶尔在切削阻力小的淤泥质地层中采用；第二种为刀具牙交错连续排列方式，因其切削阻力小、切削效率高、密封仓内土体流动性好和易搅拌而被广泛使用。目前世界上基本均采用牙交进行错连续排列方式。

一般地铁软土盾构可仅配置切刀、弧形刮刀和齿刀三种，即切刀64把、弧形刮刀32把、齿刀14把。切刀、刮刀刃口镶嵌有合金耐磨材料，以延长刀具的使用寿命，切刀的破岩能力为20MPa，可以顺利通过加固地层的开挖。而对于硬岩复合地层，通常配置31把单刃滚刀、4把双刃中心滚刀、64把切刀和16把刮刀，可以掘进的岩石强度为50～80MPa。

5）刀盘驱动系统

对于地铁ϕ6.25m盾构机，其刀盘驱动系统通常包括主轴承、8台液压马达、8个减速器，如图5-12所示。刀盘通过中间支承方式由主轴承支承，刀盘驱动装置通过带减速机的液压马达→小齿轮→带齿轮的轴承→切刀圆筒→切削刀头的顺序来传送旋转力。刀盘转速可控制在0～4.4r/min。刀盘的额定扭矩为6228kN·m，最大脱困扭矩为7440kN·m，刀盘总驱动功率为945kW。

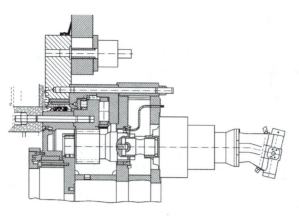

图 5-12 刀盘驱动系统示意图

轴承的周围通过油进行润滑,而且进行油循环(自动供油),以减小摩擦阻力。设有密封垫,以防止地下水或砂土的进入。为提高润滑、密封性能,需经常加注润滑油脂。控制系统可自动监视刀盘旋转时的注脂情况,若检测出注脂回路异常,盾构机将自动停机。

6)推进系统

盾构机推进系统由千斤顶和泵站组成。地铁盾构机通常设有 30 台千斤顶(10 台单缸,10 台双缸),支撑在已安装好的管片衬砌上,所产生的反作用力推动盾构机前进,最大推力达 40MN。支座设计成铰接式,千斤顶表面贴有橡胶垫,以保证均匀地将力传递到管片的环面上。把盾构机千斤顶分成 4 组,每个组可独立控制,并在千斤顶上装有行程计,可检测其伸缩行程、速度及掘进方向。调节各组千斤顶的行程,可纠正或控制盾构机掘进方向,同时在拼装管片时可以单独伸缩各千斤顶。千斤顶的最大工作行程为 2200mm,伸出速度为 1800mm/min,缩回速度为 2000mm/min。

7)管片拼装机

管片拼装机的功能是安全且迅速地把管片组装成环,它具有伸缩、前后移动及臂回转的功能,采用无线遥控盒操作。管片拼装机由臂梁、移动机架、回转机架和安装头组成,如图 5-13 所示。管片拼装机工作时,以回转灯、蜂鸣器加以警示。拼装机由液压马达驱动,管片的轴向平移和封顶块的轴向移动由平移千斤顶操作夹持器来完成,管片的提升由液压油缸操作。液压油缸和马达由一个独立的液压泵站供油,采用带制动器的液压马达,防止突然停电或液压管损坏时管片拼装机失控。通常拼装机的旋转范围为 ±200°,举升油缸行程为 1.0m,纵向移动行程为 2.0m。

图 5-13 管片拼装机

8）真圆保持器

盾构向前推进时，管片就从盾尾脱出。管片受到自重和土压作用会产生变形，当该变形量很大时，既成环和拼装环拼装时就会产生高低不平，给安装纵向螺栓带来困难。为了避免管片产生高低不平现象，有必要让管片保持真圆，该装置就是真圆保持器。

真圆保持器上装有上下可伸缩的千斤顶，上下装有圆弧形的支架，它在动力车架挑出的梁上是可以滑动的。当管片拼装成环后，就让真圆保持器移到该管片环内，支柱千斤顶使支架圆弧面密贴管片后，盾构就可进行下一环推进。盾构推进后，由于真圆保持器的作用，圆环不易产生变形而保持真圆状态。

9）螺旋出土器

盾构掘进过程中产生的渣土，通过速度可调的螺旋出土器（图 5-14）从土仓运送到皮带输送机进料端，再由皮带输送机运送到盾构机后部的渣车上。皮带输送机长度的确定取决于渣车的数量，每辆渣车都可移动到皮带输送机出料口的下方。

螺旋出土器安装在土仓壁的连接法兰上，驱动装置由球面轴承支撑，并设有密封系统，驱动装置包括离合器座、离合器、带有球面轴承的 3 排密封系统、带有行星齿轮的液压马达。螺旋出土器有轴式和无轴式两种，在卸料口设有防喷涌闸门。螺旋出土器内径和轴径决定了能通过渣土最大尺寸。如果遇到的孤石尺寸超过螺旋出土器的最大容许空间，可以关闭前闸门，然后从土仓人工搬除孤石。

图 5-14 螺旋出土器

前闸门由分别位于盾体中心左右两侧的两部分组成，两个液压油缸装在仓壁后面，通过连杆控制闸门。盾构机在掘进过程中，通过关闭螺旋出土器的出料闸门，防止地下水进入盾构。停机及维护期间，螺旋出土器出料口可用滑动闸门关上。滑动闸门靠液压油缸操作，具备在停电时自动关闭的紧急功能。

10）PLC 控制系统和激光导向系统

PLC 控制系统的核心部分多采用西门子 PLC 系统，对盾构机主要功能进行控制。所有的系统均设有安全保护，包括短路保护、互锁保护，用于防止设备的错误操作。如果主要系统由于安全原因，需要设置预先报警系统和悬挂遥控面板，则可以集成一个固定的系统。

导向系统硬件主要包括激光靶 1 台（含 1 台激光靶/倾角传感器＋集成棱镜）、便携式终端（含导向系统软件、纠偏曲线、数据历史记录及隧道设计轴线计算软件）、控制单元（含无线传输单元、中央控制箱、连接电缆、工具箱及地面计算机浏览软件）、激光全站仪、棱镜。

导向系统软件有隧道设计轴线计算软件、纠偏曲线软件、数据历史记录软件、地面计算机浏览软件、系统安装光盘。导向界面被分为 8 个小的信息窗口，每一个信息窗口都可以通过点击屏幕进行选择。

5.2.2 后配套系统构造

后配套系统由盾体牵引,在管片上的轨道上行走。盾构机工作和管片安装所需的设备和装置均安装在后配套拖车上。后配套系统主要由运送管片的桥架、吊运系统(管片存储)、装载盾构机工作所需的电气元件及液压元件的拖车组成。

所有设备都安装在拖车行进方向左右两侧,这使得拖车中间有足够的空间让运输车行走和输送管片到拼装机。拖车上的装置包括控制台、推进和铰接千斤顶、动力油泵(最大推进速度为80mm/min)、刀盘驱动液压变量泵、管片拼装机动力装置、液压油过滤系统、刀盘及盾尾密封脂泵、通风系统、照明系统、给排水系统、供电系统(变压器、配电柜、电容补偿器等)、皮带渣土运输系统、同步注浆系统等。

1) 轨道运输设备

盾构掘进时所需要运输的主要为渣土、管片、砂浆料及其他轨道、管路等辅助材料,每环掘进出渣及管片材料运输由列车编组完成,列车编组由牵引蓄电池机车、渣车、砂浆车、管片车组成。

地铁每掘进一环(幅宽1.5m),理论出土量为 $55 \sim 69 m^3$,因此可采用4节$18m^3$渣车,以满足出土要求。运输时,每节管片车承载3片管片,单节管片车承载12t左右(管片每片自重在3~4t)。因此,多采用15t管片车。车辆自重加上渣土质量,总质量约为160t,可选用45t牵引机车。列车编组由1辆45t蓄电池机车、4节$18m^3$渣车、1节$7m^3$砂浆车、2节15t管片车组成。

2) 垂直提升设备

隧道盾构掘进过程中,掘进的渣土、管片及材料供应从地面与隧道之间通过提升设备进行垂直运输及装卸。考虑渣斗除提升要求外还需要进行翻转作业,出渣门式起重机应同时具有起吊功能和渣斗翻转功能。出渣提升时,最大提升质量为矿车渣斗自重(5t)加平均每车渣土质量(28.1t),总质量为33.1t,再考虑 $1.20 \sim 1.3$ 的安全系数,所以出渣门式起重机主钩的最大提升能力选择45t的专用门式起重机。另外,下管片、材料采用起吊主钩提升能力为16t的专用门式起重机。

3) 砂浆搅拌设备

砂浆搅拌设备采用搅拌站。配料机根据场地情况可以加装自动称量水泥及粉煤灰系统,控制方式为自动质量控制,然后通过螺旋输送机或梭槽进入搅拌机搅拌仓内,砂和膨润土由人工直接加入搅拌仓内,生产能力为 $25m^3/h$,能满足掘进需要。

4) 通风设备

通风方式根据地铁隧道盾构施工情况选用,一般采用机械压入式通风方式,风管采用 $\phi 1000mm$ 的拉链式软风管,通过盾构风管储存箱进行延伸,将新鲜空气压入盾构机后配套设备末端(风管存储器可以存100m风管),再由盾构机后配套上的二次通风设备将新鲜空气压入盾构机前端和各作业空间。选用轴流式通风机,通风机主要参数:功率为552kW,风压为4200Pa。

5) 冷却系统

盾构机液压及电气系统采用外循环冷却,根据盾构机配套要求,选用45kW立式多级增压泵和SRM-80、22kW冷却塔,以便提供28℃冷却水。

5.3 盾构隧道端头加固施工

5.3.1 端头加固目的

端头加固是盾构始发、到达技术的一个重要组成部分,其成功或失败直接影响到盾构能否安全始发、到达。而盾构始发、到达时最容易发生盾构机"下沉、抬头、跑偏",致使掌子面产生失稳、冒水、突泥等事故。端头加固的失败是造成事故多发的最主要原因。

因此,为了保证盾构机正常始发或到达施工,需对盾构始发或到达段一定范围内的土层进行加固,其加固范围在平面上为隧道两侧 3m,拱顶上方厚度为 3m,沿线路方向长 9~12m。盾构端头加固如图 5-15 所示。

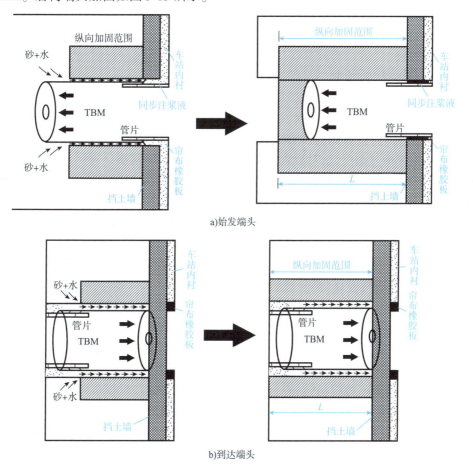

图 5-15　盾构端头加固

合理选择端头加固施工工法,是保证盾构顺利施工非常重要的环节。改良端头土体,提高端头土体强度,堵塞颗粒的间隙和地层水,可确保盾构机始发和到达的安全。与一般地基加固不同,端头加固不仅有强度要求,还有抗渗要求,具体加固目的如下:

(1) 控制地表沉降,端头不坍塌

始发、到达前往往需要凿除洞口井壁的混凝土,割断钢筋,以满足盾构顺利进出洞,而洞口的井壁混凝土有时要达到800mm或更厚,凿除时间长,要避免凿除过程发生坍塌,更要避免因开挖面暴露时间过长而坍塌或造成过大地表沉降。

(2)控制水土流失

盾构始发进入加固体,或盾构到达穿过加固体时,在含水率较大、水平渗透系数大的含砂层、卵石层等地层,盾构进出洞容易造成水土流失。采用泥水平衡盾构时,泥水压力的作用也会使加固体发生水土流失,导致无法达到泥水平衡状态,如果土体不具备一定强度,就很容易坍塌。

(3)为重型机械作业提供足够的承载力

由于盾构吊装或拆卸时,重型起重机往往作用在端头位置,为防止重型机械作用在软弱土体上起吊时发生失稳、坍塌,或对已成型隧道的安全造成不利影响,应对地表的软弱地层进行加固。

(4)确保周边建(构)筑物安全

当端头有房屋、管线和道路时,必须采取保护措施,确保盾构始发与到达时周边建(构)筑物安全。

5.3.2 端头加固设计

盾构始发或到达前,必须充分了解工作井洞口周围地层的土质情况,掌握各层土的主要物理力学性能指标。根据各种土层的特性,认真分析不同的施工方法,预测出洞和进洞施工时可能发生的复杂变化,对于盾构工作井施工期间所引起洞口周围的变化更是不能掉以轻心,必须认真分析和检查,避免因此而导致施工险情及不利于工程质量局面的情况发生。

(1)除了工程地质勘探报告外,采用补充勘探的方法对端头土体的土体强度(c、φ、N值)、渗透系数(水平、竖直)、土质情况(砂粒、黏粒、粉粒含量)等进行了解。

(2)观察和详细了解盾构工作井施工期间暴露的全断面土体情况,掌握土壤分类、分层的确切位置,为盾构进、出洞施工方案提供可靠的工程地质依据。

(3)实地调查了解所影响区域的地面、地下建筑物、构筑物、公众设施、地下管线等,并与相关单位密切联系,以控制沉降量和制定相应监护措施。

(4)非正常性的地下水源对洞口土体稳定不利,会引起土体流失。非正常性的地下水主要是地下上下水道管线破裂及非正常的地面排水系统所致,要提前发现并及时封堵。

(5)洞口处的地下障碍物,如桥台、木桩、钢筋混凝土桩、回填的大石块、废钢材等埋深不同,如果处在盾构通过的位置上,则必须人工进入盾构开挖面将其排除。遇到体积大、重量大、长度长的障碍物,从地面挖孔人工处理困难的,还需在开挖后人工进仓处理。

端头加固设计应考虑的主要因素:①盾构机刀盘的配置能否保证盾构机顺利切割加固体;②加固土体的抗渗性能;③盾构机吊装必须具有的地基承载力;④盾构类型。

加固范围确定原则:①端头加固一般采用旋喷桩或袖阀管加固,加固后的土体应具有良好的均质性、自立性;②如隧道底部遇中、微风化岩层,可从车站端头井内深注浆,以加固土体;③地面至隧道顶3m范围内的加固区为弱加固区,仅满足加固扰动的土体即可。

加固时间选择:始发井安排在盾构机掘进前2个月加固完,到达井安排在盾构机到达洞门前完成。

5.3.3 端头加固

端头加固可以单独采用一种工法，也可采用多种工法相结合的加固手段，这主要取决于地质情况、地下水、覆盖层厚度、盾构机直径、盾构机型、施工环境等因素，同时考虑安全性、施工方便性、经济性、进度等。

1) 搅拌桩加固

搅拌桩加固是软土地层最常用的端头加固方法之一，它通过搅拌桩使端头土体黏聚力和内摩擦角发生改变，主要适用于淤泥、黏土层和砂层等地层，但在砂层中的加固效果不佳，须与旋喷桩等工法配合使用。该方法受国产设备性能限制，一般在 14m 以下深度加固效果很差。它的优点是工程造价低，其不足为加固不连续、加固体强度偏低、效果不是很好。

2) 旋喷桩加固

旋喷桩加固对于砂层的改良效果较好，也适用于淤泥、粉土、黏土层，但砂砾地基和黏着力大的黏土有时不能形成满意的改良桩，加固深度大于 40m 时，效果较差。由于其造价偏高，施工单位往往不愿采用，但在围护结构与加固体的间隙加固以及角部加固时经常被采用。旋喷桩加固主要有单管、双管、三重管三种方式。

3) 注浆加固

注浆加固适用于多种地层，尤其是深度较大的砂质地层、砂砾层和地层较好的地段，或与搅拌桩等工法相结合，对于水量不大的地段进行加固止水。注浆加固可进行单液和双液注浆，同时可进行跟踪注浆。浆液种类较多，经济性和可施工性好，材料和施工方法多种多样，需根据地下水、地质、施工环境等来确定，同时要考虑因灌浆而引起地基隆起等的处理措施。

4) SMW 加固

SMW 又称劲性水泥土搅拌桩。SMW 作挡土墙使用时，一般使用 H 型钢芯材。SMW 加固方法成桩效果好，止水性好，对周围地层影响小，加固质量高，桩体连续，强度高（黏土中 0.5~1MPa，砂和卵石中 0.5~3MPa），适用于各类软土地层。

5) 冻结加固法

冻结加固法适用于各类淤泥层、砂层、砂砾层。冻结施工方法灵活、形式多样，冻结墙均匀完整、可靠性高、强度高、设备简单、技术经济效果好，而且，冻结墙还能长期处于稳定状态。但对于流动水层和含水率小的地层，冻结加固法不适用。

冻结地层随着温度的变化会产生冻胀和融沉效应，从而引起地面沉降或隆起变形，对周边建筑物影响较大。冻胀和融沉因地基条件、冻结时间、冻结规模、解冻速度、荷载条件等而异，一般在砂和砂砾层中冻融比较小，在黏土、粉砂、亚黏土层中冻融比较大，当冻融对周围结构物有不利影响时，必须采取防止冻融的相应措施。

6) 地层降水法

在有些土质条件下，往往会产生地基沉降和地下水位下降等现象，必须事先周密研究地下水位下降对周围地基等的影响。因此，一般在地层较好、周边环境适宜、对建（构）筑物影响范围小时采用地层降水法,且主要应用于始发时。盾构到达时要考虑降水对隧道的影响,地层降水法须与其他加固措施相结合,主要采用井点降水方法。

5.3.4 端头加固效果检测

加固体的检测方法多种多样,如标准贯入试验、静力触探、旋转触探、弹性波检测、电探、化学分析等。端头加固效果主要检测手段如下:

①竖向抽芯检测:在砂层中,特别注意加固体连续性是否良好,抽芯率要达到90%以上。抽芯位置一般选在桩间咬合部位。抽芯数量按规范选取,且每个端头不应少于1根。目测判断加固体强度可否满足设计要求,同时试验判断加固体强度和抗渗性能。

②水平抽芯检测:在洞门范围内钻10个水平孔,孔径为5cm,孔深为4~5m,根据10个孔的出水量进行判别。

土体加固后,在盾构始发或到达以前需对土体的加固效果进行检查,检查内容包括加固土体强度、洞门处渗透性及土体的匀质性。各指标的检测方法和需达到的标准见表5-1。

端头土体加固检测方法及标准 表5-1

序号	检查项目	标准	检测方法	备注
1	加固土体强度	≥1MPa	在每条隧道开挖线外侧2m施工2个钻孔取芯检查(钻孔深至开挖线底部)	取岩土芯,进行抗压强度试验
2	加固体渗透性	≤1m³/d 且不得漏泥沙	在洞门范围上下左右及中心各施工钻孔1个,检查其渗水量	钻孔要打穿围护结构
3	加固体均质性	加固体均匀	利用钻孔岩土芯进行检查	现场判定

如果检测结果达不到加固要求,在始发井预留钢环的内部锚喷面上施作水平注浆管,在洞口进行水平注浆加固,以弥补地面加固的不足。

(1)注浆孔的施工

①测量定位注浆孔并标记。

②开孔及安装孔口管,采用低压力、慢钻速钻机,采用φ89mm的钻头开孔,钻深600mm,退出钻杆安装孔口管;用预先准备做好的φ89mm×5mm无缝钢管加工制成孔口管,孔口焊法兰盘,孔口管设计长600mm,尾外侧车成鱼鳞扣,安装时将孔口管外壁抹上植筋胶打入孔内,外留长度100~150mm。

③在孔口管上安装高压球阀,在高压球阀上安装防喷装置后才允许钻进。钻进时采用φ50mm×1000mm钻杆,钻头为合金钢,直径为65mm;采用MD-60A型锚杆钻机钻孔。

(2)注浆施工

利用双液注浆泵通过注浆管向孔内注入水泥-水玻璃双浆液。

①单孔注浆采用前进式注浆,每前进1m注浆一次,直至把该孔注完为止。

②各孔的注浆顺序是先上后下、先两侧后中间,采用间隔跳孔进行压密注浆。

③注浆终压设计值根据地面隆起情况取3~5MPa,注浆时要严格控制注浆压力,防止地面隆起破坏地表结构。根据现场实际情况,可适当调整注浆压力。注浆操作时要求控制浆液流量及压力,注浆实际压力根据土体实际情况确定。

5.4 盾构机组装

5.4.1 盾构下井吊装

通常地铁盾构单台比较长,重量大,盾构机不能自行运载起降下井至施工作业面,需要进行吊装作业,编制专门的方案。地铁盾构机采用分体吊装,其难点是:吊装时,起重机最大作业半径只有10m左右,最大起重量却达100t(前盾),竖井深度一般超过10m,吊装高度超过6m,属高处作业。另外,多个大吨位部件需在地面由运输存放姿态翻转90°才能下井。

1)组织机构及职责

盾构吊装下井组织机构如图5-16所示。

图5-16 盾构吊装下井组织机构

项目负责人对工程全面负责,在组织工程施工中,制定措施,确保施工处于受控状态,工程质量达到合同要求,对工程的质量、安全负全面责任。技术负责人提供吊装过程中的技术指导,负责吊装过程的技术交底、车辆检查工作,保证施工过程始终处于受控状态。协调员在施工过程中对内外部进行沟通协调,使整个工程顺利完成。安全员对施工过程中的吊装安全、文明施工、临建等进行综合管理,制定安全技术措施,对工程安全生产目标进行控制,负责对施工过程中的安全技术交底。指挥员对施工范围内的进度进行具体管理、调度,指挥吊装操作。

2)起重机选择

某土压平衡盾构机吊装采用一台QUY250液压履带式起重机(主起重机)和一台QAY160全地面起重机(副起重机)配合完成。QUY250液压履带式起重机:21.2m重主臂及额头副臂,最大额定起重量为200t,作业半径5.0~22.0m,占地尺寸9.365m×7.6m;尾部回转半径6.1m。QAY160全地面起重机:额定起质量160t,作业半径3~52m,支脚全伸占地尺寸8.7m×15.9m,尾部回转半径4.85m。盾构机的前盾、中盾、盾尾四个吊点,刀盘有两个吊点。盾构机的前盾、中盾、盾尾钢丝绳的选用按盾构前盾考虑,构件加吊具吊索质量93t(按100t计算),长6.3m、宽6.3m、高3.4m。采用四个吊点,每吊点25t,选用型号为 6×37(直径5mm)+IWR-21.16kg/m、4只头、长度为20m的钢丝绳一副。该钢丝绳破断拉力为2775kN,安全系数 $K = 277.5/25 = 11.1 > 8$ 倍,满足安全吊装要求。

盾构机的刀盘质量55t左右,长6.3m、宽6.3m、高1.8m。采用两个吊点,每个吊点质量为28.75t,选用型号为6×37+IWR(直径5mm)-21.16kg/m、4只头、长度为20m的钢丝绳一副,其安全系数$K=277.5/28.75=9.65>8$倍,满足安全吊装要求。其他构件也选用同样的钢丝绳进行吊装。

选用弓形卸扣。卸扣的材料是由合金钢轴经过锻造及调质热处理得到的。美式弓形卸扣直径为69.85mm,额定负荷为550kN,大于250kN,满足吊装要求。

3)场地承载力验算

根据盾构始发井端头加固方案资料,通常承载面下部采用 ϕ800mm、咬合量150mm的梅花形布置水泥旋喷桩,地表上铺垫一层2~3cm厚的细砂层,再铺垫30mm厚钢板。根据相关规范,计算履带式起重机活动范围的地基承载力,满足要求即可。

4)吊装前准备工作

井底清理后测量放线,前后两段轨架必须固定在地面上,且轨面必须在同一水平面上,并符合盾构机始发定位的要求。在始发洞门口安装完毕的始发托架,经测量定位后焊接牢固。

始发井隧道内按台车行走范围中心线和盾体位置铺设符合要求的两对路轨,轨距分别为900mm和2080mm,从开挖面向后铺设轨道的距离应大于80m,并在始发托架上铺设管片,将路轨按固定轨距前后水平延伸至始发洞门口。各种工具、使用材料、安装用辅助设备下井就位,始发井内需具备完善的排水、照明、换气和自来水供应的设备、设施。

在地面进行拖车车轮安装,并在车轮附近用[14b槽钢焊接支撑,保证左右车轮中心距为2080mm,对拖车连接管线进行编号。盾构机各部件运输、摆放到位,台车和连接桥做到进场后立即组织卸车并进行车轮的装配。为防止整体吊装时发生变形,用左右连接件支撑台车底部,后续台车上的皮带输送机,连同后续台车一起吊入。

5)盾构机吊装

在盾构吊装过程中,凡不影响到吊装工作的零部件,连接固定好后同各自的台车一起吊装下井。凡对下井有影响的台车零部件均应拆下,在该台车下井后随即下井,并立即按要求组装。起吊物件应有专人负责,地上、地下两级统一指挥。指挥时手势要清楚,信号要明确,不得远距离指挥吊物。吊运物上的零星物件必须清除,防止吊运中坠落伤人。

起吊大尺寸、大吨位物件时,必须先试吊,离地不高于0.5m,并用围绳牵住物件保持平稳,试吊2次经检查确认安全可靠后,方可指挥吊装工作。大型物件的翻转吊装,应划出警戒区,检查各点受力情况及焊接质量,并经试吊,确认安全可靠后方可指挥翻转吊装工作。通常将盾体从平板车吊到地面后,需采用抬吊方式翻转,250t履带式起重机与160t汽车起重机将构件平衡吊起,吊至3~5m高时,吊住盾体尾部的160t汽车式起重机缓慢下钩,使构件自然下垂完成90°翻转。

(1)始发托架吊装

始发托架长10m、宽5.4m,井口长11.5m、宽7.5m。始发托架下井后的中心与洞门的中心在一条线上,在托架上铺设蓄电池车和台车轨道,如图5-17所示。

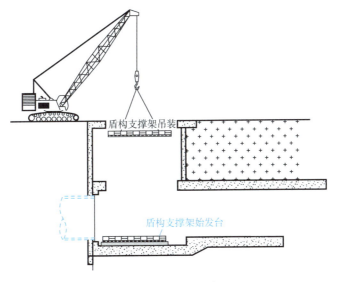

图 5-17 始发托架吊装

(2) 铺轨、蓄电池车吊装

在始发托架上及车站底板铺上轨距为 900mm 和 2080mm 的轨道 120m,钢轨间距以保证蓄电池车和拖车可以在上面顺利运行为度,铺轨完成后把蓄电池车吊下井并放在轨道上,为台车后移提供动力。

(3) 台车、连接桥吊装

按反顺序 5～1 号依次吊装后配套台车下井,台车下井后进行连接桥吊装下井作业;连接桥吊装下井前应焊接连接桥临时支腿,保证桥架后移方便;2 号桥架与 1 号台车连接后,牵引至车站标准段;台车下井时一定要将该台车内部件(如水箱等)全部放置就位,经技术人员确认后才能吊装下一节。台车吊装如图 5-18 所示。

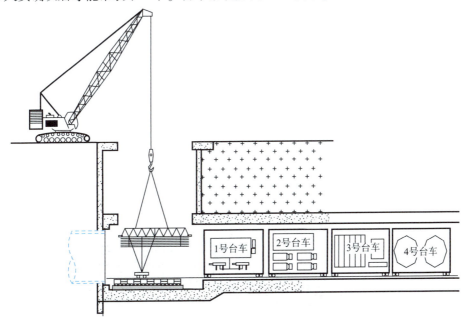

图 5-18 台车吊装

(4)螺旋输送机下井

用平板车把螺旋输送机运至工地,停放到吊装最佳位置;选择合适的位置系上两条起吊平衡索,先把它微微吊起,然后将平板车开走;用 250t 履带式起重机把螺旋输送机缓缓吊到距始发井 1m 处时,把管片车放在下面,螺旋输送机按要求放在管片车上并焊接好,后移到拖车下方位置。

(5)中盾吊装

选用 250t 履带式起重机和 160t 汽车起重机吊装。中盾竖直放在地面上,先提升 250t 履带式起重机一侧的 2 个吊点,慢慢放下 160t 汽车起重机一侧的 2 个翻身吊点,使部件翻至水平位置;260t 履带式起重机通过旋转、起落臂杆把中盾缓缓吊到距始发井 1m 处停止,保证中盾水平和垂直,缓慢放至始发架上;在盾体两侧焊接牛腿,在始发架上装上活动牛腿,用 80t 千斤顶向后推到要求的位置。中盾吊装如图 5-19 所示。

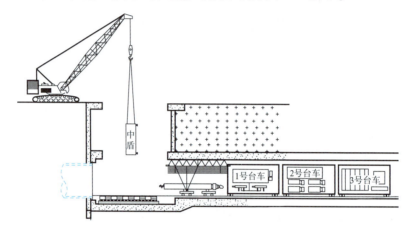

图 5-19 中盾吊装

(6)前盾(含刀盘驱动)吊装

前盾吊装方式与中盾一样,在盾体两侧焊接牛腿,以便将前盾推至中盾处与中盾进行组装;待组装负责人确认组装完成后,用 80t 千斤顶将前盾、中盾推向开挖端,保证刀盘的组装距离 3.5m。前盾吊装如图 5-20 所示。

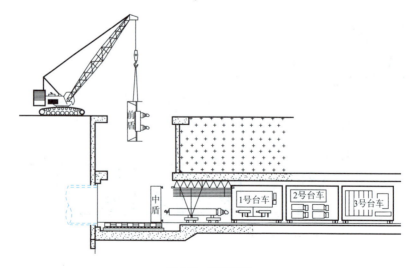

图 5-20 前盾吊装

（7）刀盘吊装

在地面安装好刀具和回转接头，刀盘起吊也需采用抬吊方式翻转刀盘。选用一台250t履带式起重机将刀盘竖直吊稳，刀盘下井后，将其慢慢靠向前盾，回转接头穿过主轴承；在土仓里焊接两个耳环，用两个2t的导链拉住刀盘，前盾和刀盘的螺栓孔位及定位销完全对准后，再穿入拉伸预紧螺栓；按拉伸力由低到高分两次预紧螺栓，待组装负责人确认预紧完毕解索。刀盘吊装如图5-21所示。

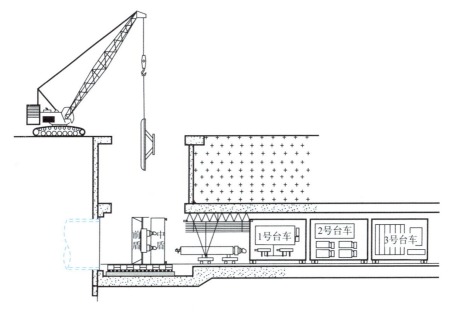

图5-21 刀盘吊装

（8）拼装机吊装

管片拼装机吊装拼装机导轨在地面组装好后，用160t汽车起重机吊到井下，安装在指定位置；平板车把拼装机运到工地，用一台250t履带式起重机缓缓吊到井下，找准机械装配位置，让拼装机组装在拼装机的导轨上，固定螺栓及销。拼装机吊装，如图5-22所示。

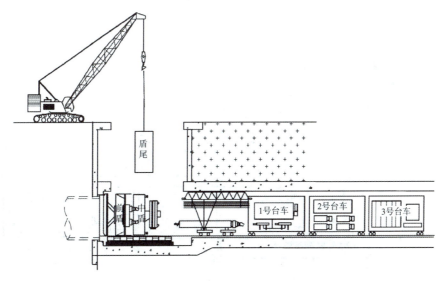

图5-22 拼装机吊装

(9）螺旋输送机组装

把螺旋输送机推到需要吊点位置，250t 履带式起重机将螺旋输送机按组装角度 23°吊起来，缓慢地从拼装机的内圆斜插入；到一定的吊装位置解掉前吊点，再用导链吊住螺旋输送机的前端，缓慢移到前盾的螺旋输送机法兰处，完成滑槽安装；定位销完全对准，锁片螺栓紧固。螺旋输送机组装如图 5-23 所示。

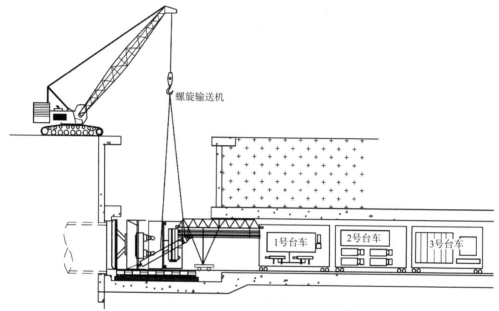

图 5-23　螺旋输送机组装

（10）反力架吊装

反力架长 7.8m、宽 6.3m。在后配套与主机连接前，先将反力架底部横梁安放在反力架需安装的大概位置，待盾尾安装完成后，再进行反力架精确定位并焊接。反力架安装如图 5-24 所示。

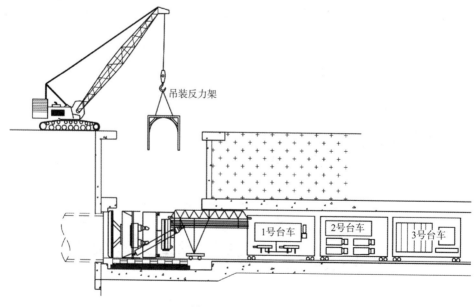

图 5-24　反力架吊装

6）盾构吊装措施

（1）进入施工现场必须佩戴安全帽，高处作业人员应佩戴安全带。

（2）施工前，安全检查员应组织有关人员进行安全培训及交底，吊装过程中安全工程师在现场全过程参与。

（3）起重机、拖挂机车行走路线应平整压实，基坑回填的地方应铺设30mm厚钢板。

（4）在规定的地点起吊，检查地面是否稳定，检查起吊半径、最大的起吊荷载、吊臂的长度是否在限制范围内。

（5）每个部件都应试吊两次，确认没有任何问题后再进行起吊作业。

（6）采用双机抬吊时，要根据起重机的起重能力进行合理的荷载分配，整个抬吊进程中两台吊钩应保持垂直状态，并受统一指挥，密切配合。

（7）指挥人员应使用统一指挥信号，信号要鲜明、准确，吊装下井时须采用井上、井下两级指挥。

（8）开吊前应检查工具、机械的性能，防止绳索脱扣、破断。

（9）高处作业人员切勿用力过猛，严禁向下丢掷工具。

（10）井下施工应设置足够亮度的灯光，满足现场施工的需要。

（11）注意井口安全施工，需铺设安全网、上下通道及作业指挥平台。

（12）盾构吊装作业时应设置施工禁区，禁区有明显的标示，并安排专门警戒人员。

（13）吊装前组织相关人员熟悉图纸、方案，并进行技术交底。

（14）在吊装过程中，构件吊点应按规定不得随意改动。

（15）吊装过程中，应在构件扶稳后，起重机才能旋转和移动。

（16）吊装过程中，严禁碰撞其他构件，以免损坏盾构机。

（17）各构件应小心移动，速度应缓慢，以免损坏盾构机。

（18）为防止盾构基座结构破坏，必须由专业工程师检查基座钢结构尺寸，检查焊点质量。

5.4.2 盾构机的拆卸及吊运

盾构机拆卸与盾构机下井前的拆卸相同，由一台250t履带式起重机和一台160t汽车起重机配合起重。

1）拆盾构的准备工作

盾构机机械、风、水、液压、电气的标识牌为2mm厚铝板，绑在管的两端。标识牌为单面印字符，两连接的管接头处标识相同的字符。拆盾构所用工具、机具必须保证其完好性，材料提前到位。盾构机拆卸场地的准备，包括确定两台起重机吊运位置和盾构机出洞位置，并应提前做好盾构机接收台制作工作。必须确保接收台与盾构机接口轴线对齐，避免盾构机无法驶入接收台轨道。为防止盾构机出洞时低头而无法驶上接收台，必须制作接收架，以便将盾构机引入导轨。在盾构机滑上引入导轨前，必须保证盾构滑上导轨后与接收架轴线对齐。

风源：准备一台2m³空压机，需软管约40m，接头处安装球阀，供两个风动扳手、拉伸预紧扳手和部分区域清洁使用。供水管40m长，以备清洁、消防、高压水枪等使用，水管末端安装球阀。需准备两个配电箱,井上、井下各安装一个,具有过载安全保护及开关、插座,其为2台电焊机、2台砂轮机、1台电动空压机、1台液压扭力扳手泵站、1台辅助泵站、照明灯提供电能。

盾构出洞后,首先把刀盘上和土仓的渣土清理干净,再用高压水冲洗,将螺栓冲洗干净,以便于螺栓拆卸。清洁中盾螺旋输送机底部,把杂物、淤泥清理干净,方便工作人员进入中盾底部拆卸螺旋输送机与中盾的连接螺栓。割除刀盘上的耐磨条并将其焊接在刀盘面板上,打磨抛光后再焊吊耳。焊接盾构机前盾、中盾和盾尾上部的吊装吊耳。

2) 刀盘的拆卸

拆除旋转接头处连接的泡沫管,旋转接头下垫两根小方木,拆卸旋转接头与刀盘的连接螺栓,螺栓经清洁装箱,把旋转接头平移向后拉,须能通过人员进出。拆卸刀盘与主轴承内圈的连接螺栓,在吊耳焊接完成但起重机未受力前,外圈的连接螺栓每4个螺栓区位要留4根不拆。穿挂卸扣、钢丝绳,当起重机示重达35t时再拆卸剩余的螺栓,拆卸完后,直至刀盘上的4个定位销脱离销孔,再起吊刀盘上井。

首先用液压扭力扳手从前盾内部拆卸M42mm×180mm螺栓,扭矩为5kN·m,拆解顺序为对称拆卸。先拆卸渣仓内的螺栓保护套,再用拉伸预紧扳手拆卸M42mm×325mm的双头螺柱。如果螺栓不能松动,可以用开口扳手和加力杠人工拆卸。如还不能松动,则用气焊将螺栓垫片切割掉。

刀盘吊至地面后缓缓放平,刀盘面朝下,支撑方枕木于刀盘面板下,刀具不得与地面、方枕木接触。将4个吊耳用双头螺柱安装在刀盘与前体接触面上,起吊到平板车上,用方木铺垫,用倒链固定。运输到目的地后,前盾与刀盘连接面要涂防锈油,螺栓、螺栓保护帽、密封圈等经清点数量后清洗装箱。

3) 螺旋输送机的拆卸

首先拆卸螺旋输送机与前盾的连接螺栓M30mm×180mm,然后拆解与中盾的连接拉杆,放长吊链,同时起重机缓慢提升,使螺旋输送机沿倾斜方向缓慢上移。2个10t的倒链挂在管片安装机梁上用来倒换钢丝绳,在人员仓下面的吊耳处再挂一个10t倒链。倒链依次更换倾斜后移至螺旋输送机能够平放,然后把螺旋输送机从主机中抽出放置在已经准备好的管片小车上,缓慢推动管片小车,移动到隧道内。

待主机全部拆除吊出井后,在接收台上搭设平台和轨道,把螺旋输送机从隧道内推出,穿挂好钢丝绳再吊出,放到平板车上,下垫方枕木。螺旋输送机整体用吊链固定,运输到目的地。

4) 盾尾的拆卸

先将铰接密封压板螺栓松动20mm,再将14个铰接油缸与盾尾连接处拆解,销、垫圈、挡圈等安装回原位。盾尾外壳焊接顶推支座,用油缸顶推盾尾,使其与中盾分离,吊至地面。盾尾内壁下部均布焊接两个厚30mm的吊耳,然后由汽车起重机配合将盾尾翻转平放到平板车上,下垫方枕木,运输到目的地。

拆除铰接油缸连接销时,注意方向,部分销只有一端才能够拆除。注浆管连接装置另装木箱,并设置存放标识,盾尾注脂球阀保留在管路上。注浆压力传感器和数据线装箱防护,做好标识。

5）管片拼装机的拆卸

在管片拼装机顶部吊耳上穿挂好钢丝绳，拆除平移油缸连接端的销，拆卸后的连接销仍然安装回原位。拆除拼装机轨道前端的端梁，用油漆标识。拼装机滑出轨道，起重机提升到地面，用汽车起重机配合翻转。拆解拼装机支撑梁与中盾的螺栓，起吊至地面后与拼装机一起运输到目的地。

6）前盾与中盾的拆卸

启动辅助泵站，顶推主机移动到起重的吊装范围内。对人员舱内外的易损部件做好防护或者拆除装箱，拆除下部两铰接油缸，把长吊耳安装固定在拆除铰接油缸后的销上。拆卸前盾与中盾的连接螺栓，用千斤顶顶推使其分离。固定定位销在中盾上，起吊至地面，汽车起重机吊起底部的长吊耳配合翻转中盾平放在平板车上，放枕木支撑，运输到目的地。移动前盾至起重机的吊装范围并起吊至地面，汽车起重机配合翻转。在前盾与中盾的接触面上安装 4 个起吊吊耳，然后吊起放到平板车上，下垫方枕木，运输至目的地。

7）后配套的拆卸

分离后配套各拖车之间的连接，包括皮带、拉杆、液压油管、电缆线等。皮带缠绕在皮带架上，运输并吊出。拆除连接桥上的皮带从动滚筒部分支架，分离和 1 号拖车连接的管片起重机轨道梁。在接收台上铺设轨道，用蓄电池车缓慢拖拉 1 号拖车与连接桥移动到盾构井。钢丝绳直接挂在连接桥的主梁上，拆除连接桥的支撑并拆除 1 号拖车的连接销，连接销留在 1 号拖车上。连接桥倾斜着被起吊至地面，把预先做好的钢结构支撑与连接桥焊接起来，以免压坏连接桥两侧的管路，把连接桥放到平板车上并固定好，运输到目的地。

蓄电池车依次推动拖车至竖井工作区域，安装拖车上部的 4 个吊耳，用风动扳手紧固。用两根槽钢把两侧平台焊接牢固，防止起吊时拖车两侧平台倾斜或者变形。起重机提升拖车至地面，拆卸轮对，用风动扳手拆卸螺栓。若不能松动，则用气焊切割螺栓垫片。拆解拖车上的皮带支架、风管，并用油漆做好标识，把皮带支架和风管放入拖车内固定好。把拖车放到平板车上固定好，运输到目的地。

8）液压管件拆卸顺序

放下安装机大油缸，便于螺旋输送机的拆卸；拆除旋转刀头上泡沫管，拆除后封口，绑在中盾上；拆除前盾上风管、油管、BP油脂管；风管、水管绑在连接桥上，刀盘加水管固定在中盾上，林肯泵拆除后存放在主机室；拆卸主驱动马达油管、封口，拆卸后绑在连接桥上；拆除中盾处油管，拆除后封口，需拆除部分铰接油缸油管，封口后绑在中盾上。

拆除螺旋输送机上油脂润滑的油脂管、油管，拆除后封口绑在连接桥上。拆除管片输送小车管线并封口，管线绑在连接桥上。拆除管片拼装机进油管及移动油管并封口，油管绑在拼装机上。拆除连接桥与 1 号拖车间的油管、油脂管、风管、水管、泡沫剂管、膨润土管。拆除与连接桥相连一端的管路并封口，管路绑在 1 号拖车上。拆除上一节拖车与下一节拖车的连接管路并封口，管路绑在下一节拖车上。

9) 电气控制线路拆卸顺序

将所有传感器和数据线拆除装箱,清点数量并做好防护。把需要拆除的电磁阀电源插头线拆除,并做好防护,严禁把各种数据线、电源线从中间剪断。各拖车的电源线就近盘好放在拖车上。电机电源线全部拆至拖车主配电柜或者存放于变压器处。

10) 盾构拆解安全文明措施

(1)制定详细的施工技术方案,并对作业人员进行拆机技术培训和安全技术措施交底。

(2)拆除有压力管路时,先做好泄压工作,同时做好人身防护工作。

(3)各种吊运机具设备正式使用前,必须组织试吊和试运行。

(4)按照规范要求加强现场洞外施工场地的用电管理和照明,保证场地作业在足够的光线下进行,确保用电安全。

(5)起重作业人员要严格执行"起重作业安全操作规程",确保施工作业人员的安全。

(6)吊装作业前,首先由专职安全员将作业区与安全区用警戒线隔离。

(7)与吊装作业有关的人员全部到齐后,由信号工检查盾构机吊装所用材料与设备是否准备齐全。准备齐全后,由信号工指挥,将起重机布置在合理的位置。由司索工进行盾构机穿绳作业,司索工作业完毕,由信号工和专职安全员按先后顺序对盾构机吊绳的各控制环节进行详细检查。检查无误后,在确保现场所有人员都在安全区的情况下,统一由信号工一人指挥起吊。

(8)所有作业人员必须穿工作服、佩戴好安全帽,指挥人员必须配备必要的口哨和指挥旗、袖章等。

(9)在露天遇六级以上大风或雷雨、大雾等恶劣天气时,应停止起重吊装作业。雨停止后作业前,应先试吊,确认制动器灵敏可靠后,方可进行作业。

(10)每班作业前,应检查钢丝绳及钢丝绳的连接部位,当钢丝绳在一个节距内断丝根数达到或超过规定根数时,应予以报废。

(11)双机抬吊构件时,要根据起重机的起重能力进行合理的负荷分配,必须在统一指挥下,动作协调,同时升降和移动,并使两台起重机的吊钩、滑轮组基本保持垂直状态。两台起重机的驾驶人员要相互密切配合,防止一台起重机失重而使另一台起重机超载。

(12)作业人员统一着装,保证作业环境的清洁有序,正确摆放使用工具和作业材料,下班后收拾清理作业现场,将整理好的所有工具移交给下一工班。

5.5 盾构机始发

盾构机始发是指利用反力架及临时拼装起来的管片承受盾构机前进的推力,盾构机在始发基座上向前推进,由始发洞门贯入地层,开始沿所定线路掘进所做的一系列工作。盾构始发是盾构施工过程中开挖面稳定控制最难、工序最多、比较容易产生危险事故的环节,因此进行始发施工各环节的准备工作至关重要。其主要内容包括安装盾构机反力架及始发基座、盾构机组装就位空载调试、安装密封圈、组装负环管片、盾体前移、盾构机贯入地层。盾构始发流程如图5-25所示。

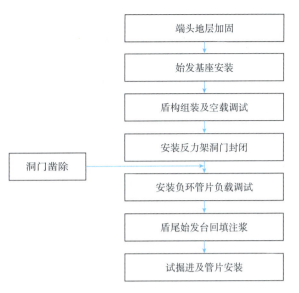

图 5-25 盾构始发流程

5.5.1 盾构机始发准备工作

1）盾构调试

盾构机组装完成后,需要进行调试,调试分为空载调试和负载调试。

（1）空载调试

空载调试:盾构机组装和管线连接完毕后,即进行空载调试。空载调试的目的主要是检查设备是否能正常运转,主要调试内容包括配电系统、液压系统、润滑系统、冷却系统、控制系统、注浆系统的调试以及仪表的校正。

（2）负载调试

负载调试:在整机试运行证明盾构机具有工作能力后,即可进行负载调试。负载调试的主要目的是检查各种管线及密封设备的负载能力,进一步完善空载调试不能完成的工作,以使盾构机的各工作系统和辅助系统达到满足正常生产要求的工作状态,试掘进时间即为负载调试时间。调试工作在安装完成后两周内完成。盾构机在完成各项目的检测和调试合格后,即可认定盾构机已具备工作能力,可以进行初始掘进工作。

2）盾构机反力架安装

盾构组装调试好后,进行盾构机反力架安装。盾构机始发时,巨大的推力通过反力架传递给车站结构。为确保盾构机顺利始发及车站结构的安全,需要在车站结构内预埋构件,并吊装反力架。反力架采用 H 型钢和钢管制作,如图 5-26 所示。反力架在地面制作完成后分体调运下井,根据盾构机及基座的实测位置,调整好反力架的安装位置和纵、横向垂直度。

图 5-26 盾构始发反力架

3) 洞口密封系统安装

始发井处洞口内径与盾构外径之间存在环形建筑空隙。为防止盾构机始发掘进时土体或地下水从空隙处流失,盾构机始发前在洞圈处安装橡胶帘布密封装置(图 5-27),橡胶帘布压板采用翻转式,作为施工阶段临时防泥水措施。

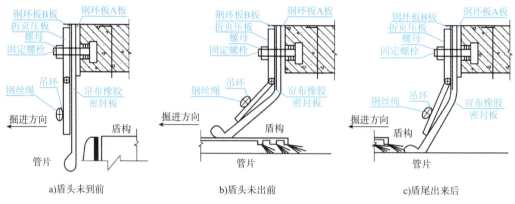

图 5-27　橡胶帘布密封装置示意图

4) 拼装负环管片

管片经检验合格后,使用门式起重机行车,平稳地吊往井下,每次只能吊运两片。地面指挥人员确认井下无人站立和行走后,方可指挥司机进行操作。

负环管片支撑系统采用钢反力架、基座。负环管片拼装为直线拼装,拼装时遵循管片与反力架相垂直的原则。根据到达环里程可定出反力架位置。支撑系统必须具有足够的强度和刚度。在安装反力架时,必须严格按里程控制。反力架两立柱的支座,采用预埋钢板螺栓连接的方式,控制其表面高程,并且在支座上弹出反力架里程控制线。两立柱用经纬仪双向校正垂直度。采用加设垫片的方法调整反力环,使它形成的平面与负环管片的平面严格吻合。

盾构机始发时,需要在反力架与洞口之间拼装负环。负环的中心线坡度应与到达段设计坡度一致。根据经验,采用 7 环负环,如图 5-28 所示。

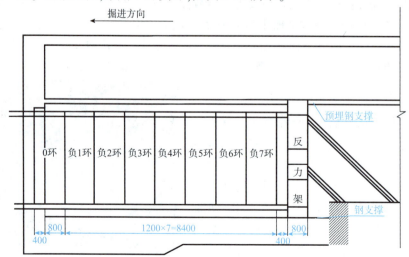

图 5-28　负环管片布置示意图(尺寸单位:mm)

负环管片拼装步骤如下：

(1) 根据管片的安装顺序，将需安装管片位置的千斤顶缩回到位，空出管片拼装位置。

(2) 在盾壳底部位置放置薄木板，并保证千斤顶后推负环时负环管片不会从薄木板上滑落。

(3) 用遥控器操作管片安装，调整好安装头与管片相对位置，然后吊起管片。

(4) 将管片旋转至最终的正确位置上，并在盾壳内对管片采取临时固定措施。

(5) 穿上并拧紧螺栓（指环向螺栓）。依次拼装剩余管片，并及时在盾壳内采取临时固定措施，防止管片下垂。

(6) 待负7环拼装完成后，用千斤顶将此环整体后推，千斤顶伸长速度不宜太大。

(7) 送进器继续输送负6环管片至安装位置并重复以上步骤，拼装成整环，并用纵向螺栓与负6环连为一体。

(8) 当负7环脱离盾壳时，始发托架导轨与负环外径之间的空隙打入木楔，以支撑负环。

(9) 将负7环与反力架上的钢墩用纵向螺栓连为一体。当负5环拼装完毕后，盾构机刀盘切入土体，之后的负环拼装类似于初始掘进段管片拼装。

(10) 涂刷盾尾密封油脂。

盾构推进前，为减小盾构的推进阻力，在盾构基座轨道上涂抹黄油，在推进时避免刀盘上的刀口损坏洞口止水密封装置。盾尾钢丝刷在第一次充填盾尾密封油脂时，利用特殊工具填满密封油脂。

5.5.2 盾构机试掘进

1) 始发推进前的技术准备与措施

(1) 盾构始发前，需检查核实各电缆、电线及管路的连接是否留有足够的供盾构机前进需要的电量，人员组织及机具设备配备是否到位等，检查基座、反力架、洞口密封是否满足设计要求。

(2) 盾构推进前，为了减小盾构机的推进阻力，可在盾构的基座轨道上涂抹黄油；为避免刀盘上刀具进洞门时损坏洞门密封装置，可在刀盘和刀具上涂抹黄油。

(3) 防止盾构机旋转的措施：在盾构机的两侧焊两对防转块（焊点距铰接密封距离不小于500mm），防转块应能承受盾构机的扭矩并能将扭矩传递给盾构基座；当盾构机推进至防转块距洞门密封500mm左右时，必须割除防转块，并将割除面打磨光滑；减小刀盘的设定扭矩，使其值不超过最大扭矩的40%。

2) 盾构始发姿态测量

始发推进前将负环管片拼装好并定位后，必须精确量测盾构及拼好的负环管片的各项位置参数，并输入自动导向测量系统及监测系统，之后方可开始始发推进。

3) 盾构试掘进

盾构在空载向前推进时，应主要控制盾构的推进油缸行程和限制盾构每一环的推进量。在盾构向前推进的同时，应检查盾构是否与始发台、始发洞发生干扰或是否有其他异常情况或事故发生,确保盾构安全向前推进。

盾构始发施工前,首先需对盾构机掘进过程中的各项参数进行设定,施工中再根据各种参数的使用效果及地质条件变化在适当的范围内进行调整和优化。需设定的参数主要有土压力、推力、刀盘扭矩、推进速度、刀盘转速、出土量、同步注浆压力及添加剂使用量等。

盾构掘进施工过程中的轴线控制是整个盾构施工过程中的一个关键环节,盾构在施工中大多数情况下不是沿着设计轴线掘进,而是在设计轴线的上下左右方向摆动,偏离设计轴线的差值必须满足相关规范的要求,因此在盾构掘进中要采取一定的控制措施来控制隧道轴线的偏离。

4) 盾构试掘进过程中常见问题的预防和处理

(1) 加固效果不好

端头土体加固效果不好是在始发过程中经常遇到的问题。对于端头土体,必须根据端头土体情况选择合理的加固方法,而且要加强过程控制,特别是要严格控制一些基本参数。对于加固区与始发井间形成的必然间隙,则应采取其他方式处理。

(2) 开洞门时失稳

开洞门时失稳主要表现为土体坍塌和水土流失,其主要原因也是端头加固效果不好。在小范围的情况下,可采用边破除洞门混凝土、边利用喷素混凝土的方法对土体临空面进行封闭。如果土体坍塌失稳情况严重时,则只有封闭洞门重新加固。

(3) 始发后盾构机"叩头"

始发推进后,在盾构机抵达掌子面及脱离加固区时容易出现盾构机"叩头"的现象,有时可能出现超限的情况。采用抬高盾构机的始发姿态、合理安装始发导轨以及快速通过的方法,通常可避免出现"叩头"或减少"叩头"。

(4) 洞门密封效果不好

洞门密封的主要目的是在始发掘进阶段减少土体流失。当洞门加固达到预期效果时,对于洞门环的强度要求相对较低,否则要在盾构推进前彻底检查和确定洞门环的状况。在始发过程中,若洞门密封效果不好,可及时调整壁后注浆的配合比,使注浆后尽早封闭,也可采用在洞门密封外侧向洞门密封内部注快凝双液浆的办法解决。

(5) 后尾失圆

正常情况下,在盾构机组装阶段,由于盾尾内部没有支撑,盾尾因自重可能会出现失圆现象。在盾尾焊接前,应对盾尾圆度进行测量,并进行调整,调整完成后才能进行焊接。焊接时,应使用两把焊枪分别在同一侧焊缝的内外两侧同时进行,并采用分段焊接的方式先进行位置固定,以减小焊接时盾尾产生变形。

一般盾尾竖直方向和水平方向的直径偏差不宜超过 20mm。如发现严重偏差,只能再对盾尾进行割除,调整圆度后再重新进行焊接。

(6) 支撑系统失稳

支撑系统在某些情况下由于盾构机推进中的瞬时推力或扭矩较大而产生失稳,这样将导致整个始发工作的失败。对于支撑系统的失稳,只能先做好预防工作,同时在始发阶段对支撑系统加强人工观测。如发现异常,应立即通知操作手停止掘进,对支撑系统进行加固处理后,再进行掘进。

(7)地面沉降较大

由于始发施工的特殊性,始发阶段的地面沉降值均较大,因此在始发阶段需尽早建立盾构机的适合工况,并严密注意出土量及土压情况,同时加大监测频率,控制地面沉降值。

盾构机始发技术是盾构法施工技术的关键,也是盾构施工成败的一个标志,必须全力做好,同时应确保盾构连续正常地从非土压平衡工况过渡到土压平衡工况,以达到控制地面沉降、保证工程质量等目的。

盾构机始发技术包括洞口端头处理(在非硬岩的软土、砂层、软岩类地层中)、洞门混凝土凿除(主要针对钢筋混凝土围护结构)、盾构始发基座的设计加工、定位安装;始发用反力架的设计加工、就位;支撑系统、洞门环的安设、盾构组装、盾构始发方案、其他保证盾构推进用设备、人员、技术准备等,直到始发推进。

5.6 盾构机掘进技术

5.6.1 盾构掘进施工组织

1) 盾构施工场地与交通疏解

一台盾构始发场地面积需要 $3000m^2$,两台盾构始发场地面积需要 $5000m^2$,而接收场地只要 $1000m^2$ 左右。看似合理的施工组织方案,有时因没有合适的施工场地而改变。盾构井一般是沿线路中线设置的,在城市中心区因交通疏解要求往往导致场地较小。过小的场地会影响施工现场合理布置(如弃土场、注浆材料储存、管片堆场、施工人员的生产生活安排等),降低劳动生产率。

因交通疏解、管线等条件限制盾构井设置在线路中线一侧时,盾构机始发周期延长,弃土、管片等洞内运输作业效率将明显下降。当场地不满足正常始发要求时,可以采用分体始发等方式解决。

通常设两个渣坑于始发井顶板上,每个渣坑长 15m、宽 6.0m、深 4.0m,最大可存渣土 $720m^3$。渣土坑底板及侧墙采用 C20 混凝土浇筑,厚 30cm。每个渣土场四周设置挡渣板,防止过稀渣土溢出。40t 门式起重机采用挂钩侧翻卸渣方式,渣土外运采用钩机装车、汽车运输的方式。

临时管片堆放场地面积 $120m^2$,管片存放能力为 60 块(10 环)。正式管片堆放场占地面积为 $594m^2$,管片存放能力为 210 块(30 环),满足 3d 的平均使用量。

在施工场地出渣位置设洗车槽,出渣车辆必须经过清洗后,方可驶出施工场地。洗车槽采用下沉式,宽 4000mm、长 8000mm、深 400mm。洗车槽旁设置沉淀池,洗车所排水经沉淀池三级沉淀后排入市政污水管线。

2) 盾构掘进速度与长度

盾构掘进速度与工程地质条件、盾构机选型、掘进管理水平、地面建(构)筑物保护要求等因素密切相关。当盾构穿越江河段、硬岩段、连续穿过建(构)筑物保护区段、长距离小半径曲线段、多个短区间、超前钻探或超前注浆、长距离砂层段和盾构井不在线路正上方等时,采用偏低的掘进指标。

盾构隧道土建费用主要由盾构机费用、掘进费用、衬砌费用三部分组成。有效降低造价的手段之一是在满足工期的条件下尽量加大盾构机的掘进长度，降低盾构机摊销费用。考虑土建工期的限制，盾构施工经济长度一般控制在 6~8km。

3）盾构掘进与车站施工相互影响

盾构机制造时间约需 6 个月，下井安装调试时间约需 1 个月。盾构隧道施工前一般会进行招标以方便设备采购，与始发井的提供时间是匹配的，必要时要求始发井提前开工。

盾构井一般设置于线路正上方，不仅影响交通疏解方案，还与车站施工场地有干扰。盾构机采用起吊方案时影响车站封顶时间，采用过站方案时正值车站施工期，站台需过站后施工。不论是采用过站方案还是起吊方案，管片、材料和弃土运输均与车站施工有干扰，特别是盾构后配套需在车站站台层折返作业时。

规模较大的车站（包括换乘站）要对盾构与车站施工干扰进行分析。施工招标时，车站与区间合标（即几站几区间一个标），规模过大时，也可区间与始发站或第一个过站站合标，这是减少施工干扰、方便施工协调、有利人员安排的办法之一。

4）管片生产组织

盾构隧道施工组织应综合考虑管片厂的位置和沿线交通运输条件。全线盾构机若同时开始掘进，管片供应将过于集中。当盾构机数量增加而减小掘进长度时，需要增加模板套数或管片堆场面积，直接或间接增加盾构隧道工程造价，也会引起年度工程投资的不均衡。而盾构施工长度增加、盾构机台数减少，模板套数自然减少，但工期会相应延长。

根据施工组织确定的盾构机数量及其先后始发，得出合理的管片模板套数和管片生产的均衡性，从而在不影响工期的前提下，降低盾构隧道的总体造价。

5.6.2 盾构掘进

1）盾构操作

在盾构掘进前，工程技术人员根据盾构机姿态、地质变化、隧道埋深、地面荷载、地表沉降、刀盘扭矩、千斤顶推力等各种勘探、测量数据信息，正确下达每班掘进指令，并及时跟踪调整。

盾构机操作人员执行指令，根据土压平衡原理，确认土压的设定值，并将其输入土压平衡自动控制系统。

平衡压力的设定是土压平衡盾构施工的关键，维持和调整设定的压力值是盾构推进操作中的最重要环节，这里包含推力、推进速度和出土量三者之间的关系，对盾构施工轴线和地层变形量的控制起主导作用，所以在盾构施工中应根据不同土质和覆土厚度、地面建筑物，配合地面监测信息的分析，及时调整平衡压力值的设定，同时精确控制盾构机姿态，控制每次的纠偏量，减少对土体的扰动，并为管片拼装创造良好的条件。根据推进速度、出土量和地层变形的监测数据，及时调整注浆量，从而将轴线和地层变形控制在允许范围内。

盾构机司机根据掘进指令和前一环衬砌的姿态、间隙状况，及时、有效地调整各项掘进参数，如推进速度、千斤顶分区域油压、加注泡沫或膨润土浆液等。对初始出现的小偏差及时纠正,尽量避免盾构机走"蛇"形。盾构机一次纠偏量不能过大,应采用"少量多次"的纠偏原则,以减少对地层的扰动。

盾构掘进应由富有经验的盾构操作手或者参加过培训并且合格的人员操作。间隔半年以上未操作过盾构机的操作手,需再次培训,取得合格认可后,才能上机操作。

2)盾构推进主要参数设定

(1)平衡压力值的设定原则

根据实际地质及隧道埋深情况按式(5-1)计算开挖掌子面理论平衡压力:

$$P = k_0 \gamma h \tag{5-1}$$

式中:P——平衡压力(kN/m^2);

γ——土体的平均重度(kN/m^3);

h——隧道埋深(m);

k_0——土体的侧向静止压力系数,一般取0.7。

参照理论计算,结合盾构智能化辅助决策系统预测的方法来确定平衡压力的设定值,具体施工设定值根据盾构埋深、所在位置的土层状况以及检测数据进行不断调整。

(2)出土量控制

盾构掘进每环理论出土量 $= \pi \times R^2 \times L$,$L$ 为环宽。砂层地段每环理论出土量乘上松散系数1.2~1.5。

(3)掘进速度

不同地层的掘进速度是不相同的,土质快、岩质慢。通常土质掘进速度控制在4~6cm/min,而中风化岩层掘进速度控制在1cm/min左右。

(4)盾构轴线以及地面沉降量控制

盾构轴线控制偏离设计轴线不大于±50mm,地面沉降量控制在-30~+10mm。

(5)盾尾油脂的压注

在盾构掘进施工过程中,盾尾密封用以防止地层中的泥土、泥水、地下水和衬砌外围注浆材料从盾尾间隙中漏入盾构,盾尾油脂通过安装在后配套系统中的一个气控油脂泵压注。

3)盾构掘进姿态精确控制

(1)盾构掘进偏差

盾构机在掘进过程中,由于地层土质变化、千斤顶推力不均、回填注浆不均、盾尾间隙不均以及已拼管片轴线不准等因素影响,不可能完全按设计方向推进,走行轨迹犹如蛇行,产生姿态偏差。姿态偏差可分为滚动偏差和方向偏差。

①滚动偏差

盾构掘进时,刀盘切削土体的扭矩主要是靠盾构壳体与洞壁之间形成的摩擦力矩来平衡。当盾构掘进机壳体与洞壁之间产生的摩擦力不能平衡刀盘切削土体产生的扭矩时,将出现盾构机的滚动。过大的盾构机滚动会引起隧道轴线的偏斜,也会影响管片的拼装。

②方向偏差

盾构在掘进过程中,由于各种因素的影响,会产生竖直方向和水平方向的偏差:

a. 盾构所受外力不均衡产生的轴线

盾构在地层中受多个外力作用,这些外力随地层的土质情况、覆土厚度的变化而变化,若不及时调整掘进参数或参数设置不合理,就会产生轴线偏差。

b. 成环管片轴线对盾构轴线的影响

盾构推进反力支点设在成环管片上,当成环管片轴线控制不理想时,就会对盾构轴线产生影响,产生方向偏差。

c. 盾尾间隙的影响

尚未脱离盾尾的管片外弧面与盾壳内弧面的间隙,称为盾尾间隙。当一侧盾尾间隙为零,盾构需向另一侧纠偏时,就会在该侧盾尾和管片外弧面间产生摩擦阻力,同时因无盾尾间隙纠偏困难,从而对盾构轴线的控制产生影响。

d. 同步注浆产生的反力对盾构轴线的影响

注浆时,由于各种原因而不能保证对称作业或浆液注入量、注入速度控制不得当,则注浆产生的反力将使盾构轴线产生偏差。

e. 盾构本身结构的影响

由于盾构各部位结构的影响,其重心位置趋前,扎头现象普遍存在,在松软地层中尤为显著。

(2)盾构机掘进姿态监测

通过人工监测和自动监测两种监测方法可对盾构机姿态进行监测。盾构掘进时,自动监测与人工监测同时使用,通过二者的相互配合,可提高对盾构姿态监测的精度。

①自动监测

采用 VMT 导向系统对盾构机的位置和情况进行连续测量。该系统是在一固定基准点发出激光束的基础上,根据盾构机所处位置计算其对设计线路的偏差,并将信息反映在大型显示器上。监测装置安设在主控室内,操作人员通过控制系统进行调整。

用目标装置(激光靶板)和倾角罗盘仪测量盾构机的位置。用激光靶板测量激光束的入射点位置和入射角大小,用倾角罗盘仪测量盾构机在两个方向的转角。

②人工监测

采用通用的光学测量仪器(如全站仪、水准仪等),对盾构的姿态进行监测。

a. 滚动角的监测

用电子水准仪测量高程差,计算出滚动圆心角。

b. 竖直方向的监测

采用全站仪直接测量盾构的俯仰角变化,上仰或下俯时其角度增量的变化方向相反。

c. 水平方向角的监测

采用全站仪直接测量盾构的左右摆动,左摆或右摆时其水平方向角的变化方向相反。

(3)盾构机掘进姿态调整

盾构机掘进姿态的调整包括纠偏和曲线段施工两种情况。

①滚动纠偏

采用使盾构刀盘反转的方法来纠正滚动偏差。允许滚动偏差≤1.5°,当超过1.5°时,盾构机报警,盾构司机通过切换刀盘旋转方向进行反转纠偏。

②竖直方向纠偏

控制盾构机方向的主要因素是千斤顶的单侧推力,它与盾构机姿态变化量间的关系比较离散，靠操作人员的经验来控制。

当盾构机出现下俯时，加大下端千斤顶的推力进行纠偏；当盾构机出现上仰时，加大上端千斤顶的推力进行纠偏。

③水平方向纠偏

与竖直方向纠偏的原理一样，左偏时，加大左侧千斤顶的推力纠偏；右偏时，加大右侧千斤顶的推力纠偏。

④特殊地层下的姿态控制

盾构通过复合地层（即作业面土体的抗压强度等力学性能指标存在很大差异的地层）时，根据掌子面的地质情况，对液压推进油缸进行分区操作。

液压推进油缸的分区，采用如下方案：

采用一台电液比例调速泵，向所有的推进油缸供油。将全部推进油缸分为A、B、C、D四个区域，每个区域的油缸编为一组，每组油缸设一电磁比例减压阀，用来调节该组推进油缸的工作压力，借此控制或纠正盾构掘进机的前进方向。在每组推进油缸中，有一个油缸装有位移传感器，用于标示该区域的行程，从而显示整个盾构机的推进状态。

例如，当盾构机发生上仰偏斜时，可以适当调节A区及C区油缸压力，即将A区油缸压力升高，C区油缸压力降低，同时观察A区及C区的行程显示，以达到调节推进方向的目的。

⑤曲线段施工

在曲线地段（包括平面曲线和竖向曲线）施工时，对推进油缸实行分区操作，使盾构机按预期的方向进行调向运动。分区操作方法见表5-2。

分区操作方法表　　　　　　表5-2

油缸分区	盾构机预期走行方向				
	直线	左转	右转	上仰	下俯
A	加压	加压	加压	减压	加压
B	加压	减压	加压	加压	加压
C	加压	加压	加压	加压	减压
D	加压	加压	减压	加压	加压

（4）纠偏注意事项

①在切换刀盘转动方向时，保留适当时间间隔，切换速度不宜过快。

②出现偏差时及时根据掌子面地层情况调整掘进参数，调整掘进方向，避免引起更大的偏差。

③蛇行的修正以长距离缓慢修正为原则，如修正过急，蛇行反而会更加严重。在直线推进的情况下，选取盾构当时所在位置点与设计线上远方的一点作一直线，然后再以这条线为新的基准进行线形管理。在曲线推进的情况下，使盾构机当时所在位置点与远方点的连线同设计曲线相切。

盾构机掘进纠偏时，平面调差折角＜0.4%、高程调差≤20mm，以防止纠偏过急。

5.6.3 管片拼装

1) 管片拼装方式

管片拼装按照设计图纸要求进行。一般隧道衬砌由 6 块预制钢筋混凝土管片拼装而成,包括封顶块、邻接块、标准块,采用错缝、自下而上交叉拼装,封顶块和邻接块搭接1/3,最后纵向插入。封顶块安装时需保证两块邻接块间有足够的插入空间。

2) 管片拼装流程

管片采用错缝拼装,工艺特点为"先下后上、先纵后环、左右交叉、纵向插入、封顶成环"。管片拼装流程如图 5-29 所示。

a) 管片水平运输

b) 管片机械手起吊

c) 管片就位

d) 管片成环

图 5-29 管片拼装流程

管片拼装步骤如下:

(1) 管片选型是以满足隧道线形为前提,重点考虑管片安装后盾尾间隙要满足下一掘进循环限值,确保有足够的盾尾间隙,以防盾尾直接接触管片。一般情况下,管片选型与安装位置根据推进指令先行确定,目的是使管片环安装后推进油缸行程差较小。

(2) 每环掘进的后期,清除前一环环面和盾尾的杂物;在一环掘进结束后,将操作盘上的掘进模式转换为管片安装模式;盾构推进后,姿态符合拼装要求。

(3) 管片安装必须从隧道底部开始,然后依次安装相邻块,最后安装封顶块。

(4) 封顶块安装前,应对止水条进行润滑处理,安装时先径向插入,调整位置后缓慢纵向顶推。

(5)管片块安装到位后,应及时伸出相应位置的推进油缸顶紧管片,其顶推力应大于稳定管片所需力,然后方可移开管片安装机。

(6)在管片环脱离盾尾后要对管片连接螺栓进行二次紧固。

(7)管片安装时,非管片安装人员不得进入管片安装区。

(8)在切换刀盘转动方向时,保留适当的时间间隔,对切换速度进行控制,切换速度过快可能造成管片受力状态突变,导致管片损坏。

5.6.4 管片背后注浆技术

盾构机的刀盘开挖直径为6280mm,管片外径为6000mm,当管片在盾尾处安装完成后,盾构机向前推进,管片与土层之间形成14cm的建筑间隙,需及时采用浆液材料填充此环形间隙,以有利于防止和减少地层变形,提高结构的稳定性。

1) 同步注浆材料及配合比

采用水泥砂浆(可硬性浆液)作为同步注浆材料,水泥砂浆具有凝结时间较短、强度高、耐久性好和抗腐蚀性好等特点。

对浆液配合比进行不同的试调配及性能测定比较后,优化出满足不同条件使用要求的配方,书面报监理工程师审定后正式投入使用。同时应在试推进施工过程中对不同浆液配合比注浆产生的地表不同沉降值进行对比后,再对浆液配合比进行相应的优化及调整。常用的同步注浆浆液配合比见表5-3。

同步注浆浆液配合比(单位:kg/m³)   表5-3

水泥	细砂	粉煤灰	膨润土	水	外加剂
120~260	850~600	380~240	60~40	400~470	根据需要添加

该浆液配合比的物理力学指标如下:

(1)胶凝时间:一般为3~10h,根据地层条件和掘进速度,通过现场试验加入速凝剂及变更配合比来调整胶凝时间。对于强透水地层和过建筑物、小曲线等地段,可通过现场试验进一步调整配合比和加入早强剂或减水剂,进一步缩短胶凝时间,获得早期强度,保证良好的注浆效果。

(2)固结体强度:1d强度不小于0.2MPa,28d强度不小于2.5MPa。

(3)固结收缩率:<5%。

(4)浆液稠度:9~13cm。

(5)浆液稳定性:离析率小于5%。

2) 同步注浆设备

盾构机推进时,通过安装在盾尾内的内置式注浆管向管片与地层间的环形建筑空间注入足量的填充浆液,如图5-30所示。每根管上有高压力表和阀门,该管通过软管与盾构机1号拖车上配置的注浆泵相连,注浆泵可手动控制,也可自动控制。

同步注浆系统:配备液压注浆泵2台,注浆能力2×12m³/h,8个盾尾注入管口(其中4个备用)及其配套管路。

运输系统:砂浆罐车(7m³)带有自搅拌功能和砂浆输送泵,随编组列车一起运输。

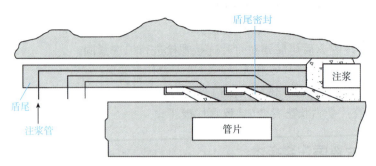

图 5-30 同步注浆示意图

3) 同步注浆施工工艺

同步注浆与盾构掘进同时进行,通过同步注浆系统及盾尾的内置 4 根注浆管,在盾构向前推进盾尾空隙形成的同时进行注浆。同步注浆与盾尾空隙在瞬间产生,从而使周围土体获得及时支撑,可有效防止土体的坍陷,控制地表的沉降。

同步注浆材料大多由水泥砂浆,由水泥、砂、粉煤灰、膨润土、水和外加剂等组成。注浆可根据需要采用自动控制或手动控制方式,自动控制方式即预先设定注浆压力,由控制程序自动调整注浆速度,当注浆压力达到设定值时,自行停止注浆。手动控制方式则由人工根据掘进情况随时调整注浆流量,以防注浆速度过快而影响注浆效果。一般不从预留注浆孔注浆,以降低从管片渗漏水的可能性。

(1) 注浆量确定

注浆量是以盾尾建筑空隙量为基础并结合地层、线路及掘进方式等确定的,应考虑适当的饱满系数,以保证达到充填密实的目的。根据施工实际,这里的饱满系数包括由注浆压力产生的压密系数、取决于地质情况的土质系数、施工消耗系数和由掘进方式产生的超挖系数等,一般主要考虑压密系数和超挖系数。以上饱满系数在考虑时须累计。

在全风化带、残积土中注浆率取 1.2~1.5;在强风化带、中风化带、微风化带中,注浆率取 1.8~2.15。

(2) 注浆压力确定及控制

①注浆压力确定

注浆压力主要取决于地层阻力,但与浆液特性、土仓压力、设备性能、管片强度也有关系。注浆压力通常为 0.1~0.3MPa,一般理论计算与实际情况是有出入的,必须结合现场实际情况和地面沉降监测分析数据来确定。在全风化及以下的地层中,注浆压力一般在 0.15~0.30MPa;在中风化以上的岩层中,注浆压力取决于围岩条件和裂隙水压力,一般在 0.1~0.15MPa。考虑到管片的抗剪切能力,注浆压力一般不大于 1MPa。混凝土管片当注浆压力为 4MPa 左右时,管片封顶块的螺栓会被剪断。

②注浆压力控制

注浆过程控制有注浆压力、注浆量两个控制标准。一般情况下,以注浆压力控制注浆过程为主;如果地层自稳性好,地下水压小,则以注浆量控制为主。

全风化地层的理论注浆量为 $6.0 \sim 7.0 m^3$/环。注浆泵为活塞式注浆泵,每冲程的理论注浆量为 12L。由于活塞泵前面的储浆囊中经常有凝结的水泥块,根据经验,每冲程的注浆在 10～11L,施工时一般按 10L 考虑,6m³ 浆液冲程数就是 600 个。

盾构机注浆管沿盾尾圆周方向均匀布置,相邻两个注浆管的圆心角为 90°。注浆管布置如图 5-31 所示。

图 5-31 盾构注浆示意图

注:①、④号注浆量:②、③号注浆量≈3:1。

注浆过程控制要求如下:

①、④号管注浆量应达到 450mm 冲程,注浆压力控制在 0.15～0.25MPa。

②、③号管注浆量应达到 150mm 冲程,注浆压力控制在 0.15～0.3MPa。

当 4 根注浆管的冲程与掘进长度不成比例,注浆量偏小时,调大①、②、③、④号管注浆压力,加大注浆速度。

②、③号管注浆冲程数超过 100 个,注浆压力接近 0.3MPa 时,一般不要调大。

当 4 根注浆管的压力都大于限值时,停止注浆,以防堵管。

③注浆速度

注浆速度应与掘进速度相匹配,所以注浆泵的性能要满足注浆速度的需求。同步注浆速度和推进速度应保持同步,即在盾构机推进的同时进行足量注浆。

④注浆结束标准

采用注浆压力和注浆量双指标控制。

5.6.5 二次注浆

同步注浆填充量不足、地面变形过大、过建筑物等地段须进行二次注浆。二次注浆通过吊装孔进行,可选用水泥-水玻璃双液浆或水泥砂浆,在管片出台架后进行,注浆压力为 0.3～1.0MPa。

注浆前,需在起吊孔内装入单向逆止阀并凿穿外侧保护层。在一台砂浆泵的输浆管上装一个分支接口,通过该接口即可实施管片注浆。二次注浆一般采用手动控制。

5.7 盾构机到达

5.7.1 盾构到达施工流程

盾构到达施工流程如图 5-32 所示。

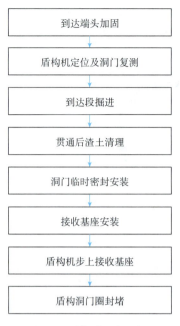

图 5-32 盾构到达施工流程

5.7.2 盾构到达施工技术

1) 盾构到达段掘进

在盾构到达前,首先应做好地层加固等到达准备工作。进入加固体掘进后,要加强洞口段的观察与沉降监测,及时与盾构操作主司机沟通,以便控制掘进。

根据进洞段的地质情况确定合理的掘进参数并做出书面交底,总的要求是:低速度、小推力、合理的土压力和及时饱满回填注浆。最后 10 环管片拼装中要及时用槽钢将管片沿隧道纵向拉紧,以免在推力很小或者没有推力时管片松动,如图 5-33 所示。在盾构抵拢围护结构后,停止掘进,对盾尾后 4~6 环管片背部进行二次补充注浆。

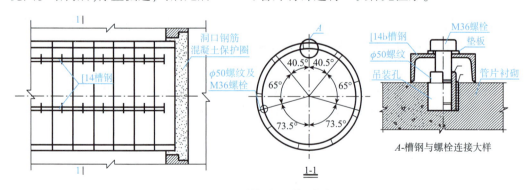

图 5-33 盾构到达段管片拉紧

2) 渣土清理及洞门临时密封装置安装

在盾构掘进贯通后,及时人工使用小型机具清理贯通时产生的渣土,然后安装洞门临时密封装置。到达端洞门临时密封装置与始发时类似,需在翻板外焊接固定螺栓圆孔,通过拉紧穿在螺栓孔内的钢丝绳,将洞门临时密封装置与管片外弧面密贴。

3) 接收基座安装及盾构机步上接收基座

接收基座的构造同始发基座。接收基座在准确测量定位后安装。接收基座的中心轴线应与盾构机进接收井的轴线一致，同时兼顾隧道设计轴线。接收基座的轨面高程应适应盾构机姿态，为保证盾构刀盘贯通后拼装管片有足够的反力，可考虑将接收基座的轨面坡度适当加大。接收基座定位放置后，采用25号工字钢对接收基座前方和两侧进行加固，防止盾构机推上接收基座过程中接收基座移位造成盾构机接收失败。

在接收基座安装固定后，盾构机可慢速推上接收基座。在推进通过洞门临时密封装置时，为防止盾构机刀盘和刀具损坏帘布橡胶板，可在刀盘外圈和刀具上涂抹黄油。盾构机在接收基座上推进时，每向前推进2环拉紧一次洞门临时密封装置，通过同步注浆系统注入速凝浆液填充管片外环形间隙，保证管片姿态正确。

4) 洞门圈封堵

最后一环管片拼装完成后，拉紧洞门临时密封装置，使帘布橡胶板与管片外弧面密贴，通过管片注浆孔对洞门圈进行注浆填充。注浆过程中要密切关注洞门情况，一旦发现有漏浆现象应立即停止注浆并进行封堵处理，确保洞口注浆密实，洞门圈封堵严密。盾构出洞密封如图5-34所示。

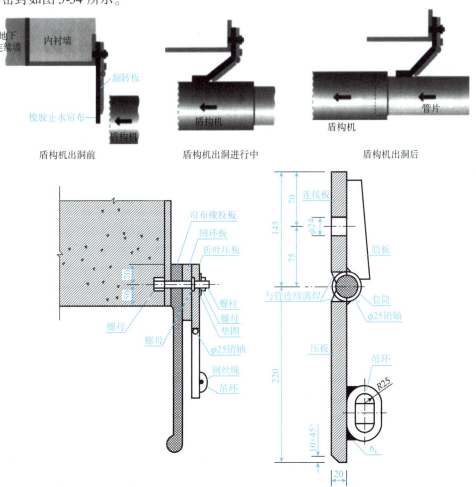

图5-34 盾构出洞密封示意图(尺寸单位:cm)

5.8 工程案例

5.8.1 工程概况

1) 设计概况

哈尔滨北站出入段线区间盾构段由哈尔滨北站出入段线明挖始发端头出发,沿小耿家村及其北侧农田到出入段线区间盾构接收端头,整个区间由南北向东西向敷设线路。区间左线里程为 CSK0+220.614～CSK2+007.263,含短链 33.469m,区间长 1753.179m;区间右线里程为 RSK0+220.6149～RSK2+007.263,区间长 1786.648m。在区间里程 RSK1+315.436(CSK1+279.102)处设置 1 座联络通道兼泵房。

该盾构区间隧道为双线单圆形隧道,线路纵向基本呈"V"字形,最大坡度 10.841‰,区间最小转弯半径 R 为 300m。隧道顶最小埋深约 6m,最大埋深约 14.58m。盾构隧道采用单层装配式平板型钢筋混凝土衬砌管片,管片外径 6.0m,内径 5.4m,厚度 0.3m,宽度 1.2m,管片安装采用错缝拼装形式,混凝土强度等级为 C55,抗渗等级为 P10。

区间盾构井端头土体采用 $\phi 800@600$ 高压旋喷桩加固。加固范围为洞口周围 3m,始发及接收端加固长度均为 8m。加固后的土体应有良好的均匀性,密封性和自立性,并达到如下指标:28d 无侧限抗压强度不小于 0.8MPa,渗透系数 $\leq 1\times 10^{-7}$cm/s。

在哈尔滨北站出入段线始发端头具备盾构进场条件后,进行盾构施工场地布置及施工准备,开始哈尔滨北站出入段线区间盾构段施工,盾构段隧道由 2 台外径为 6280mm 盾构机进行施工,先后在哈尔滨北站出入段线始发端头下井始发,在接收端头盾构井解体吊出,见图 5-35。

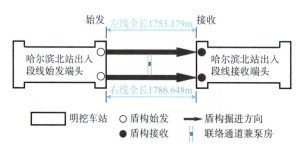

图 5-35 哈尔滨北站出入段线区间施工示意图

2) 周边建(构)筑物及管线条件

(1) 地面建(构)筑物情况

本区间始发、接收端均处在绿地及农田范围内,场地空旷,周边建筑物、交通影响较小。

(2) 管线情况

本区间所涉及的区域较大,区间始发端头、接收端头均处在绿地范围内,场地空旷,无管线影响,仅在里程 RSK0+886 附近下穿大庆石油管线,工程施工过程中要密切关注。针对管线设置监测点,保护好管线。

3) 工程地质水文条件

(1) 出入段线区间始发端

哈尔滨北站出入段线区间盾构始发端地面原为施工围挡内道路。采用高压旋喷桩对始发端加固。由上至下地层分别为：1-1 杂填土，1m 厚；2-1 黏质粉土，1.2m 厚；2-2 粉砂，4.2m 厚；2-3 细砂，4m 厚；2-4 中砂，2.6m 厚。

(2) 出入段线区间接收端

哈尔滨北站出入段线区间盾构接收端地面原为施工围挡内道路。采用高压旋喷桩对接收端加固。由上至下地层分别为：1-1 杂填土，1m 厚；2-1 黏质粉土，2m 厚；2-2 粉砂，3.6m 厚；2-3 细砂，3m 厚。

(3) 出入段线区间沿线工程地质

哈尔滨北站出入段线区间场地地层结构特点为典型松花江漫滩相地貌单元特征，自上而下主要为 1-1 杂填土、2-1 粉质黏土、2-2 粉砂、2-3 细砂、2-4 中砂、2-4-1 砾砂、7-2 中砂等地层。隧道主要穿越为 2-2 粉砂、2-3 细砂、2-4 中砂地层。哈尔滨北站出入段线区间地质剖面图如图 5-36 所示。

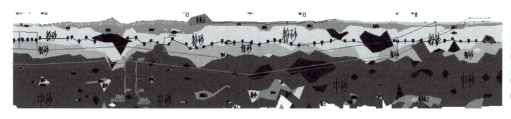

图 5-36　哈尔滨北站出入段线区间地质剖面图

(4) 水文地质条件

根据勘探揭示的地层结构，勘探深度内场地地下水可分为孔隙潜水、孔隙承压水。

4) 施工现场平面布置

哈尔滨北站出入段线区间盾构施工采用哈尔滨北站出入段线始发端作为盾构施工场地。结合现场实际情况与本工程周围环境，本着合理组织交通运输，满足盾构及其后配套设备进场、组装、吊运下井、施工材料供应、始发掘进、渣土存放、渣土运输的要求以及办公、生活的要求并与盾构施工现场的布置结合起来，依据文明施工及安全生产的有关规定，对施工总平面统一规划、综合考虑、合理布置。施工现场内设门式起重机 2 台（1 号门式起重机跨距 20m，2 号门式起重机跨距 26m）、浆液站 1 套、管片存放区、集土坑 1 个、加工区、库房、盾构及其后配套设备存放组装区、办公区等。水箱布置在结构中板处，隧道内布有通风设施，高压变电箱设置在施工场地西侧，隧道内走道板长 1.2m（1 环一个）。

5.8.2 盾构机始发段的掘进施工

盾构机始发段的掘进施工又称为试掘进施工，需对各种关键施工参数进行调整、优化，为正常段施工做好准备（盾构施工参数主要包括掘进速度、刀盘扭矩、土仓土压力、盾构总推力、出土量、注浆量、注浆压力、盾尾间隙等）。盾构机掘进前，先对各种施工参数进行计算，然后根据计算结果，设定施工参数。在施工中，根据设定施工参数的应用效果，结合地表监测的结果对各种参数进行调整、优化，使各项参数设定达到最佳状态。

区间盾构始发为整体始发,盾构及其配套设备进场后,首先放置在盾构工作井的北端和东侧预定位置。安装盾构始发基座及车站内轨道的铺设,要求铺轨工作在基座安装工作完成前完成,然后将后配套台车倒序从东端头吊入井内,由蓄电池车牵引到车站内固定;然后将中盾、前盾、刀盘、拼装机轨道梁、拼装机、螺旋机、尾盾等吊装下井;最后将后配套台车与盾构机主体连接。

待盾构主体全部下井后,即刻进行反力架的安装、盾构主体与车架之间的连接及始发洞门刚性物件拆除,然后开始安装洞门密封装置,安装洞门内导轨。盾构调试完成后,清除洞门范围内的所有刚性物件,然后再次对始发洞门密封装置、导轨及洞门凿除工作进行检查,经确认无误后,开始拼装负环管片,直到将盾构刀盘顶进始发掌子面,焊好盾构防扭转装置后便可开始盾构的始发推进。盾构始发见图5-37。

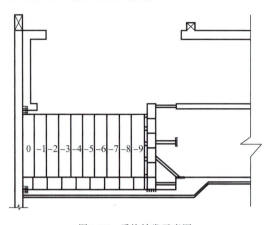

图5-37 盾构始发示意图

5.8.3 盾构机掘进施工

为了获得理想的掘进效果、保证开挖面稳定、有效控制地表沉降及确保地面建筑物安全,必须根据不同的地质条件选择不同的掘进工况。盾构区间隧道穿越的地层较为复杂,因此在盾构机推进过程中应根据地质条件选择合理的掘进模式进行掘进,本次选用土压平衡模式掘进。正常掘进选定了8个施工管理指标来进行掘进控制管理,见表5-4。

掘进参数一览表　　　　　　　　　　　表5-4

掘进参数	单位	数值
上部土仓压力	MPa	0.11~0.15
推进速度	mm/min	30~80
总推力	kN	8000~10000(进洞中); 12000~16000(正常段)
出土量	m³	36~43
刀盘转速	r/min	1.0~1.5
扭矩	kN·m	2000~3500
注浆量	m³	4.8~8.0
注浆压力	MPa	0.20~0.40

土仓压力是主要的管理指标,需根据监测数据不断调整优化上部土压。

土压平衡模式掘进时,将刀具切削下来的土体充满土仓,由盾构机的推进、挤压而建立起压力,利用这种泥土压与作业面地层的土压与水压平衡。同时利用螺旋输送机进行与盾构推进量相应的排土作业,始终维持开挖土量与排土量的平衡,以保持开挖面土体的稳定。

渣土的出土量必须与掘进的挖掘量相匹配,以获得稳定而合适的支撑压力值,使掘进机的工作处于最佳状态。当通过调节螺旋输送机转速仍达不到理想的出土状态时,可以通过改良渣土的可塑状态来调整。

5.8.4 渣土改良

在盾构施工中尤其在复杂地层及特殊地层盾构施工中,为了保持开挖面的稳定,减少地层扰动,根据围岩条件适当注入添加剂,确保渣土的流动性和止水性,同时要慎重进行土仓压力和排土量进行管理。

1)渣土改良的目的

(1)使渣土具有良好的土压平衡效果,利于稳定开挖面,控制地表沉降;

(2)提高渣土的不透水性,使渣土具有较好的止水性,从而控制地下水流失;

(3)提高渣土的流动性,利于螺旋输送机排土;

(4)防止开挖的渣土黏结刀盘而产生泥饼;

(5)防止螺旋输送机排土时出现喷涌现象;

(6)减小刀盘扭矩和螺旋输送机的扭矩,同时减少对刀具和螺旋输送机的磨损,从而提高盾构机的掘进效率。

2)改良方法与添加剂

渣土改良就是通过盾构机配置的专用装置向刀盘面、土仓内或螺旋输送机内注入泡沫或膨润土,利用刀盘的旋转搅拌、土仓搅拌装置搅拌或螺旋输送机旋转搅拌使添加剂与土渣混合,其主要目的是要使盾构切削下来的渣土具有好的流塑性、合适的稠度、较低的透水性和较小的摩阻力,以满足在不同地质条件下盾构掘进可达到的理想工作状况。

哈尔滨北站出入段线区间地层以富水砂层为主,在富水砂层的掘进中,若只使用泡沫剂改良渣土,会使土仓内水土比变大,增加喷涌风险;只使用膨润土改良渣土,刀盘扭矩会很大,掘进困难。为达到理想的渣土改良效果,需配合使用泡沫剂和膨润土浆液。

3)渣土改良的主要技术措施

根据本工程的地质条件和盾构施工的经验,采取如下主要技术措施。

(1)在含水地层及黏性土地层采用土压平衡模式掘进时,拟向刀盘面、土仓内和螺旋输送机内注入泡沫,并增大对螺旋输送机内注入的泡沫量,以利于螺旋输送机形成土塞效应,防止喷涌。

(2)在中风化、全风化泥岩地层中掘进时,拟采取向刀盘面和土仓内注入泡沫和膨润土改良渣土。

(3)在黏性土内添加泡沫,增加了渣土的流动性,减小摩擦力,利于渣土的排出,减少泥土的堵塞。

4）防泥饼措施

盾构在掘进过程中,有可能因为添加剂使用不当、地质条件复杂等原因在刀盘尤其在中心区部位产生泥饼。此时,掘进速度急剧下降,排土不畅,大大降低开挖效率,甚至无法掘进。施工中拟采取的主要技术措施:

(1) 加强盾构掘进时的地质预测和泥土管理,特别在黏性土中掘进时,更应密切注意开挖面的地质情况和刀盘的工作状态。

(2) 在这种地层掘进时,增大刀盘前部中心部位泡沫注入量并选择比较大的泡沫加入比例,减少渣土的黏附性,降低泥饼产生的概率。

(3) 一旦产生泥饼,及时采取对策,必要时采用人工处理的方式清除泥饼。

(4) 必要时螺旋输送机内也要加入泡沫,以增加渣土的流动性,利于渣土的排出。

(5) 防止泡沫管堵塞,泡沫质量要好。

5）渣土温度监控

在盾构掘进过程中,由于刀盘切削掌子面,使土仓温度上升,容易形成泥饼,影响盾构正常掘进,需要在盾构掘进过程中对渣土温度进行监控,具体可采用红外温度测量仪对土仓壁及螺旋输送机出土口出渣温度进行监控。若温度上升较快、温度较高,可采用调整泡沫剂掺入量及添加膨润土等外加剂进行调节。

5.8.5 盾构机到达施工

1）盾构机到达前的准备工作

(1) 盾构机定位及接收洞门位置复核测量

在盾构推进至盾构到达范围时,要加强监控量测,即要随时监测,尤其是轴线的测量,编制专项测量方案,对盾构机的位置进行准确测量,明确成洞隧道中心轴线与隧道设计中心轴线的关系,对盾构机姿态进行复核,根据盾构机实测姿态制订详细的纠偏计划,同时对接收洞门位置进行复核测量,确定盾构机的贯通姿态及掘进纠偏计划。在考虑盾构机的贯通姿态时注意两点:一是盾构机贯通时的中心轴线与隧道设计轴线的偏差,二是接收洞门位置的偏差。综合这些因素在隧道设计中心轴线的基础上进行适当调整。纠偏要逐步完成,每一环纠偏量不能过大。

动画:盾构法钢套筒施工

(2) 接收洞门段的土体加固

接收端头加固由主体结构负责施工。接收段采用三重高压管旋喷桩的形式进行土体加固,桩径800mm,咬合量为300mm,桩长为深入隧道下3m。并在盾构到达前一个月检查加固效果,当效果不理想时采取补充加固措施,以满足盾构到站掘进要求。具体加固方法参见端头加固专项施工方案。

(3) 端头井降水

为降低盾构接收风险,接收端头设置至少10口备用降水井(根据现场地层水位实际情况考虑是否布设),降水井钻孔直径为600mm,间隔设长度为3m滤水段,井深为25m,在盾构机接收洞门破除前提前组织降水,创造无水作业条件,降水井根据水位监测必要时开启,降水井水位必须降到底板以下1m。

(4) 洞门破除

基于目前设计的盾构接收井位置,在盾构机的刀盘到达接收井围护结构的外侧后,对洞门进行破除,到达时洞门破除方法及注意事项与始发时破除方法及注意事项相同,洞门破除时要注意盾构机刀盘到达围护结构外侧时即可,不要将刀盘顶在围护结构上。

(5) 接收基座的安装

接收基座的中心轴线应与隧道设计轴线一致,同时兼顾盾构机出洞姿态。接收基座的轨面高程除适应于线路情况外,适当降低 10mm,以便盾构机顺利上基座。为保证盾构刀盘贯通后拼装管片有足够的反力,将接收基座以盾构进洞方向 +2‰ 的坡度进行安装。要特别注意对接收基座的加固,尤其是纵向的加固,需与底板预埋件焊接牢固,保证盾构机能顺利到达接收基座上,接收基座安装与始发基座安装步骤相同。

(6) 洞门密封的安装

在盾构接收时,为了防止洞内水和回填注浆沿着盾构机外壳向洞口方向流出,在内衬墙上的盾构机出口洞圈周围安装环行密封橡胶板止水装置,见图 5-38,该装置在内衬墙出口洞圈周围安装设有 M20 螺孔的预埋板,用螺栓将帘布橡胶板、圆环板和扇形压板栓连在预埋环板上。

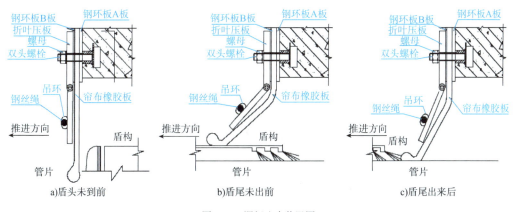

图 5-38 洞门止水装置图

洞门密封装置安装时,需注意橡胶帘布及扇形压板的安装方向。橡胶帘布端头的凸起方向与盾构掘进方向相同。

盾构机进入预留洞门前在外围刀盘和帘布橡胶板外侧涂润滑油,以免盾构机刀盘挂破帘布橡胶板影响密封效果。

(7) 接收托架安装

盾构接收托架的安装应注意洞口所处的线路平纵曲线条件,盾构机仰俯角及隧道设计轴线坡度保持一致。接收井内洞门凿除及洞门密封工作准备就绪。在托架安装时,安装高度应低于盾构机刀盘 20~30mm,防止盾构机出洞因托架安装过高而推移托架。另外在盾构机后 100m 进站段掘进中,严格控制盾构机姿态,确保盾构机安全、平稳进入接收托架。

(8) 接收导轨安装

盾构接收穿越洞门时,盾壳与洞门外圈有一定的空隙。为保证盾构在接收时不至于因悬空而产生"叩头"现象,需要在接收洞门外安设一段导轨。安设导轨时应预留足够的空间,以保证洞门密封完好。

导轨采用43kg/m钢轨制作,长度根据实际情况进行确定,一端焊接在 $\phi 6500mm$ 洞门钢环仰拱内侧,另一端与围护结构钢筋焊接固定。

(9)接收场地要求

接收场地(出入段线接收端)地面场地保证平整,提供足够盾构机调出空间。

2)盾构机到达施工

盾构机进入接收段后,应减小推力,降低推进速度,控制出土量并时刻监视土仓压力值,从距离接收洞口围护桩里皮2m处起土压的设定值应逐渐减小到0.06MPa以下,避免较大的推力影响洞门范围内土体的稳定。

3)盾构机通过加固区注意事项

(1)洞门环板的间隙调整

盾构机顶进之后,必须将全段压板的螺栓全部栓紧,避免在盾构顶进时产生微量波动,造成压板纵向移位,形成间隙。因此,必须派人员随时观察,及时调整及紧固。

(2)盾构机的合理操作

①盾构机的操作

在可能的条件下,尽量保证对圆心的控制,并以总推力的控制来设定推进速度,保证总推力在10000kN以下。

②开挖面稳定管理

在刀盘面板上喷注泡沫,以减少掘进时与前方掌子面的摩擦及土仓内渣土与刀盘、土仓壁的摩擦,可减小刀盘的驱动力矩。

在掘进过程中不断将实际出土量与理论出土量进行比较,是土压管理的重要措施。

③接收掘进模式

严格控制盾构机的超挖和负挖现象的产生。掘进过程中必须严格控制掘削量,发现超挖和负挖现象及时调整。当发现掘削量过大时,应立即停止掘进,并通过地面监测,调查土体沉降情况,在查明原因后应及时调整有关参数,确保开挖面稳定。

4)施工管理

(1)盾构机及管片的轴心操作管理(尽量在之前修正好姿态,避免在此段修正)。

(2)推进速度根据出土情况配合(避免超挖及欠挖)。

(3)严格控制出土量。

(4)注浆量应大于理论计算量的1.5倍以上(防止在人工填土层掘进时造成地层下陷),达到规范允许建筑物沉降的要求。

● 复习题

1.盾构机是怎样分类的?
2.土压平衡盾构机的主要构造及其功能是什么?
3.盾构隧道端头加固的目的是什么?
4.一台盾构机的主要组装顺序是什么?
5.盾构机的始发和到达各指的是什么含义?

单元 6　TBM 施工

6.1　TBM 基础知识

6.1.1　TBM 概念

全断面岩石掘进机(Full Face Rock Tunnel Boring Machine,TBM),是靠旋转并推进刀盘,通过盘形滚刀破碎岩石而使隧道全断面一次成形的机器。如图6-1所示,TBM是集机械、电子、液压、激光、控制等技术为一体的高度机械化和自动化的大型隧道开挖衬砌成套设备,近年来在我国水利、铁路、公路、地铁等工程建设中发展迅速,应用日益广泛。TBM在长大隧道施工中具有传统钻爆法无法比拟的优势,具有广阔的市场发展前景。

大型TBM如图6-1所示。

图6-1　大型TBM

通过了解全断面岩石掘进机的定义,我们明确了TBM必须具备以下条件:

(1)必须是用机械能破岩。主要表现形式是由机械能通过滚刀挤裂岩石。这完全区别于钻爆法用炸药的化学能破碎岩石的机理和方法。

(2)破岩范围仅对隧道的掌子面。

(3)开挖的对象是隧道掌子面的岩石。

(4)掌子面的岩石破碎后随即连续向后输出,一次成洞,以区别钻爆法(将开挖和出渣分成两个工序)。

6.1.2 TBM 构造

掘进机为了一次完成掘进、出渣、导向、支护等整套功能，就要求其必然是集机械、电子、液压、气动、激光为一体的高科技成套设备。其组成部分按功能不同可分为主机和后配置系统两大部分。

1）主机系统

主机部分的主要功能是开挖和装渣。掘进机主机部分结构主要包括刀盘、刀盘支承、顶护盾、侧护盾、下支承、内机架、外机架、双 X 形支撑、后支撑、刀盘驱动机构、推进机构、调向机构、主机皮带输送机、司机室等。以下对其中主要部分进行介绍。

（1）刀盘

刀盘布置设计中的刀具布置设计尤为关键。它是工程地质条件和施工要求的同步适应性设计，统筹考虑岩石特性与刀具更换的方便性等。正在组装的刀盘如图 6-2 所示，刀盘是一个复杂的钢结构件，其上安装若干不同尺寸的滚刀。滚刀安装在刀座内，采用的是楔锁拉紧装置式、重载刀座。刀座经过特殊的硬化处理，可抵抗冲击和延长使用寿命。

图 6-2　正在组装的刀盘

TBM 刀盘主要具有破碎岩石、稳定掌子面等功能，承受大扭矩、大推力和冲击荷载的作用，振动极其剧烈，工作状况非常恶劣，同时由于地质条件复杂多变，刀盘设计需满足地质适应性要求，属于一种非标定制设计，是 TBM 设计的核心之一。

刀盘主要作用是用于安装刀具并传递掘进力，它位于掘进机的最前部，是由钢板焊接而成的框架式中空结构件，一般是掘进机中几何尺寸最大、单件质量最大的部件。因此它是拆装、运输掘进机时起重设备和运输设备选择的主要依据。

TBM 破岩过程可分为盘刀侵入岩体和两盘刀之间岩石碎片形成两个阶段。首先刀盘在推力作用下，贯入岩石，在刀尖下和刀具侧面形成高应力压碎区和放射状裂纹（图 6-3）。当刀盘在推力和扭矩作用下，连续滚压掌子面时，盘刀扩大它的压碎区，并使产生的裂纹扩展，当其中一条或多条裂纹扩展到自由表面或邻近盘刀造成的裂纹时，形成岩石碎片。也就是说，TBM 破岩过程由压碎区形成、裂纹产生和扩展、形成岩石碎片的过程组成。

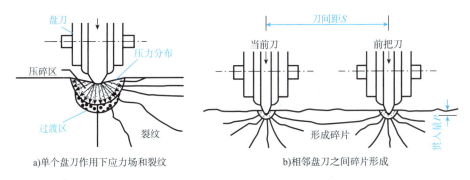

a) 单个盘刀作用下应力场和裂纹　　b) 相邻盘刀之间碎片形成

图 6-3　盘刀作用下产生裂纹

① 刀盘的类型

a. 刀盘按外形一般分为三种：球面型、平面圆角型、锥面型。球面型适用于小直径的掘进机。目前掘进机采用最多的是平面圆角型和锥面型，这两种形式的刀盘制作工艺简单，安装刀具较方便，也便于掘进时刀盘的对中调整和稳定。

b. 刀盘按是否是一个整体分为整体式和分体式。整体式刀盘一般用于小直径掘进机，大直径掘进机的刀盘为了便于加工和运输，一般都做成分体式。分体式刀盘有中心对分式、偏心对分式、中方五分式、中六角七分式等分类方法。实践表明，中心对分式刀盘对中心刀位的刚度有较大的削弱，因此较大直径的刀盘普遍采用偏心对分式或中方多分式，使中心刀位结构件形成一个封闭的结构，在受力方面更趋于合理。

② 刀盘的运动特性

刀盘在掘进过程中沿着掘进机轴线向前做直线运动，同时环绕掘进机轴线做单向回转运动，这是典型的螺旋运动轨迹。掘进机的刀盘回转运动的特点是在掘进硬岩时，必须单向回转，即刀盘回转只能顺着铲斗铲着岩渣方向进行，任何逆向回转都有可能损坏刀盘。

③ 刀盘上的主要构件

a. 按一定顺序排列焊在刀盘上，用以安装刀具的刀座。

b. 目前均采用刀盘背面换刀的工艺，因此刀具背面除了焊有刀具序号外，还在相应位置上焊有便于吊装刀具的吊耳。

c. 大直径刀盘还必须焊有人可以爬上爬下检查的踩脚点和把手点。

d. 必要时在刀盘正面适当位置设置导渣板，引导岩渣落入铲斗。

e. 刀盘四周布置有相应数量的铲斗，铲斗唇口上装有可更换的铲齿或铲渣板。

f. 刀盘正面布置有喷水孔，必要时喷水孔上装配有防护罩，其作用是保护喷嘴不被粉尘堵塞或不被岩渣破坏。

g. 刀盘上布置有人孔通道。在掘进时，人孔通道用盖板封盖，停机时，封盖可向刀盘后面开启，便于人员和物件通过。

h. 刀盘正面焊有耐磨材料，以免刀盘长时间在岩石中运转磨损。

i. 刀盘背面有安装水管的位置，且该位置不易被岩渣撞击。

④ 刀具

刀具（图 6-4）是掘进机工作的关键部件和易损件。在掘进机掘进中，刀具的检查和更换所需时间占作业时间的相当比例,且刀具的更新和维护费用也比较昂贵。因此,刀具是掘进机施工中必然考虑的重要环节。

图 6-4　刀具

根据结构和使用部位的不同,刀具可分为中心刀、正刀、边刀三种。另外,还有 2 ~ 3 把扩孔刀,它在正常掘进时后缩一段距离不参与掘进,只在需要局部扩孔时才伸出参与切削。

刀具在掘进机掘进时不断被磨损,当刀具被磨损到一定程度时,其破岩能力大大降低,另外边刀的磨损也使洞径的开挖尺寸减小,因此必须及时更换。中心刀及正刀的磨损量不得超过 38mm,边刀的磨损量不得超过 12.7 ~ 15mm。

⑤刀具在刀盘上的布置

如图 6-5 所示,刀具在刀盘上有阿基米德螺旋线等形式布置。刀具在刀盘上的安装形式有两种:表面凸装式和埋入式。表面凸装式的刀座直接焊在刀盘表面上,整个刀具也都凸出在刀盘面上。这种方式制造工艺简单,但刀座容易磨损并容易受到破碎石块下落时的冲击而造成焊缝开裂,一般不采用。另一种方式是埋入式,刀座埋在刀盘表面以下焊在刀盘体上,刀具安装后仅有 1/3 露出刀盘表面以破碎岩石。埋入式对刀具、刀座具有良好的保护作用,但制造工艺复杂,刀盘重量增大。目前普遍采用这种安装方式。

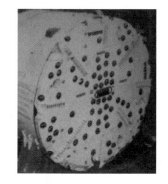

图 6-5　刀具在刀盘上的布置

刀具更换是掘进机掘进作业最频繁的工作。一般刀具更换分为刀盘前面更换和刀盘背面更换两种方式。为了人身安全,目前普遍采用第二种换刀方式,但这种换刀方式必然增大刀盘的轴向长度、增大刀盘的重量。刀盘背后换刀需要有小型专用工具辅助完成。对于边刀的更换,则必须先用扩孔刀开挖出一段扩大段,才能保证边刀安装到位。

⑥刀圈

根据围岩的种类及硬度,所用刀具的刀圈断面形状及刀刃角不同,产生的切削效果也有较大的差别。刀圈通常采用的断面形状如图 6-6 所示,刀刃角一般有 60°、75°、90°、120°或平刃等多种。掘进硬岩时一般用较大的刀刃角,而掘进较软的岩石时用的刀刃角较小。对于特别软的岩层,刀刃角小反而容易使刀具嵌入岩层中,使用效果不好,适当增大刀刃角甚至采用平刃可改善掘进效果。楔形刀刃和岩石表面的接触宽度随着磨损的增加而逐渐加大,接触面积也随之增大,要达到和磨损前一样的切入深度则需要更大的推进力,或在一定的推力作用下切深将减小,从而影响掘进机工作的稳定性。而采用平刃形刀圈,刀具与岩石表面的接触面积在磨损前后变化较小,因而得到广泛应用。

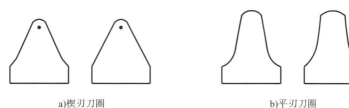

a) 楔刃刀圈　　　　　　　b) 平刃刀圈

图 6-6　刀圈

TBM 刀圈都是由高质量工具钢或模具钢制作的,以抵抗撞击和磨损性的岩石。刀具通过浮动密封来阻挡灰尘进入并密封润滑油。该密封专门设计用于刀具切削而产生较高温度的情况。圆锥滚轴承根据建议的荷载设计,留有一定的安全余量来保证其较长的使用寿命。刀轴采用合金钢制成,并设计重载法兰盘,以抵抗高的轴向荷载。所有的刀圈都可以在不拆开滚刀的情况下更换。

⑦刀盘喷水系统

刀盘喷水系统通过刀盘上的喷嘴对掌子面喷水来控制灰尘,同时冷却刀具。喷嘴安装在大的喷嘴座上,另焊接耐磨板,可避免被碎石堵塞和砸坏。进水通道使用橡胶软管,并采用钢板在四周防护,避免管路在刀盘的震动和碎石撞击下开裂。

⑧集渣斗设计

伴随刀盘旋转和推进,滚刀贯入岩石,岩石破裂,形成的裂纹扩展连通,使得石渣从岩体剥落下来。由于刀盘平面与掌子面存在间隙,剥落的石渣集中在刀盘的前下部。石渣进入到刀盘的内部,经集渣斗转运到主机皮带输送机上,再连续转运到后配套皮带输送机上,最终通过矿车运出洞外。集渣斗如图 6-7 所示。

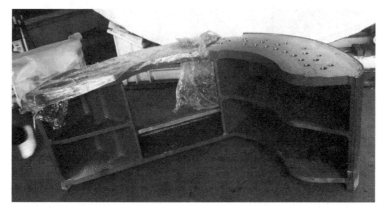

图 6-7　集渣斗

(2) 主驱动系统

主驱动系统如图 6-8 所示,刀盘由主驱动箱内的主轴承支撑。主驱动包括主轴承、内外密封、驱动小齿轮、减速机、变频电机及其环件等。

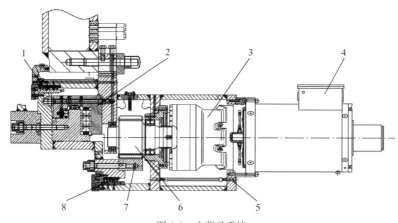

图 6-8　主驱动系统

1,8-外密封;2-主轴承;3-减速机;4-变频电机;5-驱动箱;6-小齿轮;7-大齿圈

掘进机主轴承是典型的三排滚轴承。它是以最大推进荷载为设计依据,特别是在曲线段、轴向纠偏和不稳定围岩工作产生较强的倾覆力。主轴承部件的布置能够满足所需的空间布局及设计寿命。

①驱动箱

驱动箱是重载型的刚性(抗扭转)焊接钢结构,如图 6-9 所示,内部含主轴承、主驱动密封、驱动小齿轮及行星齿轮减速装置;把推力传送到刀盘上,和前盾通过螺栓连接。整个驱动箱通过预应力螺栓连接在刀盘上。其设计允许主驱动部件从后面进行拆卸。

图 6-9　驱动箱结构图

②主轴承

主轴承位于刀盘和刀盘支承之间。之所以将其单独阐述,是因为主轴承及其密封是掘进机最关键的部件,是决定掘进机使用寿命的机构。主轴承的主要作用是连接刀盘和机架,承受并传递掘进时的巨大破岩力。

a. 主轴承结构形式

目前掘进机采用的主轴承结构形式主要有三种:三排三列滚柱式、三排四列滚柱式、双列圆锥滚柱式。

三排三列滚柱式由一排一列径向滚柱、一排一列主推力滚柱和一排一列非主推力滚柱组成。由于径向滚柱和主推力滚柱分别设置,所以受力明确,承载能力较大。因其只有一排主推力滚柱,一般适用于较小直径的掘进机。

三排四列滚柱式是由一排一列径向滚柱、一排两列主推力滚柱和一排一列非主推力滚柱组成。这种结构比三排三列滚柱式多设置了一列主推力滚柱,因此除具有受力明确的优点外,承载能力更大,适用于大直径硬岩掘进机。目前大直径掘进机多采用这种结构。

双列圆锥滚柱式由相对安置的两列相同的圆锥滚柱组成,在推力方向的一列圆锥滚柱同时承受轴向推力、径向力和倾覆力矩,在非推力方向的一列滚柱只承受径向力和倾覆力矩。双列圆锥滚柱主轴承一般适用于作业岩石单轴抗压强度150MPa以下岩石的掘进机。其优点是掘进机大修时可将轴承翻转180°使用,将原非主推力一侧滚柱变成主推力一侧滚柱,这样可以延长轴承使用寿命近一倍。

以下是中铁工程装备集团有限公司某型号主轴承截面图,如图6-10所示,为三排圆柱滚子轴承,直径为3610mm。主轴承采用国际知名品牌,设计寿命大于15000h。

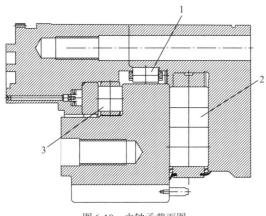

图6-10 主轴承截面图
1-径向轴承;2,3-轴向轴承

b. 主轴承预定使用寿命及其影响因素

主轴承的预定使用寿命由用户根据工程需要和投资成本提出。目前的使用寿命一般为1.5万~2万h,这一时间大约相当于掘进机掘进20km所需时间。

影响主轴承寿命的因素主要有三个:主轴承的生产工艺、主轴承的安装工艺及精度、使用过程中对它的润滑和密封。第一个因素只能由生产厂来控制;第二个因素由安装场地条件和技术力量决定,容易满足;第三个因素即使用过程中对主轴承的润滑和密封,是最关键因素,也是最容易出现问题的因素。因此,加强对主轴承的日常保养至关重要,而良好的强制性稀油润滑和多道有效密封是确保主轴承寿命的必要条件之一。

c. 主轴承的密封

主轴承的密封分为内密封和外密封两处,每处的密封通常由3道优质密封圈和2道隔圈组成。3道密封圈的唇口有一定的压力,压在套于刀盘支承上的耐磨钢套上。2道隔圈四周分布有小孔,润滑油和压缩空气从这些小孔喷出呈雾状,以润滑3道密封圈的唇口,确保密封圈的使用寿命。正常情况下,密封圈的使用寿命与主轴承使用寿命相当。

d. 驱动单元

主驱动总成如图6-11所示。驱动单元由6组350kW水冷变频电机组成,其中两组电机带制动器,并预留2组驱动安装接口。电机防水等级IP67,绝缘等级为H。

正常操作下,扭矩限制器被启动,在电机和行星齿轮之间产生动力传递。当电机传输到行星齿轮的扭矩过高时,扭矩限制器将会断开电机和减速机之间的连接,来保护电机、减速机免受超载危险。

(3)盾体

按照对不同地质条件的适应性及护盾形式,全断面岩石掘进机可分为支撑式(敞开式)和护盾式两大类。支撑式可分为双X形和单大梁T形掘进机;护盾式主要可分为单护盾、双护盾。目前,国内使用的全断面岩石掘进机主要是双X形、单大梁T形掘进机及双护盾掘进机。

支撑式全断面岩石掘进机是利用支撑机构撑紧洞壁,以承受向前推进的反作用力及反扭转的掘进机,适用于岩石整体性较好的隧洞。单护盾掘进机只适用于软岩地质条件下依靠支撑管片来实现支撑的掘进机;双护盾掘进机综合了支撑式掘进机与单护盾掘进机的特点,既有支撑靴板,适用于硬岩,又有护盾,适用于软岩以及地层条件比较复杂的地层掘进,采用预制管片衬砌。以下分别介绍支撑式(敞开式)和护盾式这两大类。其中护盾式我们简要介绍单护盾结构盾体,重点介绍双护盾结构盾体。

①支撑式(敞开式)TBM

如图6-12所示,敞开式掘进机的支撑系统一般分为三部分:一是主机前部的刀盘护盾,二是主机中部的主支撑系统,三是主机后部的后支撑。

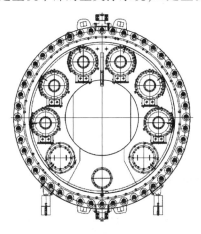

图6-11 主驱动总成图

图6-12 敞开式TBM

a. 主机前部的刀盘护盾

掘进机在掘进作业时,因岩石的不均质性,常引起头部的剧烈振动,因此在掘进机的头部,刀盘支承的四周布置了一圈护盾装置。这些装置起着保护机头、稳定机头的作用,必要时还辅以调向的功能。

刀盘护盾包括顶护盾、侧护盾、下支承及其相应的液压缸。通过调节油缸,刀盘护盾可以组成一个理论开挖直径的圆周,有定位标尺监控。根据使用要求,顶护盾、侧护盾、下支承与洞壁接触的比压一般控制在2MPa左右。这样既可确保掘进过程中头部的稳定,又可减小掘进机头部与洞壁的摩擦阻力,从而不会额外损耗推进缸的推进力。

刀盘护盾在必要时可以辅助调向。侧护盾可以辅助水平调向,下支承可以辅助垂直调向。利用头部护盾油缸调向,其调向反应灵敏、效果快,但容易对边刀产生较大影响。

b. 主机中部的主支撑系统

掘进机的主支撑(撑靴)目前多采用两种形式:单T形和双X形。双X形支撑系统包括支撑架(后外凯)、液压缸、导向杆、靴板等。靴板与液压缸用球形铰接相连,以便靴板能与洞壁较好吻合。这种双X形布置有利于克服机头下沉,数量较多的靴板对洞壁的比压较小,并能在较大范围内寻找支撑点,适用于地质复杂的情况。但它也有相应的缺点,即主梁太长,使整机加长、重量加大,不利于小半径的隧道。

c. 主机后部的后支撑

后支撑位于主机后部,其与主梁连接的形式有两种:一是直接与主梁用高强度螺栓连接,这种结构简单,主梁长度可以缩短;另一种方式是后支撑通过滑套架与主梁连接,滑套架能沿主梁位移一个行程;这种结构较复杂,要求主梁较长,但结构灵活,有利于在破碎带找到最佳的支撑点。

后支撑和内凯的连接部位还设置有两对垂直调向油缸和一对水平调向油缸。掘进机的水平调向由水平调向油缸来实现,垂直调向由垂直油缸来实现。同时前部刀盘护盾的侧支撑可以辅助水平调向,下支承可以辅助垂直调向。

②单护盾式 TBM

单护盾掘进机主要由护盾、刀盘部件及驱动机构、刀盘支承壳体、刀盘轴承及密封、推进系统、激光导向机构、出渣系统、通风除尘系统和衬砌管片安装系统等组成。

③双护盾式 TBM

双护盾式 TBM 盾体如图 6-13 所示。盾体为钢结构焊接件,主要由前盾、伸缩内外盾、支撑盾、尾盾、撑靴、反扭短装置、辅推油缸调整装置组成;此钢结构内固定有主推油缸、防扭转油缸、撑靴油缸、辅推油缸等用于 TBM 掘进的部件。盾体直径从前往后逐渐缩小呈倒锥形,降低卡机风险。

动画:单护盾 TBM 施工

a. 前盾

前盾是刀盘和主驱动的支撑体,如图 6-14 所示,某型双护盾式 TBM 前盾内主要布置的结构:主驱动提升装置固定座布置在前盾底部;主推油缸的杆端与前盾球铰连接,在前盾内对称布置;设计扭矩梁连接法兰,在盾体内对称布置,工作时伸缩内盾扭转油缸"夹持"住扭矩梁,提供与刀盘相反的扭矩,以达到防滚转目的。在前盾的上部左右对称布置两个稳定器,由稳定油缸和稳定靴板组成。掘进机推进时,通过顶部稳定器减少主机振动,同时增大前盾的滚转阻力。在前盾拱顶沿周向布置3组斜向12°超前注浆管路,水平方向布置6组超前注浆管路。前盾分2块设计,通过焊缝和螺栓连接。

动画:双护盾 TBM 施工

图 6-13 盾体图

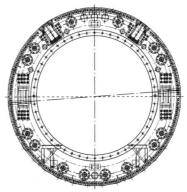

图 6-14 前盾

b. 伸缩外盾

伸缩外盾为一个壳体结构,位于前盾和支撑盾之间,与前盾通过焊接和螺栓连接。伸缩外盾长度(2620mm),外部直径(ϕ5925mm),分2块设计,通过焊缝连接。伸缩外盾如图6-15所示,底部周向布置有12个盾体减摩剂注入孔。

图6-15 伸缩外盾

c. 伸缩内盾

伸缩内盾分3部分,采用螺栓和焊接连接拼成整圆,位于前盾和支撑盾之间,套装于伸缩外盾内部,左右两侧各安装有4个扭转油缸,用于夹持扭矩臂,以控制前盾姿态。伸缩内盾通过铰接油缸与支撑盾连接在一起,必要时可通过铰接油缸将伸缩内盾与支撑盾分开,便于进行应急处理,同时沿周向布置有6个观察窗。伸缩内盾如图6-16所示,主要结构包括:内盾的前后面布置扭矩油缸法兰,用于安装8个扭矩油缸;周向布置6个观察窗,用于观察外部围岩情况;周向布置4个铰接油缸安装座。

图6-16 伸缩内盾

d. 支撑盾

支撑盾为焊接结构件,具体如图6-17所示。支撑盾上固定的主要部件:支撑盾的前端安装有主推油缸缸筒端球铰固定座;支撑盾的前端通过螺栓固定扭转梁后段;支撑盾内部安装有辅推油缸,辅推油缸主要用于拼装管片,以及在单护盾模式下提供刀盘推力,支撑盾后部安装米字梁;支撑盾左右对称布置撑靴,在双护盾模式下,撑靴撑紧在岩壁,为刀盘推力提供反力;支撑盾后端固定辅推油缸调整装置,在必要时对盾体进行纠滚;支撑盾斜向布置11组超前注浆管路,角度分别为7°和13°;沿周向布置6个盾体减摩剂灌注孔。

图6-17 支撑盾

e. 尾盾

尾盾与支撑盾通过焊接连接,在尾盾的末端设计止浆板和密封刷密封,以防止回填豆粒石及水泥砂浆沿盾体向前扩散。尾盾底部设计为全圆形式。管片拼装作业在尾盾的保护下进行。

尾盾底部布置2个可拆卸条形孔,封板与盾体采用螺钉连接;设计止浆板,用于防止砂浆及豆砾石沿盾体向前扩散;设计一道密封刷。尾盾如图6-18所示。

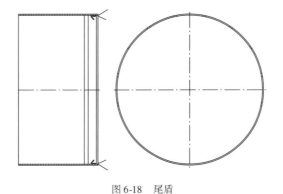

图6-18 尾盾

f. 撑靴

撑靴采用水平支撑,在双护盾模式下,撑靴撑紧洞壁,为刀盘推力提供反力,同时支撑盾固定,完成推进的同时拼装管片。撑靴如图6-19所示。

g. 反扭矩装置

反扭矩装置包括扭矩梁和扭矩油缸。反扭矩装置与前盾和支撑盾连接,布置在伸缩护盾的两侧,每侧各一对,通过扭矩油缸实现刀盘扭矩的传递。反扭矩装置如图6-20所示。

图 6-19 撑靴

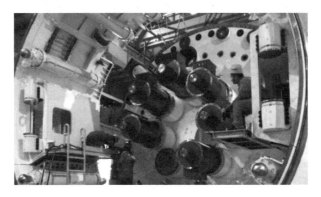

图 6-20 反扭矩装置

防扭转装置包括扭转梁（前扭转梁和后扭转梁）、扭转油缸。前扭转梁安装在前盾，后扭转梁安装在支撑盾，扭转油缸安装在伸缩内盾两端，"夹持"住扭矩梁，对称布置在伸缩盾两侧，每侧一组，通过前扭矩梁和扭转油缸将扭矩实现从支撑盾到伸缩内盾再到前盾的传递。

h. 辅推油缸调整装置

辅推油缸调整装置包括 4 组调整架和调整油缸，每组调整架与对应数量的辅推油缸连接，并在支撑盾上安装调整架导向装置，通过调整油缸的伸缩动作，将辅推油缸沿轴向旋转一定角度，实现盾体的纠滚功能。辅推油缸调整装置如图 6-21 所示。

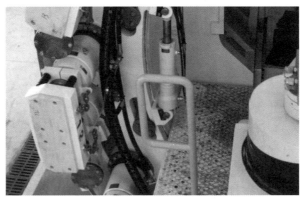

图 6-21 辅推油缸调整装置

（4）推进系统

双护盾 TBM 的推进系统包括两种工作模式:在良好岩石条件下,使用撑靴支撑、主推油缸动作完成推进,称为双护盾模式;在较差围岩条件下,使用辅推油缸支撑完成推进,称为单护盾模式。在"双护盾模式"下,前盾和刀盘使用主推油缸推进,将撑靴支撑在开挖洞壁上,以提供推进反力和扭矩,刀盘的推力和扭矩均不传递到管片环上。在支撑盾后侧,利用尾盾的保护,使用管片拼装机完成钢筋混凝土预制管片的衬砌。在一个掘进行程结束时,利用主推油缸和辅推油缸协作完成换步。如果围岩不稳定,洞壁不能提供掘进所需要的支撑力时,采用"单护盾模式",此时撑靴缩回至支撑盾中,护盾之间不再进行伸缩,刀盘开挖和管片拼装依次进行。以下介绍推进系统中主要部分。

①主推油缸

主推油缸考虑 TBM 方向控制分为 4 区,每区有一根油缸具有行程测量功能。主推油缸的活塞杆端与前盾球铰连接,缸筒端与支撑盾球铰连接。主推油缸具备高压脱困功能。

②辅推油缸

辅推油缸布置在支撑盾周向位置,分为 4 区,每区有一根油缸具有行程测量功能。在"双护盾模式"下,辅推油缸用于管片安装和 TBM 换步,不提供掘进推力;在"单护盾模式"下,辅推油缸同时要提供刀盘推力。辅推油缸具备高压脱困功能,在极端条件下具备快速通过能力。

每组辅推油缸均设计靴板,靴板与辅推油缸球头连接,靴板表面安装聚氨酯板,将推力均匀作用在管片接触面上,防止损坏混凝土管片。

③撑靴油缸

撑靴油缸具备行程测量功能。撑靴油缸两端与支撑盾两侧的撑靴结构件连接,在"双护盾模式"下,将撑靴撑紧在洞壁上,以提供推进反力和扭矩。

④铰接油缸

铰接油缸固定在伸缩内盾圆周方向,将伸缩内盾和支撑盾连接在一起。可以通过调整该油缸来移动伸缩内盾,以便于采取应急处理措施。

⑤扭矩油缸

扭矩油缸布置在伸缩护盾的两侧,左右侧各 4 个,分别"夹持"住前扭转梁、后扭转梁,通过该油缸提供的刀盘扭矩可实现盾体纠滚功能。

以下是推进系统的两个功能:

①调向

TBM 的调向分为垂直调向和水平调向,TBM 精确的控制系统可以随时对 TBM 的掘进方向进行调整。双护盾 TBM 的主推油缸及辅推油缸均采用合理的分区布置,通过调整每区油缸的不同推进速度对 TBM 进行纠偏和调向。需要垂直调向时,调整上下两区油缸来实现;需要水平调向时,通过调整左右两区油缸来实现。在调向的过程中为了保护刀具,建议降低推进速度和减小推力。

②换步

换步功能仅存在于"双护盾掘进模式",在一个掘进行程结束时,利用主推油缸和辅推油缸协作完成换步。此时,前盾稳定器设置在高压模式,撑靴收回,主推油缸回收,辅推油缸伸出,将支撑盾、尾盾、管片拼装机、后配套拖车向前运动一个行程。

(5)管片拼装机

管片拼装机位于尾盾部分,主要作用是安装单层管片衬砌。除此之外,如果需要进行超前地质钻探,可在管片拼装机的预留位置上安装超前钻探设备。管片拼装机的伸缩、旋转和移动等功能都是比例控制的,可以对管片实现精确定位。管片拼装机通过遥控器进行控制。

管片拼装机总共有6个自由度,实现功能有:管片拼装机的前后移动功能;管片拼装机的旋转功能;管片拼装机提升油缸的伸缩功能;抓举头的倾斜功能;抓举头转动功能;抓举头的旋转功能。

管片拼装机主要由固定架、回转架、传力装置、纵向移动油缸、抓举装置、行走轨道、服务梯、纵向移动油缸、伸缩大油缸、管路支架、卷缆槽、液压及控制部分等组成,完成管片锁紧、平移、回转、升降、俯仰、摇摆、转动7种动作。管片拼装机如图6-22所示。

图 6-22　管片拼装机

(6)主机皮带输送机

主机皮带输送机如图6-23所示,其主要功能为将刀盘开挖的岩渣输送到后配套皮带输送机上,实现连续出渣,保证TBM的快速掘进。基于双护盾TBM主机结构的特点,皮带输送机尾部可以伸缩,以满足人员进入刀盘内部检修的需要,托辊组的检修或更换可以通过预留孔进行。为防止皮带输送机跑偏,设计中采用鼓型滚筒和导向辊结构。主机皮带输送机的出渣能力与TBM的最大掘进速度相匹配,并留有部分余量。

图 6-23　主机皮带输送机

2) 后被配套系统

后配套系统是由设备桥、拖车及放置设备、会车平台设备构成，布置紧凑合理，能为物料进出提供极大的便利条件。后配套钢结构有足够的强度和刚度，拖车长度满足现场组装和施工的条件。后配套拖车留有足够的内部空间，设备布置人性化，便于列车进出。设备桥的设计便于安装相关的辅助设备、设施，并设有便于人员行走的平台。工作人员从任何区域都能很容易地到达安全地带。后配套设备布置预留导向视窗，确保导向系统的全站仪正常工作而不受阻碍。除此之外，后配套上还安装移动灭火器等消防装置。

为中铁工程装备集团有限公司某型 TBM 的后配套技术参数见表 6-1。

表 6-1 后配套技术参数表

后配套设备	参数	后配套设备	参数
掘进机类型	双护盾式硬岩掘进机	后配套牵引油缸	2 个液压拖拉油缸，动力来自液压主泵站
支护类型	管片	会车平台牵引油缸	2 个，动力来自推车器泵站
最小转弯半径	400m	铺轨区长度	>6.25m
后配套结构形式	设备桥+平台式拖车	推车器行程	6900mm
设备桥数量	2	电力供应	10kV/50Hz/3PH
拖车数量	32	后配套轨道类型	43 轨
会车平台数量	22	隧道内轨道类型	43 轨
后配套行走方式	轮轨式	后配套总长	约 490m

（1）设备桥

如图 6-24 所示，设备桥由前梁和后梁两部分组成，均为重型桁架结构。前梁通过拖拉油缸与管片拼装机轨道梁连接，装有四组斜轮对，可以沿管片内表面支撑和行走；后梁两端分别支撑在前梁和 1 号拖车上，并通过销轴与之相连。后配套皮带输送机尾部位于设备桥前端，沿设备桥顶部倾斜布置，延伸至后配套拖车上。设备桥内部安装有管片起重机轨道，后梁走台上放置有主控制柜、多点泵，右侧安装有轨道起重机。

图 6-24 设备桥

（2）管片输送小车

管片输送小车位于双护盾 TBM 管片拼装机和设备桥后部架梁之间，主要用于存储管片起重机运送来的管片，并将管片往复输送到管片拼装机下方，实现管片从管片起重机到管片拼装机的过渡运输。

管片输送小车可同时放置6片管片,主要包括牵引机构、固定机架、滑动机架、托举机架等,其中牵引机构与设备桥前部架体固定连接到一起,管片输送小车整体随设备桥一起运动。

(3)管片起重机

配备一套双轨梁管片起重机,用于完成从管片卸载器或编组列车到管片输送小车的起吊和输送工作。管片起重机采用齿轮齿条啮合传动方式,动力为2台电机,驱动行走齿轮沿其齿条轨道行走;用2台电驱的环链葫芦起重机同时工作,实现管片的起吊和降落。

(4)拖车

后配套拖车是TBM的重要组成部分,作为钢结构焊接件,拖车是动力设备、辅助设备、桥式/后配套皮带输送机、通风设备及电缆卷筒的载体。在拖车上,装有TBM液压动力系统配电盘、变压器、总断电开关、电缆卷筒、除尘器通风系统、操作台、皮带输送系统、混凝土喷射系统、注浆系统、供水系统及其他辅助设备。拖车的内部空间需要满足安装拖车上所载设备。拖车在隧道内铺设的轨道上滚动行走,拖车之间通过铰接的连接轴连接。大部分拖车上安装可拆卸的走道,以确保人员的安全并且方便更换。

(5)后配套皮带输送机

后配套皮带输送机的功能是将主机皮带输送机输送的渣土转运至矿车,其容量能满足TBM最大掘进速度的要求。为了保证安全,在皮带输送机的每个关键位置都装有急停开关。

皮带输送机的主要部件包括:皮带;溜渣槽,有喷水装置,来减少尘土扩散;驱动装置及电机;张紧装置;驱动滚筒;从动滚筒;机架及各种托辊;防跑偏装置。

(6)通风除尘系统

通风除尘系统主要由风管储存筒、二次风机、风管组成。风管储存筒布置在拖车顶部,前面紧接二次风机、硬风管侧,沿后配套系统上层一侧从二次风机一直通到TBM设备桥处。

新鲜风管一直向前延伸至设备桥处位置,在拖车的尾部配有储风筒起重机,用于更换风管储存筒。随着TBM向前掘进,风管不断释放延伸,释放完毕后再更换另一个风管储存筒。

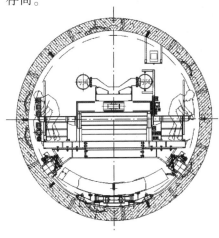

图6-25 设备桥注浆

通风除尘系统由除尘器、除尘风机和除尘风管组成。除尘风管向前延伸至主机皮带输送机区域。主机皮带输送机内部集成除尘通道,可延伸至主驱动内部;除尘风管向后延伸至拖车。

(7)注浆系统

设备桥注浆如图6-25所示。整个喷浆系统装在后配套系统上。用软管将水泥砂浆与气体的混合物及水与添加剂的混合物从喷浆机送至刀盘护盾后面的一个半自动化喷射机,或送至装有喷浆机械手系统的支护作业桥平台上。注浆系统包括砂浆系统、双液注浆系统和二次注浆系统,注浆系统均采用洞内制浆方式。

砂浆系统和双液注浆系统,均由洞外干料通过列车编组运输至洞内进行制浆和泵送,在设备桥区域完成注入;在设备桥位置通过底部砂浆和双液注浆方式没有达到要求的管片,可通过二次注浆系统进行补浆。二次补浆系统包括转运系统和注入系统,其放置在拖车。

(8)豆砾石系统

豆砾石用于填充管片与洞壁间隙,注入时由注浆孔注入,填充管片与洞壁间隙。如图6-26所示,豆砾石系统由豆砾石转运系统和豆砾石注入系统组成。豆砾石转运系统包括豆砾石罐、豆砾石罐平移装置、豆砾石波纹挡边带式输送机、豆砾石粉料螺旋输送机,豆砾石注入系统包括喷枪、耐磨胶管、配套管卡、遥控器和喷射机。

图6-26 豆砾石系统

豆砾石罐由编组列车运入洞内,通过豆砾石罐平移装置放置在拖车左侧的安装座上。当需要注入豆砾石时,打开豆砾石罐气动阀门,豆砾石由波纹挡边带式输送机输送至粉料螺旋输送机,可将豆砾石分送至两个豆砾石泵,通过豆砾石注入系统将豆砾石注入管片背后。

(9)液压系统

液压系统是完成TBM各种动作的动力源,配置的设备都是国内外知名品牌。液压系统主要包括盾体油缸控制系统、推进系统、管片拼装机系统、辅助系统、渣土运输系统、油箱循环过滤系统、注浆系统、齿轮油控制系统、主驱动提升系统。推进系统分为主推系统和辅助推进系统,在双护盾模式下主推系统在盾体油缸控制系统的配合下完成设备的掘进工作。辅推系统在管片拼装系统和辅助系统的配合下完成管片的拼装。当掘进完成后,在主、辅推系统的共同作用下完成设备换步工序。

(10)润滑系统

良好的润滑是保证设备正常工作的前提,选用国内外知名的产品来保证润滑系统的可靠性。主轴承密封系统和主机架分别采用自动的油脂润滑系统,并设有过滤装置;油脂与润滑系统设有监控联锁装置;其他设备的脂润滑系统应也尽可能采用自动集中润滑。

(11)电气系统

如果把TBM的机械部分比喻成人的四肢,液压系统比喻成人的血液系统,则电气控制系统就是人的神经系统。当前盾构机电气控制系统均采用世界上先进、可靠的技术,以保证系统稳定可靠地运行。电气系统既是一个庞大、复杂的系统,又是一个先进又不失人性化的系统。

盾构机的电气系统主要分为配电系统、自动控制系统。配电系统又分为高压和低压系统。

①配电系统

配电系统包括高压系统、变压器、补偿电容器、主要动力设备、电气控制器件、高压供电系统等。

配电系统从高压到低压,从强电到弱电,电气元件质量可靠,设定值精度高而且寿命长,减少维护的工作量。

②自动控制系统

自动控制系统主要由地面监控室的监控计算机、盾构机上的计算机、PLC系统、导航系统组成。地面和盾构机上的计算机通过两个调制解调器相连,相互传输数据,通过相关设备可以对隧道内的施工情况进行实时监控、打印报表和其他管理工作。PLC系统通过计算机、盾构机操作室的控制按钮就可以实现对整台机器各系统的控制,机器运行的各系统状态可以通过操作室屏幕显示出来,方便操作人员随时了解掘进状态。

后配套的电气系统包括后配套设备(皮带输送机、照明、除尘器、新风供应系统、风筒仓提升机构、豆粒石系统、注浆系统、空气压缩机、工业用水系统等)所需要的动力和控制回路。

(12)数据采集和控制系统

控制系统的主要部件是可编程逻辑控制器(PLC),位于控制柜内。PLC的输入信号来自操作者的控制和安装在设备上的传感器。PLC输出信号输出到TBM的操作显示器上(灯光、进尺、图表等),根据系统需要可输出到其他的监控设备上。系统可显示和控制(通过程序控制或者操作者的指令)液压、润滑和电气设备等信号,如压力、流量、限定开关、机器的位置等。

在操作台的显示器上能够以数字或图表曲线的形式来显示大多数的信息,同时也可以显示故障信息。

(13)导向系统

导向系统由装在TBM上的激光靶和装在隧道洞壁上的激光器组成,激光靶装于刀盘护盾背后,由一台工业计算机监视器进行监视,监视器将TBM相对于激光束的位置传送到操作室的显示器上。显示器通常放置在掘进机司机控制台附近,以便司机利用这些信息为掘进机导向。控制单元同样存储数据并允许输入系统需要的信息。当机械换步时,操作人员根据这些信息对TBM的支撑系统进行调整。设备以固定参考点激光器发出的光束为基准,计算掘进机的位置。知道掘进机的位置后就可以计算出其与设计洞线的偏差。

隧道施工中对隧道的贯通精度要求较高,TBM掘进必须严格按照设计的路线进行,导向系统就是能够引导TBM按照设计轴线前进的关键系统。"中铁696号"VMT导向系统能够完成自动测量,并在界面上形成形象化的测量结果,显示隧道与设计轴线的偏差情况,指导TBM下一步的调向操作。

导向系统的组成如图6-27所示。

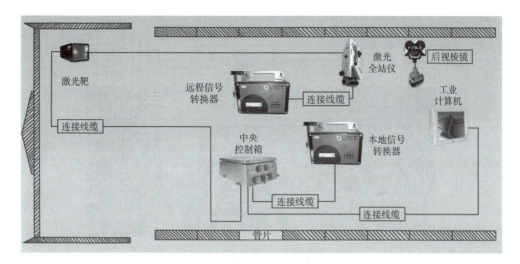

图 6-27　导向系统的组成

(14) 工业监视系统

TBM 及其后配套系统较长,整个设备范围内分布各种辅助作业工序及其设备,为了使 TBM 主司机在主控室内能够了解其他工序设备的运转状态和进展,确保整个作业系统的安全和协调,在 TBM 上配置视频监视系统,监视器置于主控室内,摄像头则分布于需要监视的重要部位,通常设 4~6 个摄像头。如某 TBM 分别在主机区域、管片拼装区域、主机皮带输送机、管片卸载区域、后配套皮带输送机和拖车尾部配置了 6 个位置的视频监控。

(15) 逃离、应急措施

TBM 及其后配套设备的设计要求便于逃离、有必要的应急步骤。将尽可能把走道设计的比较宽敞、畅通,以利于紧急情况下工作人员的逃离;并将尽可能减少梯子。

设计逃离、应急措施:在设备的关键部位安装有可以紧急关闭的按钮;逃离通路上的紧急标识;紧急扬声器、喇叭;逃离通路上的紧急照明;皮带输送机沿线布置拉线开关,紧急情况下预防伤人、坍塌和过载;司机室和盾体内设有紧急停机开关。

(16) 消防和灭火系统

消防和灭火系统主要由手持灭火器构成。在液压动力站和电器柜附近必须配置手持灭火器,其余的手持灭火器沿 TBM 主机至后配套系统尾部重要部位分散布置,由人工操作灭火。

6.1.3　TBM 类型及工作原理介绍

TBM 的分类见图 6-28。

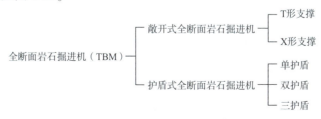

图 6-28　TBM 分类

以下对敞开式全断面岩石掘进机与护盾式掘进机进行详细比较分析。

1) 敞开式全断面岩石掘进机

(1) 敞开式全断面岩石掘进机（图6-29）介绍

图6-29　敞开式全断面岩石掘进机图

敞开式 TBM 主要适应于硬岩，是能利用自身支撑机构撑紧洞壁，以承受向前推进的反作用力及反扭矩的全断面岩石掘进机。在施工对应较完整、有一定自稳性的围岩时，能充分发挥优势，特别是在硬岩、中硬岩掘进中，强大的支撑系统为刀盘提供了足够的推力。

敞开式 TBM 的核心部分是主机系统，主机系统主要由带刀具的刀盘、刀盘驱动和推进系统组成。其主要结构见图6-30。

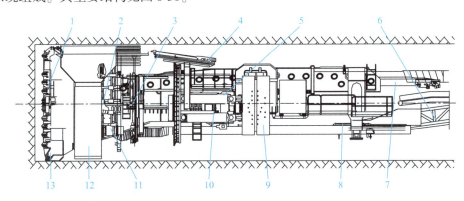

图6-30　敞开式 TBM 结构图

1-盘形滚刀；2-驱动组件；3-锚杆钻机；4-超前钻机；5-主梁；6-设备桥；7-主机皮带输送机；8-后下支承；9-撑靴；10-推进油缸；11-变频电机；12-机头架；13-刀盘

敞开式 TBM 主机根据岩性不同可选择配置临时支护设备，如钢架安装器、锚杆钻机、钢筋网安装机、超前钻、管棚钻机、喷混凝土机及注浆机等。

如遇有局部破碎带及松软夹层岩石，则敞开式 TBM 可由所附带的超前钻及注浆设备，预先固结周边岩石，然后开挖。

敞开式 TBM 适合洞径在 $\phi 2 \sim 9m$ 之间，最优选择 $\phi 3 \sim 8m$。

(2) 敞开式全面断面岩石掘进机工作原理

① 盘形滚刀破岩机理

在推力作用下，安装在刀盘上的盘形滚刀紧压岩面，随着刀盘的旋转，盘形滚刀绕刀盘中心轴公转的同时绕自身轴线自转，在刀盘强大的推力、扭矩作用下，滚刀在掌子面固定的同心圆切缝上滚动，当推力超过岩石的抗压强度时，盘形滚刀下的岩石直接破碎，盘形滚刀贯入岩石，掌子面被盘形滚刀挤压碎裂而形成多道同心圆沟槽，随着沟槽深度的增加,岩体表面裂纹加深扩大,当超过岩石的剪切和拉伸强度时,相邻同心圆沟槽间的岩石成片剥落。刀具破岩原理见图6-31。

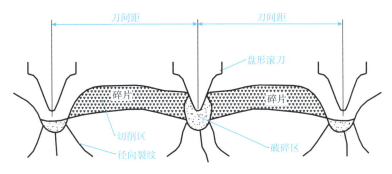

图6-31 刀具破岩原理示意图

②敞开式TBM工作原理

敞开式TBM(Jarva 27)结构见图6-32。敞开式TBM支撑板撑紧洞壁,以承受刀盘掘进时传来的反作用、反扭矩;刀盘旋转,推进液压缸推压刀盘,一组盘形滚刀切入岩石,在岩面上作同心圆轨迹滚动破岩,岩渣靠自重掉入洞底,由铲斗铲起,岩渣靠自重经溜槽落入皮带输送机出渣,这样连续掘进成洞。

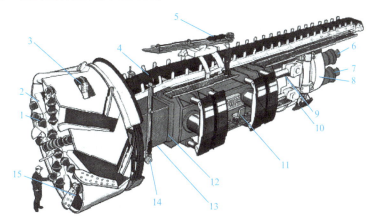

图6-32 敞开式TBM(Jarva27)结构示意图

1-盘形滚刀;2-刀盘;3-扩刀孔;4-出渣皮带输送机;5-超前钻机;6-电动机;7-行星齿轮减速器;8-末级传动;9-推进液压缸;10-后下支承;11-操作室;12-外机架;13-内机架;14-锚杆钻机;15-铲斗

③敞开式TBM工作循环

支撑式TBM的工作循环,如图6-33所示。

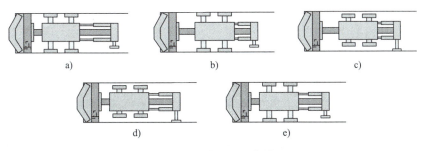

图6-33 支撑式TBM工作循环

259

a. 掘进行程图

支撑板撑紧洞壁→前、后下支撑回缩→刀盘旋转→推进油缸推进刀盘。

b. 换步行程

前、后下支撑落地→刀盘停止旋转→支撑板回缩→推进油缸拉回支撑及外机架。

c. 准备下一次掘进行程

(3) 几种典型机型

国外生产全断面岩石掘进机的公司主要有罗宾斯、佳伐、德马克、维尔特等。其支撑式全断面岩石掘进机特征见表6-2。

支撑式全断面岩石掘进机特征 表6-2

项目	机型			
	罗宾斯	佳伐	德马克	维尔特
刀盘结构	(1)球面; (2)平面	平面	锥面	(1)锥面; (2)平面
刀盘回转机构布置位置	单对水平支撑,浮动	(1)双对X形支承; (2)双对水平支承	(1)单对水平支承,浮动; (2)双对水平支承,前铰接,后浮动	双对X形支承
刀盘轴承	三轴式双列圆锥滚子轴承	双列圆锥滚子轴承	径向滚子调心轴承+平面止推滚子轴承	三轴式
前支承	落洞底,掘进时承受掘进机前部重量	浮动,掘进时回缩不承受掘进机重量	浮动,掘进时回缩不承受掘进机重量	浮动,掘进时回缩不承受掘进机重量
推进系统	推进油缸支撑在水平支承靴板与内机架上,水平面内有一夹角	推进油缸支撑在内、外机架上	推进油缸支撑在水平支承靴板与内机架上,水平面内有一夹角	两组推进油缸支撑在外凯式机架与内凯式机架与导向壳体突缘上
支护设备	钢丝网安装机;锚杆钻机;圈梁安装机;超前钻;混凝土喷射系统	锚杆钻机;圈梁安装机;超前钻;混凝土喷射系统	锚杆钻机;圈梁安装机;超前钻;混凝土喷射系统	锚杆钻机;圈梁安装机;超前钻混凝土喷射系统
刀具	17in或19in盘形滚刀任选	盘形滚刀,扩孔刀	盘形滚刀,扩孔刀	盘形滚刀,扩孔刀,割刀;润滑油中装入1%异味剂
步进装置	掘进机前中部各装随机带步进滚轮小车,在预铺轨道上牵引步进	—	—	前后下支承。两对X形支撑下部两腿支撑各装随机带步进靴架
生产公司或工厂	罗宾斯公司,我国原研制掘进机产品工厂,德国海瑞克公司,日本小松、三菱,法国NFM公司等	原佳伐公司,现罗宾斯公司(MK型);日本川崎公司	原德马克公司,现奥钢联,由瑞典萨特维卡(Sandvik)控股	维尔特公司

注:1in = 0.0254m。

2）护盾式全断面岩石掘进机

护盾式全断面岩石掘进机是在整机外围设置一个与机器直径相一致的圆筒形保护结构，以利于掘进破碎或复杂岩层的全断面岩石掘进机。

护盾式全断面岩石掘进机可分为单护盾、双护盾和三护盾三类，由于三护盾全断面岩石掘进机掘进应用很少，以下只对单护盾全断面岩石掘进机与双护盾全断面岩石掘进机进行介绍。

(1) 单护盾全断面岩石掘进机

单护盾全断面岩石掘进机主要由护盾、刀盘部件及驱动机构、刀盘支承壳体、刀盘轴承及密封、推进系统、激光导向机构、出渣系统、通风除尘系统和衬砌管片安装系统等组成。如图 6-34 所示。

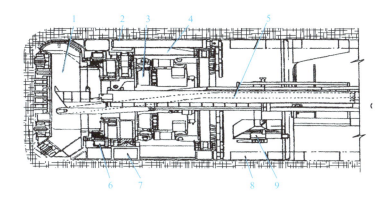

图 6-34　单护盾全断面岩石掘进机组成

1-刀盘；2-护盾；3-驱动装置；4-推进油缸；5-皮带输送机；6-主轴承及大齿圈；7-刀盘支承壳体；8-混凝土管片；9-混凝土管片铺架机

为避免在隧洞覆盖层较厚或围岩收缩挤压作用较大时护盾被挤住，护盾沿隧洞轴线方向的长度应尽可能短，这样可使机器的方向调整更为容易。

单护盾全断面岩石掘进机（图 6-35）主要适应于围岩比较破碎、抗压强度低，岩石仅仅能自稳、但不能为 TBM 的掘进提供反力的地层；由盾尾推进液压缸支撑在已拼装的预制衬砌块上或钢圈梁上以推进刀盘破岩前进。

图 6-35　单护盾全断面岩石掘进机

单护盾全断面岩石掘进机只有一个护盾,大多用于软岩和破碎地层,由于没有撑靴支撑,掘进时掘进机的前推力是靠护盾尾部的推进油缸支撑在管片上获得,即掘进机的前进要靠管片作为"后座",以获得前进的推力。机器的作业和管片的安装是在护盾的保护下进行的。

由于单护盾全断面岩石掘进机的掘进需靠衬砌管片来承受后坐力,因此在安装管片时必须停止掘进,掘进和管片安装不能同步进行,因而掘进速度受到了限制。单护盾全断面岩石掘进机工作原理如图6-36所示。

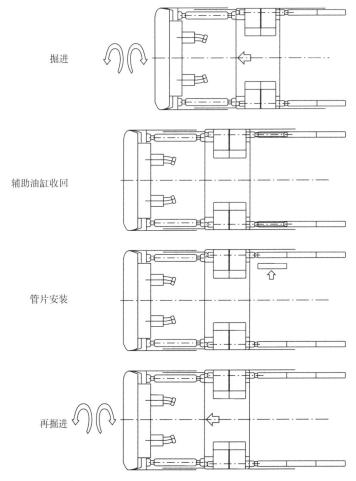

图6-36 单护盾全断面岩石掘进机工作原理示意图

掘进工作原理:

①掘进作业:回转刀盘→伸出辅助推进缸,撑在管片上掘进,将整个掘进机向前推进一个行程。

②换步作业:刀盘停止回转→收缩辅助推进缸→安装混凝土管片。

单护盾全断面岩石掘进机与盾构机的区别:

盾构机有许多种,但是其与单护盾掘进机比较,相近的盾构只有土压平衡盾构(EPB盾构)。

共同点:都只有一个护盾;都有大刀盘,刀盘上都装有一些盘形滚刀和一些刮刀;推进力都靠尾部的一圈油缸顶推混凝土衬砌管片来获得。

区别点：土压平衡盾构的开挖室或压力平衡室是封闭的，能保持住一定的水压力和土压力，而单护盾全断面岩石掘进机没有压力平衡室；刀盘上的刀具也有差别，单护盾全断面岩石掘进机安装的盘形滚刀较多，辅之以刮刀，但盾构机则反之，一般安装割刀和刮刀，只在有可能遇到较硬地层时才安装盘形滚刀；土压平衡盾构出渣是螺旋输送机在压力平衡的条件下进行的，而单护盾全断面岩石掘进机出渣是由皮带输送机在常压下进行的。

(2)双护盾全断面岩石掘进机

双护盾全断面岩石掘进机的一般结构主要由装有刀盘及刀盘驱动装置的前护盾，装有支撑装置的后护盾(支撑护盾)，连接前、后护盾的伸缩部分和安装预制混凝土管片的尾盾组成。

双护盾全断面岩石掘进机是在整机外围设置与机器直径相一致的圆筒形护盾结构，以利于掘进松软破碎或复杂岩层的全断面岩石掘进机。双护盾全断面岩石掘进机掘进在遇到软岩时，软岩不能承受支撑板的压应力，由盾尾推进液压缸支撑在已拼装的预制衬砌块上或钢圈梁上，以推进刀盘破岩前进；遇到硬岩时，与敞开式全断面岩石掘进机的工作原理一样，靠支撑板撑紧洞壁，由主推进液压缸推进刀盘破岩前进。双护盾全断面岩石掘进机的一般结构如图 6-37 所示。

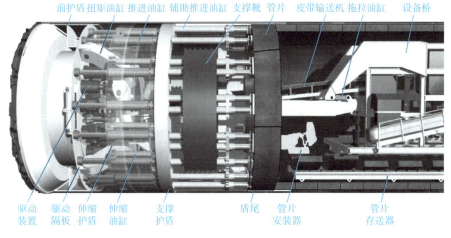

图 6-37 双护盾全断面岩石掘进机结构图

双护盾全断面岩石掘进机与敞开式全断面岩石掘进机完全不同的是，双护盾全断面岩石掘进机没有主梁和后支撑，其刀盘支承用高强度螺栓与上、下刀盘支撑体组成掘进机机头，与机头相连的是前护盾，紧随其后的是伸缩套、后护盾、尾护盾等结构件。

前护盾：前护盾用厚度大于 40mm 的优质钢板卷制而成。前护盾既有防止隧洞岩渣掉落保护刀盘驱动系统、推进缸和人身安全的作用，也可以增大机头与隧洞底部接触面积而降低接地比压，以利于掘进机通过软弱岩或破碎岩。

伸缩套：伸缩套用厚度大于 30mm 的优质钢板卷制而成。伸缩套的外径小于前护盾的内径，其四周设置钢制的观察窗。伸缩套的作用是在掘进时后护盾固定、前护盾伸出，前后护盾之间有一伸缩套可以保护推进缸和人员安全。另外，通过伸缩套的观察窗口可对局部洞壁进行监测。伸缩套通过油缸与后护盾相连接，必要时可伸出油缸将伸缩套移入前护盾内腔，以便直接露出洞壁空间，对洞壁进行处理。

后护盾：后护盾也是用厚度大于 40mm 的优质钢板卷制而成，其结构比前护盾要复杂得多。后护盾前端主要与推进缸相连,同时与伸缩套油缸相连接。其中部装有水平支撑机构,与水平支撑靴板的外圆相一致,构成一个完整的盾壳。后护盾四周有成对布置辅助推进缸的孔位;后护盾后部与混凝土管片安装机构相接。后护盾后部盾壳四周留有斜孔,以配合超前钻作业。

双护盾全断面岩石掘进机与敞开式全断面岩石掘进机一样,在能够自稳的岩石中,双护盾全断面岩石掘进机使用的还是推进缸和水平支撑。

V形推进缸:双护盾掘进机的推进缸按V形成对布置,V形夹角一般为60°。由于V形布置除有轴向推力外,还有垂直轴向的分力,此分力起抗扭纠偏的作用,同时通过对不同位置的V形推进缸输入不同压力、流量的油流,可起到左右、仰头低头调向的作用,这样双护盾全断面岩石掘进机不单独设置调向、纠偏油缸和系统,而通过控制调节V形油缸来实现推进、调向、纠偏功能。V形推进缸通过球铰与机头及后护盾连接,传递机头的推力和扭矩。V形推进缸必须配置防转机构。

水平支撑:根据空间布置的可能性,双护盾掘进机只有水平形式的支撑,没有X形支撑。水平支撑机构由上下各两个水平缸和左右各一块水平支撑靴板组成,而不设置敞开式全断面岩石掘进机的水平支撑架。水平支撑靴板侧板上有导向孔,两侧辅助油缸体从导向孔中通过,将水平支撑与后护盾连成一体,并将后护盾的推力、扭矩传递给水平支撑,最后传递给洞壁。

辅助推进缸:辅助推进缸只有在水平支撑不能撑紧洞壁进行作业时使用。此时,水平支撑缸缩回至水平支撑靴板外圆,与后护盾外圆一致。V形推进缸全部收缩到位,前后盾连成一体,完全处于单护盾全断面岩石掘进机工作状态。

辅助推进缸均成对布置,每两个缸配一块尼龙靴板,这样可以防止油缸回转。

尼龙靴板压在混凝土管片上,实现软接触而避免管片的损坏。

罗宾斯、海瑞克双护盾全断面岩石掘进机分别见图6-38、图6-39。

图6-38 罗宾斯双护盾全断面岩石掘进机　　图6-39 海瑞克双护盾全断面岩石掘进机

双护盾全断面岩石掘进机在良好地层和不良地层的工作方式是不同的。

①在良好地层中掘进机典型工作原理:

a. 推进作业。伸出水平支撑缸,撑紧洞壁→起动胶带机→回转刀盘→伸出V形推进缸,将刀头及护盾向前推进一个行程,实现掘进作业。

b. 换步作业:当V形推进缸推满一行程后,进行换步作业。刀盘停止回转→收缩水平支撑离开洞壁→收缩V形推进缸,将掘进机后护盾前移一个行程。

不断重复上述动作,实现不断掘进。在此工况下,混凝土管片安装与掘进可同步进行,成洞速度很快。

②能自稳、不能支撑岩石中掘进

此时,双护盾全断面岩石掘进机V形缸处于全收缩状态,并将支撑靴板收缩到与后护盾外圆一致,前后护盾连成一体,就如单护盾全断面岩石掘进机一样掘进。双护盾全断面岩石掘进机掘进工作原理:

a.掘进作业:回转刀盘→伸出辅助推进缸,撑在管片上掘进,将整个掘进机向前推进一个行程。

b.换步作业:刀盘停止回转→收缩辅助推进缸→安装混凝土管片。

重复上述动作实现掘进。此时管片安装与掘进不能同时进行,成洞速度将变慢。

双护盾全断面岩石掘进机掘进原理见图6-40。

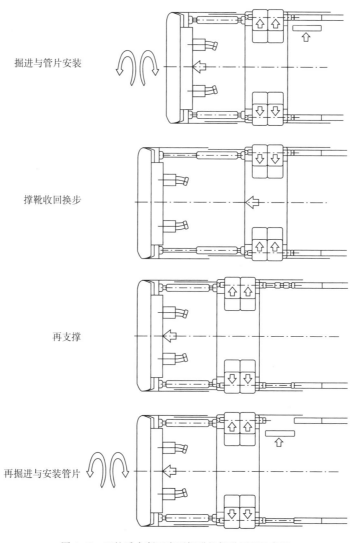

图6-40 双护盾全断面岩石掘进机掘进原理示意图

由此可见,在不良地层条件下掘进时,不使用支撑靴板,前护盾与后护盾之间没有相对运动,其工作和单护盾全断面岩石掘进机一样。机器的掘进和衬砌管片的铺设不能同时进行,因而总的掘进速度会有所下降。

在不良地层中还可以采用另一种工作方式:机器掘进时,副推进油缸闭锁,即后护盾的位置相对不动,用主推进油缸推动前护盾向前,此时机器的反推力和反扭矩由副推进油缸承受。

这种工作方式可能发生的问题是:可伸缩护盾在松散地层条件下可能因渣石卡在接缝处而被卡死。为降低这种危险,可将伸缩范围限制在几厘米,并在每次伸缩后将护盾前移。

这种工作方式可以减少护盾的移动长度,同时减少了用以克服掘进机护盾滑动摩擦的推力。

3) 复合式盾构

掘进机法施工与传统的地下工程一样,其最终目标是完成一特色的地下工程,不同点是"需量身定做",由于地层的复杂性,为了适应地层变化,将掘进机进行改装,刀盘采用硬岩的刀盘,且电机及液压系统能够在硬岩地段掘进时驱动刀盘,并且可以根据地层情况进行换刀;后配套采用盾构机的出渣系统,且增加掌子面封闭系统;在整机外围设置一个与机器直径相一致的圆筒形保护结构,以利于掘进破碎或复杂岩层的全断面岩石掘进;配备管片安装系统及辅助施工设备,如超前钻机。

(1) 掘进模式

在土层地段时,采用封闭掌子面的掘进模式,在岩石地段采用单护盾掘进模式,不封闭掌子面。在岩石地段施工时,通常要采用全断面滚刀破岩模式,采用的刀盘开口率也会较小;当掘进机在软土地段施工时,通常都要将部分或全部滚刀换成适应于软土的刮刀,此时的开口率也相应增大。

(2) 掘进原理

液压马达驱动切削刀盘旋转,同时开启掘进机液压油缸(千斤顶),将刀盘向前推进。切削下来的渣土进入泥土仓。随着油缸向前推进、刀盘的持续旋转,渣土充满泥土仓。根据地质情况决定是否注入添加材料来改善渣土流动性。然后开动螺旋输送机,将切削下来的渣土排送至运输皮带上,通过输送皮带将渣土输送至运土轨道车上;对于含水量很大的渣土,还可以不通过皮带输送机,依靠附加的破碎装置及柱塞泵将螺旋输送机内的渣土破碎后,通过管道泵送到运土轨道车上。

(3) 控制排土量与排土速度

在软土地段掘进时,排土量与排土速度的控制关系到开挖面的稳定。当泥土仓与螺旋输送机中的渣土积累到一定数量时,开挖面被切下的渣土经刀槽进入泥土仓的阻力增大。当这个阻力足以抵抗土层的土压力和地下水的水压力时,开挖面就能保持相对稳定而不致坍塌。这时只要保持从螺旋输送机与泥土仓中输送出去的渣土量与切削下来的流入泥土仓中的渣土量相平衡,开挖工作就能顺利进行。土压平衡盾构就是通过土压管理来保持土压力或渣土量的相对平衡与稳定来进行工作的。

开挖面土压力与土仓内压力的相对平衡用三种方式来保证,一是推进油缸速度不变,改变螺旋输送机转速和排土闸门的开口度;二是改变推进油缸速度,螺旋输送机转速和排土闸门的开口度不变;三是以上参数同时适当调整。通过第一种方法,即通过控制螺旋输送机排土闸门的开口度和螺旋输送机的旋转速度来控制土压平衡比较简便,也是非常重要的。

6.1.4 TBM 施工优缺点

1) 优点

TBM 法与钻爆法相比,主要具有以下优点:

(1) 快速。钻爆法受地质情况影响较大,工期相对较长。TBM 是一种集机械、电子、液压、传感、信息技术于一体的隧道施工成套设备,可以实现连续掘进,能同时完成破岩、出渣、支护等作业,实现工厂化施工,掘进速度较快,效率较高。

(2) 优质。钻爆法对围岩的扰动破坏性较大,非人为原因造成的超挖量较大。TBM 采用滚刀进行破岩,避免了爆破作业,成洞周围岩层不会受爆破震动而破坏,洞壁完整光滑,超挖量少。

(3) 高效。TBM 施工速度快,缩短了工期,较大幅度提高了经济效益和社会效益;同时由于超挖量小,节省了大量衬砌费用。TBM 施工用人少,降低了劳动强度和材料消耗。

(4) 安全。钻爆法采用炸药爆破,安全隐患较大。采用 TBM 施工,改善了作业人员的洞内劳动条件,减轻了体力劳动量,避免了爆破施工可能造成的人员伤亡,事故大大减少。

(5) 环保。钻爆法采用炸药爆破,会产生大量有害气体,污染环境;对于较长隧道,需开设支洞,修建道路,对环境影响较大。TBM 施工不用炸药爆破,施工现场环境污染小;TBM 施工减少了长大隧道的辅助导坑数量,保护了生态环境,有利于环境保护。钻爆法因爆破产生的震动对周围建筑物影响较大,而 TBM 施工对周边建筑物基本无影响。

(6) 自动化、信息化程度高。钻爆法人力资源投入大,设备投入台件多,自动化及信息化程度不高;TBM 采用了计算机控制、传感器、激光导向、测量、超前地质探测、通信技术,是集机械、激光、电子、气动、液压、传感信息技术于一体的隧道施工成套设备,具有自动化程度高的优点。TBM 具有施工数据采集功能、TBM 姿态管理功能、施工数据管理功能、施工数据实时远传功能,可实现信息化施工。

2) 缺点

TBM 的地质针对性较强,针对不同的地质条件、不同的隧道断面,需要设计成满足不同施工要求的 TBM,需要配置适应不同要求的辅助设备。

(1) 地质适应性较差。TBM 比较适合在地层变化小、岩体完整性好、岩石强度中等的地层施工。TBM 对隧道的地层最为敏感,不同类型的 TBM 适用的地层也不同,一般的软岩、硬岩、断层破碎带,可采用不同类型的 TBM,辅以必要的预加固和支护设备进行掘进,但对于大型的岩溶暗河发育、较大规模的断层破碎带、高石英含量的石英砂岩、膨胀性用岩、高地应力区强烈岩爆洞段及塑性变形严重洞段、软岩大变形隧道、可能发生较大规模突水涌泥的隧道等特殊不良地质隧道,则不宜采用 TBM 施工。在这些情况下,采用钻爆法更能发挥其机动灵活的优越性。

一般情况下,以 Ⅰ、Ⅱ 类围岩为主的隧道较适合采用敞开式 TBM 施工;以 Ⅳ 类围岩为主的隧道较适合采用单护盾 TBM 或双护盾 TBM 施工;对于以 Ⅴ 级围岩为主和地下水位较高的城市浅埋隧道或越江隧道,则较适合采用盾构法施工。

(2) 不适宜中短距离隧道施工。由于 TBM 体积庞大,运输移动较困难,施工准备和辅助施工的配套系统较复杂,加工制造工期长,对于短隧道和中长隧道很难发挥其优越性。国外的实践表明,当隧道长度与直径之比大于 600 时,采用 TBM 施工是比较经济的。

对于一般的单线铁路隧道,开挖直径通常在 9~10m,按此计算,长度大于 6km 的隧道就可以考虑采用 TBM 施工。发达国家的隧道施工,一般优先考虑采用 TBM 法,只有在 TBM 法不适用时才考虑采用钻爆法。我国则相反,根据我国的国情,我国是一个劳动力过剩的国家,钻爆法施工一直是我国的强项,采用钻爆法已成功修建大于 5000km 的铁路隧道,且钻爆法施工的进度仍在逐年加快。在我国,一般认为,长度小于 10km 的隧道难以发挥 TBM 的优越性,而钻爆法则具有相对经济的优势;对于长度 10~20km 的特长隧道,可以对 TBM 法和钻爆法进行经济技术比较,选择适宜的施工方法;对于长度大于 20km 的特长隧道,则宜优先采用 TBM 法施工。另外,对于穿越江河、城市建筑物密集地带或地下水位较高隧道,考虑到施工安全和沉降控制等因素,不论隧道长短,则宜优先考虑采用盾构法施工。

(3)断面适应性较差。断面直径过小时,后配套系统不易布置,施工较困难;而断面过大时,又会带来电能不足、运输困难、造价昂贵等问题。一般而言,较适宜采用 TBM 施工的隧道断面直径在 3~12m;对隧道断面直径在 12~15m 的隧道应根据围岩情况和掘进长度、外界条件等因素综合比较;对于直径大于 15m 的隧道,则不宜采用 TBM 施工。此外,TBM 一般不适合较大范围的变断面隧道(洞)的施工。

(4)运输困难,对施工场地有特殊要求。TBM 属大型专用设备,全套设备质量达几千吨,最大部件质量达上百吨,最大拼装长度达 200m 以上。同时洞外配套设施多,主要有混凝搅拌系统,管片预制厂,修理车间,配件库,材料库,供水、供电、供风系统,运渣和翻渣系统,装卸调运系统,进场场区道路,TBM 组装场地等。这些对隧道的施工场地和运输方案等都提出了很高的要求,可能有些隧道虽然长度和地质条件较适合 TBM 施工,但运输道路难以满足要求,或者现场不具备布置 TBM 施工场地的条件。

(5)设备购置及使用成本高。TBM 施工需要高负荷的电力保证,需要高素质的技术人员和管理队伍,前期购买设备的费用较高,这些都直接影响 TBM 施工的适用性。

(6)非掘进作业占用工期长。采用 TBM 工法施工的深长大隧洞,从 TBM 设备订货开始到 TBM 试掘进,需要经历 TBM 的选型论证、设计联络、设计制造、厂内组装与调试、海运或陆运、现场组装与调试等环节;在 TBM 正常掘进后,可能由于地质风险、TBM 设备风险、专业技术管理控制风险等,导致可预见或不可预见的非正常停机,如卡机事故的脱困处理、更换主轴承等引起的停机。所有这些对 TBM 施工来说,既占用工期又无进尺操作,均称之为非掘进作业。非掘进作业占掘进作业的比例相当高,对于采用 TBM 法的隧洞工程,设计和施工均应对非掘进作业给予充分的考虑,以便做出科学、合理的施工组织设计。

6.2 TBM 施 工

6.2.1 TBM 主要施工工序组织

1) 施工组织

实施性施工组织设计应按工期要求和中标费用,做好施工准备,安排好工期、施工方法、TBM 选型及配套设备,组织好 TBM 大件的进场运输、安装调试、掘进准备工作,并编制好人员、材料、机具的需求量。编制施工组织进度图、计划进度、掘进指标、人员动态等，要充分考虑 TBM 通过特殊地质区段的设计方案和应急预案，场地及水电情况，进度指标，施工管理及质量、安全、环保等内容。

(1) 不良地质区段的支护

隧道地质条件不确定因素众多，地质变化各异，采用 TBM 施工处理不良地质区段的能力是保证安全施工和工期的关键。施工组织设计中应针对不良地质区段，制订超前钻探等可能采取的方案、手段和应急预案。

(2) 施工中的关键技术和重难点

针对工程施工特点、地质条件、工期要求及设备状况，找出可能存在的关键技术和重难点，进行分析研究，制定对策。加强超前地质预报，对承压水、塌方、断层、岩爆、溶洞等与现有地质资料进行对比分析，总结施工中的难点，进行针对性的预防和制定解决方案。

(3) TBM 施工配套设备

TBM 施工的配套设备，要与 TBM 主机能力进度指标相匹配。为充分发挥 TBM 优势、保证工程施工顺利完成，应适当扩大配套设备的生产能力。核算设备数量时，要满足正常施工进度和可能扩大施工进度的需要。

(4) 主要临时设施

主要临时设施有施工道路、卸渣场、变电站、材料厂、仰拱预制厂，以及场地硬化、施工生产设备的维修保养、办公、员工生活设施等，要特别做好排水工作，通过水文气象调查，做好防洪设施，保证洪水期安全。

(5) 施工用风水电

TBM 施工用电应按照一级负荷可靠性要求，由变电站向洞内供电，采用 10kV 或 20kV、铠装式高压电缆。洞口变电站容量应考虑 TBM 变压器容量、风机功率、混凝土拌和厂、仰拱预制等生产、生活用电量，以及功率因数、利用系数及线损。备用发电机是为了必要时向洞口风机、混凝土生产、照明及场外生活设施供电。TBM 用水量应考虑盘除尘、冷却，锚杆钻机喷射机，设备降温等因素。隧道通风是施工中的重要环节，但在 TBM 通风系统中除按风速、风量要求在洞口配备压入式风机外，在 TBM 尾部还应有接力风机、除尘系统等。

(6) 施工场地布置

TBM 洞外施工场地布置应考虑满足 TBM 组装要求的足够大的场地，场地应进行硬化，并能承载 TBM 重力，组装中大型门式起重机。TBM 施工是一个集开挖、运输支护多工序统一协调的快速作业过程，场地应有完备的交通系统，场外产生生产设施要满足 TBM 不同施工时期的进度要求。

2) 施工准备

TBM 法是目前世界上先进的隧道机械化施工方法，它在施工进度、安全、环境、质量等方面达到较高水平，是一种工厂化作业模式。但其施工场地范围、周边环境、与邻近工程的衔接，也对施工影响较大，必须通过调查和改进来满足合适的作业条件。隧道施工前应针对 TBM 法施工工程特点和内容进行现场调查，了解 TBM 法施工条件、施工范围和当地交通通信材料供应情况。

工程地质条件对 TBM 掘进速度和质量影响较大，施工前要仔细核对相关图纸、文件和地质资料，全面掌握和领会技术要求、支护方式、质量验收要求和相关技术规程。在隧道施工前必须掌握以下资料：工程地质和水文地质勘查报告；当地的气象、水文、水质情况；工程施工合同文件、分包合同文件、监理合同文件；施工所需的设计图纸资料和工程技术要求文件；TBM从到达的口岸到施工场地运输道路的地形、设施调查资料。

TBM施工前，应完成以下主要工作：核对洞口位置和进洞坐标；确定洞门放样精度和就位高程、坐标；TBM的组装、调试与验收；预制管片/仰拱块的准备；TBM施工的各类报表；配套工程的衔接工作；TBM设备部件运输的施工组织方案。

TBM法施工作业人员应专业齐全、满足施工要求，人员须经过专业培训、持证上岗。针对TBM法施工中各种不良地质情况，技术人员要制定详细的作业程序、质量控制要求，将作业文件下发到每个作业人员，使其明确施工的质量和安全标准。要以理论培训、现场操作培训、外单位学习等形式开展培训工作，学习职业技能。要求每个员工要参加岗前培训，考核合格后，持证上岗，提高作业水平，严禁无证上岗。

（1）地质调查

地质条件对TBM施工影响较大，详细、可靠的地质水文资料是TBM工程成功的基本条件，直接决定了工程的成败。地质水文资料决定了采用TBM是否可行，决定了TBM的选型，决定了TBM的主要参数，决定了辅助施工设备的选择和应急预案的制定。要想充分了解并掌握隧道沿线的地质、岩体特征及地下水状况，就必须进行充分的地质调查，尤其是对不良地层的调查，它不仅影响TBM基本形式的选定，而且还是决定能否适应TBM工法的主要因素。影响TBM适应的地质条件主要包括：隧道通过的主要断层及软弱破碎带的性质、规模、分布范围，主要破碎物质、破碎程度，富水程度，膨胀性围岩等。应掌握隧道的水文地质条件，判明地下水类型及补给来源，预测洞身分段涌水量和可能最大涌水量，以及可能出现的严重突、涌水点（段）。在岩溶地区，应查明隧道区岩溶发育的范围、深度、规模及有无岩溶水或充填物突然涌出的危险，以确定TBM能否安全通过。

（2）技术准备

TBM掘进施工前应熟悉和复核设计文件和施工图，熟悉有关技术标准、技术条件、设计原则和设计规范，掌握TBM及附属设备的基本原理、组装顺序、操作规程、维保规程。掘进施工时应根据工程概况、工程水文地质情况、质量工期要求、资源配备情况，编制实施性施工组织设计，对施工方案进行论证和优化，并按相关程序进行审批。实施性施工组织设计是直接指导施工的技术性文件，在充分调研工程现场情况、熟悉工程设计图纸和进一步了解地质资料的情况下编制，它不同于投标时期的编制内容，除了满足工期要求外，还要满足投资计划，符合环保安全要求，使隧道施工做到均衡有序。

①施工调查

工程中标前和中标后，都应进行施工调查，调查内容大致相同，但深度有所区别，侧重点有所不同。中标后调查应考虑在具体工作安排上，如TBM运输方案大件运输的道路条件、安全措施，水源是否满足施工需要，供电情况，TBM到场后的存放、混凝土拌和、仰拱预制等，出渣场的位置、容量，当地材料供应、水文及气象资料、通信、环保及进场设计文件的核对，均是施工调查的内容。

②设计文件的核对

对设计文件进行核对的过程也是掌握文件的过程，核对文件的目的是防止文件出现差错或短缺。核对文件包括工程施工合同文件、分包合同文件、监理合同文件，相关技术标准，主要技术条件，隧道纵横断面资料，勘测资料，通过不良地段的设计方案、施工方法、技术措施和工期等。

③编制实施性施工组织设计

实施性施工组织设计要体现先进性、经济性和可靠性,实施性施工组织设计的编制,应遵循下列原则：

a. 满足合同要求。

b. 应在详细调研的基础上,进行技术方案的比选,选择最优的方案进行编制。

c. 应完善施工工艺,积极采用新技术、新工艺。

d. 因地制宜,就地取材,达到环境保护的要求。实施性施工组织设计的编制,应遵循下列原则:满足合同要求;应在详细调研的基础上进行技术方案的比选,选择最优的方案进行编制;应完善施工工艺,积极采用新技术、新工艺;因地制宜,就地取材,达到环境保护的要求;满足 TBM 法施工的技术特点。

编制实施性施工组织设计,除了要求做到具有先进性、经济性、可行性外,还要强调环境保护、安全生产及职业健康的重要性,并应详细列出环境保护、安全生产的详细措施依据。

实施性施工组织设计主要内容应包括:工程概况及技术标准;工程地质条件及重难点分析;TBM 组装、调试、掘进、拆机施工组织;施工场地平面布置、临时设施布置;施工进度指标及进度计划;组织机构与资源配置;质量保证措施和环保措施;复杂地质条件 TBM 施工处理措施和应急预案;工程重难点技术和技术攻关的主要研究内容。

实施性施工组织设计比指导性施工组织设计更具体、准确,更能切合施工实际,其关键点在于做好施工调查和设计文件的核对,在施工中如发现条件有变异,应及时进行调整。隧道施工前必须制定施工工序实施细则,编制作业指导书,完成关键工序技术交底。在核对设计采用的技术标准后,施工单位应当根据工程施工涉及的专业研究施工中将要执行的有关施工规范、规程等,同时制定切合实际的现场施工工序实施细则,编制作业指导书,完成关键工序技术交底。

④人员培训

对参加 TBM 施工所有人员进行培训是主要基础工作,技术力量的配备与培训是施工准备阶段的任务之一。通过培训,使相关岗位人员熟悉设备结构原理,掌握设备性能,正确操作、维护设备。隧道施工前必须制定工艺实施细则,编制作业指导书,完成关键工艺技术交底,进行岗前技术培训。

(3)施工现场准备

施工场地布置按下列要求进行平面设计:有利于生产、文明施工,节约用地和保护环境;实现统筹规划,分期安排,便于各项施工活动有序进行,避免相互干扰;保证掘进、出渣、衬砌、转运、调车等需要,满足设备的组装和初始条件;TBM 是一个多环节紧密联系的联合作业系统,它包括破岩、装渣、管片/仰拱块制作、材料供应、调车机构以及部分辅助措施,为满足庞大系统的组装和初始运行条件,需要有较大的场地;临时设置要具有防灾能力。

施工场地临时工程布置包括:确定弃渣场的位置和范围;有轨运输时,洞外出渣线、备料线、编组线和其他作业线的布置;汽车运输道路和其他运输设施的布置;确定 TBM 的组装和配件储存场地;确定风水、电设施的位置;确定管片/仰拱块预制厂的位置;确定砂、石、水泥等材料、机械设备配件等机料存放或堆放场地;确定各种生产、生活等房屋的位置;场内供、排水系统的布置。

管片/仰拱块加工区应配置吊装运输线、模具车间、拌和站、钢筋加工车间、蒸汽养护及养护池,室外存放管片/仰拱块场地满足管片/仰拱快生产进度和储存数量要求。

弃渣场地要符合环境保护的要求,弃渣不得堵塞沟槽和挤压河道,弃渣场的渣堆坡脚采用重力式挡土墙挡护。

TBM体积庞大,只能以散件集装箱的形式装运,从港口或组装车间转运至工地,其部(构)件种类、数量多,因此洞口必须设置足够大的临时停放(组装)场地,散件的组装须在洞口附近,待TBM组装调试完成后,沿轨道步进进入正洞施工。组装场地分主机组装场地和后配套组装场地两部分。组装场地布置需要考虑这些大件的尺寸和摆放,组装场地应位于洞口附近,场地应用混凝土硬化,强度满足承载力要求,并尽可能避免不良地质,做好支挡和排水措施,确保TBM法的施工安全。

①洞外场地

TBM施工主要洞外配套设施有混凝土拌和站,仰拱预制场,修理车间,配件材料库,变电站,洞外运渣、翻渣系统,场区道路,组装场地等。为满足庞大系统的组装和初始运行条件,需要有较大的场地。与TBM配套的临时设施也必须满足不同时期TBM施工的要求。洞外场地科学合理、统筹布置是确保TBM顺利施工的前提。如秦岭隧道Ⅰ线(进口)洞外场地布置重点考虑:设计能力满足TBM最高效率要求、TBM施工进度指标(最高日进尺45m,平均月进尺350m)要求;临时设施兼顾掘进与衬砌要求,考虑以后不同工点重复使用需要,形成系列化、标准化;永临结合,减少废弃;临时设施具备足够的防灾能力;充分利用地形条件,尽量少占耕地,保护土地资源,充分考虑了环境保护。

根据TBM施工的特点和要求,秦岭隧道Ⅰ线进口处洞外临时设施的布置以运输轨道为主线,根据出渣列车编组顺序和运输方式,相应地将其沿运输线路条形布置。设施设置满足TBM施工(出渣进料、维修)需要,实现各工序协调动作、合理有序,保证了TBM连续快速掘进。

TBM部件较重,体积庞大,运输、吊装要求较高,为满足快速组装及初始运行要求,组装场地长度起控制作用。组装场地的长度至少等于TBM主机长度+连接桥长度+第一节拖车长度拖拉油缸长度+主轴承存放长度+刀盘存放长度+机动长度,宽度至少能满足TBM组装和大件进出。TB880ETBM的洞口场地宽度要求大于26m,最小长度不小于70m,以满足运输和快速组装的要求。组装场地除了有长、宽要求外,还要求地面压实和平整,满足场地上75t×2+15t门式起重机安全运行和TBM步进要求。

②预备洞与始发洞

由于一般隧道洞口处覆盖层薄(30～40m),石质可能风化,不适合TBM施工,为使TBM早日投入正常施工,一般采取钻爆法开挖至围岩较好的洞段,称之为预备洞。如秦岭隧道北口预备洞长300m,南口长190m。始发洞是指TBM步进至工作面开始掘进时,由于TBM掘进时撑靴要撑紧洞壁,以克服刀盘破岩的反扭矩和反推力,因此修建一定长度的始发洞,用来作为TBM始发掘进的辅助洞室。始发洞长度由选用的TBM主机结构尺寸而定。

预备洞取决于组装现场和组装条件,对于组装场地能够满足TBM主机及后配套组装条件的现场即组装现场具有足够的长度,可以容纳TBM主机及后配套长度的现场,可以考虑取消预备洞的施工,而仅施作 TBM 始发洞;对于组装现场不能够满足掘进主机及后配套组装条件的现场,即组装现场没有足够的长度,仅容纳 TBM 主机或部分后配套的长度的现场,则必须事先同时进行预备洞及始发洞的施工,使得洞外具有足够的场地来组装后配套。预备洞的施工长度取决于组装工作的需要。作为由步进状态转入掘进状态的始发洞,不仅要求能保证 TBM 顺利通过,使刀盘的撑靴进入始发洞,而且要求保证撑靴能撑到洞壁,并且衬砌后的混凝土洞壁具有足够的强度,能为 TBM 的掘进提供足够的反力,推动 TBM 刀盘掘进。因此,对于始发洞的要求相对较高。

在组装 TBM 时,对于组装场地和预备洞的地面要求比较高,即要确保地面平整,相对高差应控制在 3mm 以内(步进机构通过的区域)。因为组装场地特别是步进机构的布置,是整个组装工作的基础。预备洞地面的不平整,将给 TBM 的步进带来极大的影响,造成下护盾上的步进装置的连接螺栓被剪断。组装场地和预备洞的地面要求有足够的强度,否则将造成组装和步进时地面开裂或下陷,此情况应引起高度重视。

③临时电力的设计与施工(以秦岭Ⅰ线隧道出口段为例)

秦岭Ⅰ线隧道施工所需的临时电力由 35/10kV 变电所提供。变电所内装有两台容量各为 5000kV·A 的变压器,两台变压器并联运行,变压器二次侧 10kV 经高配电后分为三路馈出,其中一路为 TBM 专线,另外两路进入洞口开闭所,经分配后供给洞外的其他辅助设备。因此,TBM 配套电力的设计与施工可分为两部分:

a. TBM 专线的设计与施工。经 35/10kV 变电站馈出后,为了方便停送电和满足要求,在洞口开闭所内装置一台高压开关柜。TBM 高压开关柜具备过流、速断、接地保护、电缆接头脱开或电缆拉断自动停电功能,采用零序电流互感器监测零序电流,进行接地保护。

高压开关柜将 10kV 高压供给 TBM 上的两台容量各为 2700kV·A 的变压器,保证 TBM 的安全可靠供电。

b. 洞外辅助设备的供电。经 35/10kV 变电所的另外两路作为备用,另外一路进入高压配电系统,还有一路由自备的发电机供电。在发电机房装有两台容量各为 256k 并联运行的发电机。当网电停电时,发电机开始工作,经过变压器将 400V 为 10kV 的高压,然后将 10kV 送至整个高压配电系统,以保证网电停电后洞内的通风和照明,以及其他用电等级比较高的设备供电。高压配电系统经分配后分为四路馈出,以解决洞外辅助设备比较分散的问题。

洞口两台变压器距离开闭所较近,所以采用电缆供电至洞口的变压器,预制厂和存放场采用电缆馈出后架空至变压器。低压部分采用低压配电屏进行就地配电,以适应用电设备分散的状况。

④TBM 供水系统

生活用水用于员工饮用、餐厅、医疗机构等方面;生产用水用于混凝土生产、碎石场、仰拱预制厂、隧道施工等。

如某 TBM 工程供水系统采用两个泵站,一个泵站有 2 台水泵,水泵规格为流量 100m/h、扬程 126m、功率 55kW;在另一个泵站将 2 台 DA150×5 多级泵、1 个 200m 和 1 个 100m 的钢筋混凝土水池建于洞口附近的山上,洞内施工用水用直径 150mm 水管,自 200m 水池引进洞内,洞外的生产和生活用水用直径 100mm 的水管,自 100m 的水池引进用水地点。将洞外水引至 TBM 后配套拖车上 20m 的水箱。

⑤通风系统

通风系统为 TBM 进行长大隧道掘进所不可缺少的部分,具有至关重要的作用。其主要在 TBM 掘进、保养期间向隧道内通入新鲜的自然空气。通风系统由洞外通风管延伸,与 TBM 设备上的风管相连,将新鲜的空气压入主机尾部,而将含有岩尘等混浊的空气排出洞外。通风形式为压入式通风。

如某 TBM 工程,通风系统的主要构成设备为洞外 250kW 的风机,共 3 台。设备使用分配情况:1~3km 隧道长度,由 1 台风机完成;3~6km 的隧道长度,由 2 台风机完成;6~9km 隧道长度,由 3 台风机完成。TBM 尾部由接力风机、风管组成。

⑥仰拱预制块生产系统

一般在开挖后,随即安装预制的钢筋混凝土管片,全断面的衬砌即告完成。将隧道衬砌提前进行工厂化预制生产,使工序简化,施工干扰大大减少,施工进度加快。洞内 TBM 掘进,洞外预制块生产,都同等重要。采用 TB880E 敞开式 TBM 掘进后,只进行底部衬砌预制块安装。例如秦岭Ⅰ线隧道衬砌按复合式衬砌结构设计。在全隧开挖全部完成后,要拆除 TBM,再完成全圆衬砌。随着 TBM 每循环的掘进,仰拱预制块与底部回填作业同步完成,成为衬砌结构的一部分,也是整体道床的基础部分。在 TBM 施工中,安装仰拱预制块则是为了便于快速铺设满足 TBM 施工运输要求的施工轨道,起支承轨线(四轨两线)的作用;同时,仰拱的快速铺设,对掘进成形后的围岩稳定也起很大作用。

施工准备阶段,设计、施工、组建仰拱预制工厂。如某 TBM 项目,主要包括一座长 60m、宽 24m、高 13.2m 的钢结构厂房,厂房内布置由 17 套固定模具组成的两条生产线,一条室内存放线,一条钢结构加工车间,以及混凝土运输轨线、吊装、养护、脱模等设施;厂房外有热源、拌和站、室外存放场等配套设施。该预制工厂设计生产能力为每天 17 块,能满足 TBM 最高月进度要求。

⑦TBM 运输

TBM 大部分部件采用集装箱运输,可优先选用铁路运输方式,以解决长途运输费用高的问题,降低运输费用。对于铁路运输超限的大件可委托大件运输公司来完成,TBM 大件的进场运输应由具有相应资质的专业运输公司承担。大件运输中采用临时加固措施,改善或加固运输道路,并办理运输保险。

3)TBM 组装

(1)一般要求

TBM 大件到达施工现场后,应根据 TBM 的组装顺序要求,合理安排卸车顺序和存放位置;应由经过专业培训的起重人员负责 TBM 大件的卸车,并设专人指挥;应根据 TBM 设备的最大件质量和尺寸确定门式起重机(洞外组装)或桥式起重机(洞内组装)的型号和结构;TBM 组装用门式起重机(或桥式起重机)必须选择符合安全要求,是由具备相应资质的专业厂家生产的产品;门式起重机(或桥式起重机)组装完成后,必须进行试运行,并请当地技术监督部门进行质量验收,合格后方可启用。

拆箱检验或用于组装之前的拆箱应谨慎,确保 TBM 部件原有尺寸和加工精度;拆箱检验或用于组装之前的拆箱,应根据实际包装并确认所装何物后采取相应的拆卸方案,以免盲目拆卸损坏 TBM 部件原有的加工精度。应认真清洗螺栓、结合面、液压元件等;螺栓、结合面应刮脂、除锈,并用清洗剂清洗干净(必要时涂油保护),以保证安装前达到其加工的光洁度;涂有油漆的结合面均应除锈并清洗;运输过程中因不慎造成的伤痕,应在原设计尺寸范围内进行处理,以保证装配精度;液压元件的清洗必须用干净清洗剂,液压元件擦拭严禁用棉纱,必须用不脱线的布或毛巾擦拭。

吊装作业时,确保各大型部件选择合理的吊点,吊运、吊装应平稳;以原设计吊装位置为准;确认其质量;用大于负荷的起吊工具及在安全范围内起吊设备,平稳起吊,确保安全。吊装作业时,确保各大型部件选择的吊点合理,以正确的方式进行吊装,并缓慢、准确地将部件组装到设备上。大件吊装作业应按相关作业安全操作规程及TBM制造厂的组装要求进行,安装之前应认真研究图纸图册,确认部件的装配关系(先后顺序,前后、左右、上下顺序)后再正确装配,防止盲目装配造成返工。螺栓的紧固:应确认并核实其精度、扭矩,确定螺栓端口涂何种材料(普通8.8级10.9级螺栓端口涂油脂,HV10.9级高强度螺栓喷涂MoS),采用正确工具、正确紧固顺序及规定的扭矩进行螺栓紧固。按正确装配关系进行组装,并按规定的顺序和扭矩紧固螺栓;做好施工现场的消防工作;电焊作业时,必须有专人进行防护;组装完成后,必须进行各系统的空载调试和整机空载调试。

(2)TBM组装

①TBM组装前应完成的工作

TBM组装前应完成组装场地、临时存放场地、预备洞室、步进洞室的施工,制定详细的装配工艺规程,准备完全符合要求的装配工具、量具、夹具、吊具和材料,配备数量足够的消防器材。

②主机组装

主机组装应严格按照组装程序进行,否则将会给下一步组装工作带来困难,甚至有可能造成返工。主机组装工作必须将所有的连接螺栓紧固到规定的紧固扭矩,形成主机的基本骨架。主机组装的基本要求如下:

a. 严格按照组装程序进行。

b. 必须将所有的连接螺栓紧固到规定的紧固扭矩,形成主机的基本骨架。步进机构四个角的水平误差应控制在±5mm。

c. 结合面应具有均匀的预紧压力。

d. 应先将刀盘分块合拢,连接后整体吊装。

e. 主机组装后,应进行必要的电气系统连接和液压系统连接,对主机的一些辅助设备进行必要的调试和功能性试验。

③设备桥的组装

设备桥是连接主机与后配套拖车的桥梁,组装的重点是设备桥的连接与吊装。因设备桥较长,必须选择合适的吊点,才能保证设备桥的安全吊装。对于仰拱起重机的安装,应注意其运行轨道的顺直。

④后配套拖车的组装

后配套系统有多节拖车,组装工作较为简单。根据不同的组装条件,有不同的组装方法,合理的组装方法能加大组装速度。组装工作的前期工作,主要是拖车框架的组装和定型设备的安装,后期工作进行液压与电气系统的连接。

⑤连续皮带输送机的组装

连续皮带输送机主要由储带仓、主驱动装置、辅助驱动装置、被动轮、胶带、托辊构成。连续皮带输送机尾部安装在后配套上,当后配套前进时,胶带逐段从储带仓中被拉出,使连续皮带输送机不间断地完成石渣输送。随着TBM每次掘进完成一个循环行程步进,后配套系统被向前拉动一个行程,此时连续皮带输送机也随之延伸。进行连续皮带输送机安装前,应确保所有的土建工程均已完成,并确保水平面准确、土建工程合格;安装前,检查地段标记,确保已标出地段标记,如果存在漏标的情况,则必须在相应的地段做出标记。

4) TBM 调试

TBM 设备调试的主要内容包括外观检查功能测试、技术性能测试和调整。按主机、辅助设备、附属设备等编制"设备测试功能表"。先进行各单台设备的功能调试,然后进行 TBM 设备的整机联锁功能调试,将测试数据与设备测试功能表中的标准值进行比较。调试后根据试验结果参照设计性能判断装机质量,并及时处理各系统存在的问题。TBM 主要调试内容如下:

(1)机械部分:能否完成设计动作,测试噪声等。
(2)液压部分:试验动作的压力、流量、频率(油脂系统)、泄漏等。
(3)电气部分:试验电压、电流、控制电压、频率功率因数、PLC 模块功能等。
(4)水、气系统:试验压力、泄漏、管路布置等。
(5)数据记录系统、通信系统:试验功能。

检测调试包括液压系统调试、电气系统调试、PLC 控制系统调试。液压系统调试主要是对各系统压力设定系统中泵、阀等控制元件,信号测试元件进行匹配性调整。电气系统调试主要是对输入、输出等级的确认,对控制元件关联动作和动作时间的调定,对液压电磁阀动作的同步性测试,对供用电设备的安全性测试,对传感元件的安装位置和性能进行检查。PLC 控制系统调试主要是对互锁、联锁功能的调试。PLC 控制系统调试是 TBM 调试工作的重点,对于 TBM 能否正常掘进,确保设备安全起至关重要的作用。特别是主机的动作互锁、联锁功能,刀盘、推进状态油缸、撑靴前后支撑等,以及掘进状态与换步状态的动作互锁联锁功能,刀盘、推进状态等与皮带输送机的互锁、联锁功能。

5) TBM 现场验收

采购期间,根据 TBM 设备的主要设计功能及使用要求与制造商共同确定"验收大纲",TBM 组装调试完成后,应按照"验收大纲"分系统、逐项进行验收。

(1)TBM 主机验收必须满足下列要求:
①外径必须符合设计要求。
②主机内各辅助设备达到功能要求,运行中不得相互干扰。
③护盾必须为表面平整的正圆柱体。
④对于护盾式 TBM,在辅助推进油缸活动范围内,盾尾内表面平整,无突出焊缝,盾尾真圆度在允许的范围内。

(2)刀盘验收必须符合下列要求:
①所有连接用的螺栓必须按制造厂的设计要求配置,用液压扭力扳手达到设计扭矩值。液压扭扳手应定期进行标定。
②刀盘空载运行正向反向各 15min,运行平稳,各减速机及传运系统无异常响声。
③应进行集中润滑系统流量和压力的测试,各润滑部件的受油情况必须达到设计要求。

(3)护盾式 TBM 管片安装机验收必须满足下列要求:
①空载试车时,各部件的行程、回转角度、提升距离、平移距离、调节距离必须符合设

计要求,各系统的工作压力必须满足设计要求。

②负载试车时,管片安装机做回转、平移、提升、调节等动作运行平稳,各滚轮挡轮安装定位准确、安全、可靠,各系统的工作压力正常。

(4)皮带输送机验收必须满足下列要求:

①空载试车时,不得有皮带跑偏现象。

②负载试车时,运转平稳,无振动和异常响声;全部托辊和滚筒均运转灵活。

(5)连续皮带输送机验收必须满足下列要求:

①进行运行速度测试、张紧装置测试、手动功能测试、电气连锁测试、皮带输送机全程信号报警测试;

②PLC 控制系统与主机 PLC 系统相匹配,以保证由主机控制启动和停止连续皮带输送机。

6)TBM 步进

步进施工,即 TBM 不掘进时移动过程中的施工。

不同条件下,步进有不同的方式,TBM 步进的方式大致有两种:一种是通过油缸支撑在支座、马凳管片等,使 TBM 前移;另一种是通过 TBM 的步进机构在地面直接向前移动。

TBM 步进之前应使用断面仪对钻爆段净空进行测量,严禁侵限。底部平整度及强度应满足步进要求。在预备洞铺底顶面测出隧道设计中线,以便于 TBM 底部导向施工。步进时应将超前钻机、锚杆钻机以及钢架安装器的支撑油缸锁定在最小状态。TBM 主机步进后,后配套跟紧主机同步前进。步进时,操作司机要密切注意操作室各相关仪表的显示,加强步进监控,作业人员要加强巡视工作并做好施工轨道延伸。步进完成,TBM 在支撑状态下,拆除步进装置,准备始发。

7)TBM 掘进

(1)概述

TBM 掘进时应进行超前地质预测预报;掘进速度及推力的选定根据地质情况确定;在破碎地段应严格控制出渣量,避免出现掌子面前方大范围坍塌。

TBM 一般有三种工作模式,即自动扭矩控制模式、自动推力控制模式和手动控制模式,应根据地质情况合理选用。一般来说,在均质硬岩条件下,选择自动推力控制模式;在节理发育或软弱围岩条件下,选择自动扭矩控制模式;掌子面围岩软硬不均,如果不能判定围岩状态,选择手动控制模式。

自动扭矩控制模式适用于均质软岩;自动推力控制模式适用于均质硬岩;手动控制模式操作方便、反应灵活。

(2)TBM 操作

主控室是 TBM 的大脑,设备上 90%的指令是来自主控室。其内部安装有操作盘显示仪(包括参数显示仪、仪表显示仪、故障显示仪、视屏显示仪及指示仪等)、PLC 系统、调向显示仪等。其中最重要的是操作盘,其有一百多个按钮和手柄。

TBM 操作要点如下:

①换步及调向作业。根据设计要求,刀盘位移与上一个循环的相对位置不能超过3cm,以防止调向过多,损坏边刀。如何实现调向的平滑过渡,首先应确保前支撑的压力

在10MPa左右,前撑靴、后撑靴放松,调整后支撑,等前后支撑保持稳定后(调整夹角不再变化),先撑紧前撑靴,后撑紧后撑靴,同时回收前后支撑,可满足每一循环间的平滑过渡,进行下一个循环的掘进。

②掘进时的始发操作。无论在何种围岩条件下掘进,始发作业都是很重要的。始发作业必须在低速下进行,一般是等掘进10cm后,再慢慢以10%的幅度增加,直到达到推力或扭矩的额定要求。尤其是新换边刀后的起步操作,否则极易损坏边刀。

③皮带输送机运转速度的可调性。TBM的渣料运送一般是由多台长大皮带输送机通过接力来实现,选择合理的运送速度,有利于降低成本。应根据渣料的输出量和掘进速度来选择皮带输送机的运转速度。当掘进速度大于设定值的50%时,皮带输送机输送速度应调整在设定值的85%~90%之间;当掘进速度在设定值的30%~50%之间时,皮带输送机输送速度调整在设定值的25%~85%之间。

(3)掘进模式选择

TBM主控室有三种模式可供选择,即自动推进模式、自动扭矩模式和手动掘进模式。选择何种工作模式,由操作人员根据围岩的状况而定。在均质硬岩条件下,应选择自动控制推进模式,此时既不会过载,又能保证有最高的掘进速度,选择此种工作模式的判断依据:如果在掘进时,推力先达到最大值,而扭矩未达到额定值时,则可判断为硬岩状态,可选择自动控制掘进模式。

在均质软岩的条件下,一般推力不会太大,刀盘扭矩变化是主要的,此时应选择自动扭矩模式。选择此种模式的判断依据:如果掘进时,扭矩先达到额定值,而推力未达到额定值或同时达到额定值,则可判断为软岩状态,加之地质较均匀,则可选择自动扭矩控制模式。如果不能确定围岩状态,或围岩硬度变化不均匀,或围岩节理发育,存在破碎带、断层或裂隙较多时必须选择手动控制模式。

在手动控制模式作业过程中,如围岩较硬,推进力先达到额定值,且围岩较完整,此时应依据推进力模式操作,应限制推进压力不超过额定值。如果围岩节理较发育,裂隙较多或存在破碎带、断层等,此时应依据扭矩模式操作,主要以扭矩变化并结合推进力参数来选择掘进参数。

(4)掘进参数选择

掘进中涉及的掘进参数主要刀盘转速、刀盘扭矩、电动机电流值、推进力、推进缸压力、贯入度(每转进尺)和推进速度。其中,电动机电流值与刀盘扭矩成正比,推进缸压力与推进力成正比。实际掘进速度:掘进速度 = 刀盘转速 × 贯入度。

在已选定刀盘转速后,作为主驾驶员唯一能直接控制的就是选择推进速度。由于不同的围岩情况而表现出不同的扭矩和推力,实际达到的掘进速度也不尽相同,主驾驶员根据扭矩、推力、刀盘振动、出渣情况,选择推进速度的大小。TBM从硬岩进入软弱破碎围岩时,相应的掘进主参数和皮带输送机的渣量、渣粒会出现明显变化。据此可判断刀盘工作面围岩状况,及时调整掘进参数。推进速度:在硬岩的情况下,贯入度一般为9~12mm;当进入软弱围岩过渡段时,贯入度微小上升;当完全进入软弱围岩时,贯入度一般在3~6mm。推进压力:在硬岩情况下,推进速度一般为额定值的75%左右,推进压力也成相应比例;当进入软岩过渡段时,推进压力成反抛物线形态下降,推进速度随推进压力的下降而降低;当完全进入软岩时,压力趋于相对稳定,推进速度一般维持在额定值的40%左右。

扭矩：在硬岩情况下，扭矩一般为额定值的50%左右；当进入软岩过渡段时，扭矩缓慢上升；当完全进入软岩时，由于推进速度的下降，力矩一般维持在额定值的80%左右。

刀盘转速：在硬岩情况下，一般采用高转速；当进入软岩过渡段时，进行调整；当完全进入软岩时，一般采用低转速。

撑靴支撑力：在硬岩情况下，撑靴支撑力一般为额定值；当进入软岩过渡段时，撑靴支撑力调整为额定值的90%左右；当完全进入软岩时，撑靴的支撑力调整为最低限定值。

在掌子面围岩硬度不均匀时，即使扭矩和推力均未达到额定值，部分刀具也可能遇到局部硬岩而过载失效，同时也对主轴承和内凯产生偏载，此时应根据扭矩和推力的变化情况和刀盘的振动，来判断并采取降低掘进速度的措施，尤其是在掌子面局部坍塌时，刀盘振动加剧，应停机进入掌子面，确认围岩情况，必要时采用低速掘进模式，将刀盘转速由5.4r/min降为27r/min，减小对周围岩石的扰动，但此时应注意掘进速度也应减半，否则贯入度增加一倍，更易导致刀具的过载和刀盘的偏载。

此外，除了合理换步和正确选择掘进参数外，换步完毕到开始正常掘进的过渡时间内的提速过程也是节约时间、快速掘进的一个因素。在这里有一个误区，即认为在换步以后应以很低速度掘进至每把刀与掌子面均匀接触，否则一开始就以高速掘进会造成很大推力，且全部推进力由先接触掌子面的部分刀具承受而导致过载。如果这样缓慢提速的话，这个过程会长达10~15min，严重影响掘进效率，经过仔细分析，完全可以找出解决的办法，可称之为"最硬岩"提速原则。如果能知道掌子面上最硬岩石的硬度，那么以小于它对应的最大掘进速度来掘进，不会引起刀具过载。由于无法准确知道岩石最大硬度，通常在掌子面完整的情况下，换步后采用上一循环结束时的掘进速度，挡位减小10%进行推进，这样不仅节省宝贵的掘进时间，而且其可能导致部分刀具切削局部硬岩而过载的概率也较小，从而寻求到一个在提速和防止过载之间的最佳点。另外，为避免刀盘接触掌子面瞬间推进速度过高，而对电动机传动冲击及刀盘的偏载，可在刀盘接触掌子面前（可由刀盘位移器判断），再适当降低速度，待推力上升后逐步提速进入正常掘进操作，如此操作一般耗时在3~5min，实际掘进中因此导致刀具过载、漏油的事例极少，而得到的好处却是显而易见的，每个掘进循环时间可缩短近10min。

(5)进料与出渣

TBM在正常地质条件下的生产能力，取决于其与出渣能力的匹配。运输方案的选择（有轨运输、无轨运输或胶带运输方式）依据开挖洞径、隧道长度、隧道坡度，以及通风和投资费用综合考虑。在秦岭隧道TB880E型TBM施工中，通过皮带输送机将TBM掘进中的岩渣输送到矿车中完成TBM掘进施工。皮带输送机是在TBM施工中起关键作用的设备。皮带输送机一旦出现故障，将使掘进无法进行。皮带输送机分为1、2、3号三级皮带输送机，都是由液压马达驱动，PLC程序控制的，其中1号、2号皮带输送机由同一液压泵站驱动控制，3号皮带输送机由另一液压泵站供油驱动、控制，可实现无级调速、自动测速、自动控制功能。

(6)仰拱块的制作及加热养护

仰拱块制作及加热养护工艺流程如图6-41所示。

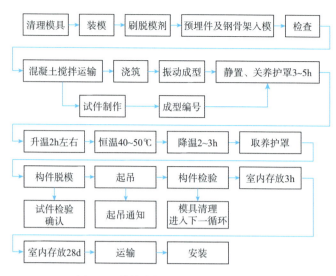

图 6-41 仰拱块制作及加热养护工艺流程

(7) TBM 的换步操作和掘进偏差调整

① 控制测量

以导线点及高程点为准进行施工测量。隧道掘进每 500m 由工程处精测队复核,每掘进 1000m 对测点位进行复核。洞内控制测量施测精度;平面控制测量按二等导线要求和精度施测,洞内高程控制测量按二等水准仪加 GM;光学测微器和 GPL;钢尺。定期进行仪器检测,每年一次。

② 施工测量

因 TBM 掘进快,要求精度高,TBM 配备 ZED260 测量导向系统,其配备 T 经纬仪 S 级水准仪及配套仪器。施测时用常规导线测量方法为 ZED260 测量导向系统提供坐标参数,由 ZED260 测量导向系统为 TBM 提供掘进参数,指导掘进。

③ TBM 掘进中换步要点

在完成一个掘进循环后转入下一个循环换步,换步方式对刀具及掘进速度有较大影响。换步要点是:

a. 刀盘退后 2~3cm。

b. 刀盘空转 10~20s,停止刀盘旋转,停止电动机,停止皮带输送机。

c. 撑出护盾下支撑,使油缸压力升至 18MPa。

d. 松夹紧油缸,此时护盾下支撑压力下降,应继续升压至 14~16MPa,其间若感觉边刀剐擦洞顶,可停止撑出。

e. 撑出后支撑,并使后支撑竖直缸压力升至 15MPa 左右。

f. 放松外凯Ⅰ和外凯Ⅱ。

g. 向前移动外凯,同时进行外凯偏转调整及主机姿态调整。

h. 外凯就位后,调整主机滚动。

i. 撑紧外凯Ⅰ和外凯Ⅱ至 27MPa 左右。

j. 将所有护盾支撑收回。

k. 撑出护盾下支撑至外凯Ⅰ,撑靴压力升高 0.2~0.4MPa,将其余护盾撑出至贴近洞壁,将夹紧油缸夹紧。

l. 拖后配套，并向前移动后支撑。

m. 拖后配套同时，启动皮带输送机，并顺次启动主电动机。启动刀盘旋转，此时护盾下支撑油缸压力约为12MPa，并可升至14MPa。

n. 开始掘进。

(8) 通风除尘与其他配套辅助设备的应用

TBM的其他配套辅助设备包括通风系统、除尘系统、锚杆钻机钢架安装系统、喷浆系统、起重机、空压机、备用发电机等。

在硬岩情况下，由于岩石较硬，TBM破岩需消耗更大的能量，转换成热量的那部分能量自然就多，洞内温度增高，这就要求增大通风系统的制冷器功率，以降低洞内温度。洞内温度的增高，有可能使电动空压机吸入外部空气而温度增高，从而导致螺杆温度增高，造成自动停机。硬岩所造成的洞内温度增高的负面影响，对通风、除尘和其他辅助设备来说，仅对空压机有影响；此外，由于硬岩掘进，岩面成形较好，对锚杆钻机、钢拱安装系统、喷浆机、起重机、备用发电动机来讲，温度增高并无特殊影响。对支护、喷护设备来讲，因洞内温度增高，其工作量和使用频率会相对减小。

在软岩情况，由于岩石较软，或较破碎，刀盘破岩后，容易形成许多小块岩石，这些小块岩石在吸入除尘风机后，容易导致除尘叶片因撞击而发生裂缝损坏，造成除尘能力降低。由于除尘能力降低，洞内空气会较硬岩洞内空气差。为改善洞内空气质量，要求增大通风量，此时可以增开洞外通风机，增大风量，使洞内粉尘含量较高的空气及时排出洞外。洞内空气的恶化对空压机也有影响，由于吸入空气粉尘含量高，螺杆工作时容易产生摩擦热而使空压机由于温度高而自动停机。在软岩中掘进，岩面成形较差，支护、喷浆工作量很大，此时锚杆钻机、拱架安装系统、喷浆系统的工作量会增大，用于倒运材料的各起重机工作量和使用频率也会增大。

6.2.2 质量与安全管理

1) 质量管理

由于施工方法的改变，施工质量管理的内容也发生变化，其包括掘进方向控制、支护质量、地质预报、不良地质的处理等。

根据施工特点，TBM施工质量管理必须做到全过程控制，特别是针对仰拱块铺设注浆这一隐蔽工程，由于其贯穿于施工全过程，更需要实行质量控制，并需对每一块仰拱块铺设做好质量记录，以达到质量的可追溯性。相对钻爆法来讲，TBM施工质量管理"化整为零"，投入的人力相对钻爆法要多。TBM施工质量管理的基础是良好的设备性能和高素质人员。作为机械化的隧道开挖，设备完好直接影响质量控制。如除尘风机除尘效果差，将导致ZED260测量导向系统激光折射，引起掘进方向偏差；喷射机性能影响喷射效果等。施工人员素质对质量管理的影响比钻爆法大。由于质量控制贯穿于施工的全过程，因此对施工人员的素质要求相应提高。施工人员包括相关的机械修理、操作人员、技术人员、管理人员等。

2) 安全管理

TBM施工安全管理的主要内容：运输安全管理、设备安全管理和人员安全管理。除因车辆运行速度快、隧道内空间不足外,进行运输安全管理另一个原因是,运输车辆为多个矿车(料车)串联在一起,由于各种因素影响,容易造成脱钩、溜车现象,直接威胁设备、人员的安全。设备安全管理原因:TBM占据了隧道的大部分空间所有施工人员,施工车辆及材料都聚集在TBM上,因此设备受损的概率较大,一方面可能有落石砸坏设备,另一方面可能会发生因人员操作不当造成设备的损坏。

科学的技术支持、严谨的组织管理、高素质的维修保养人员、严格的施工纪律及奖罚措施、先进的监测手段,将TBM维修保养工作组成一个有机的整体,这极大地提高了TBM维修保养质量和时间利用率,保证了TBM高效率发挥作用。

在TBM法施工的安全环保管理方面,应重点做好以下工作:应制定TBM安全技术操作规程;应选用适用的通风方式、通风设备及洞内温控措施,以满足国家工业卫生标准要求;应设置照明、消防设施;应准备足够的排水设备,并应有应急预案措施;作业位置与场所必须留有安全通道并保证畅通;采取相应预防措施,减少施工噪声、振动、水质和土壤污染,控制地表下沉,减小施工可能对周边环境的影响;隧道中存在可燃性或有害气体时,应配备相关检测仪器,并加强通风,使可燃性或有害气体浓度控制在安全允许值以内;配置废水处理设施,施工中排出的废水应经过处理达到标准后排放。在TBM法施工的防灾管理方面,应重点做好以下工作:编制相关的紧急抢险施工预案;成立专门的组织机构,配备必要的报警、救援、逃生设施,开工前应进行紧急抢险施工预案培训与演练;必须准备足够的砂袋、水泵等防灾物资与设备;洞内、洞外联系方式保持畅通;TBM上必须配备足够的手提干式灭火器,关键部位必须有专用的消防设施;后配套系统配备超前预报、警告装置,防尘、防废气瓦斯、防爆、防噪声、防火等防灾装置。

● 复习题

1. TBM实施性施工组织设计的编制,应遵循哪些原则?
2. TBM实施性施工组织设计包括哪些主要内容?
3. TBM施工场地布置按哪些要求进行平面设计?
4. TBM施工场地临时工程布置包括哪些方面?
5. TBM洞外组装的场地应符合哪些要求?
6. TBM洞内组装的场地应符合哪些要求?
7. 简述敞开式TBM的主机组装基本顺序。
8. 简述双护盾式TBM的主机组装基本顺序。
9. 设备桥的组装应符合哪些要求?
10. 后配套拖车的组装应符合哪些要求?
11. 连续皮带输送机的组装应符合哪些要求?
12. 简述TBM主要调试内容。
13. 敞开式TBM调试主要内容有哪些?
14. 双护盾TBM调试主要有哪些内容?
15. TBM主机验收必须满足哪些要求?
16. 护盾式TBM管片安装机验收必须满足哪些要求?